国家智库报告 2019（26）
National Think Tank
社会·政法

政府电子服务能力指数（2019）

胡广伟　张雪莹　吴新丽　著

THE INDEX OF GOVERNMENT E-SERVICES CAPABILITY (2019)

中国社会科学出版社

图书在版编目（CIP）数据

政府电子服务能力指数.2019/胡广伟，张雪莹，吴新丽著.—北京：中国社会科学出版社，2019.9

（国家智库报告）

ISBN 978-7-5203-5046-4

Ⅰ.①政⋯　Ⅱ.①胡⋯②张⋯③吴⋯　Ⅲ.①电子政务—研究报告—中国—2019　Ⅳ.①D63-39

中国版本图书馆 CIP 数据核字（2019）第 204140 号

出 版 人	赵剑英
项目统筹	王　茵
责任编辑	喻　苗
特约编辑	范晨星
责任校对	赵雪姣
责任印制	李寡寡

出　　版	中国社会科学出版社
社　　址	北京鼓楼西大街甲 158 号
邮　　编	100720
网　　址	http://www.csspw.cn
发 行 部	010-84083685
门 市 部	010-84029450
经　　销	新华书店及其他书店

印刷装订	北京君升印刷有限公司
版　　次	2019 年 9 月第 1 版
印　　次	2019 年 9 月第 1 次印刷

开　　本	787×1092　1/16
印　　张	17.25
插　　页	2
字　　数	220 千字
定　　价	89.00 元

凡购买中国社会科学出版社图书，如有质量问题请与本社营销中心联系调换
电话：010-84083683

版权所有　侵权必究

项目组主要成员

胡广伟　张雪莹　吴新丽　刘建霞
杨金龙　刘晓昕　王思迪　张　晅
金诸雨　Sohail Raza Chohan　司文峰
魏　畅　刘　露　赵思雨　杨巳煜

摘要： 随着"互联网+"国家战略的推进，"互联网+政务服务"的应用持续深化，社会和公众对政务服务的网络化需求快速增长，期待政府能够提供更好的用户服务体验。为了检验和提升各级政府的电子服务能力发展水平，进而建立一套科学、客观、量化及导向清晰的政府电子服务能力测评体系，达到"以评促建、以评促用、树立标杆，引导电子政务可持续化发展"的目的，本报告从部委、省（直辖市）、地级市等不同层级，以政务网站、政务微博、政务微信、政务APP四个服务渠道为切入点，构建了政府电子服务能力测评体系，通过全样本测评定量与定性相结合的方式报告了中国省、市、部委电子服务能力的水平，应用综合指数、双微指数、新媒体指数等复合数据展示了中国政府电子服务渠道的整合情况，进而总结得到了电子政务服务能力建设的最佳实践与案例：贵阳市人民政府网站——成熟完备的政务网站、北京发布——实用便民的政务微博、南昌市政务网站（微信）——全方位服务的政务微信、宁波政务——均衡发展的政务APP等，并分别进行深入剖析。各项指数数据表明，中国各级政府电子服务"三多三少""三强三弱"的特点依然明显："入口多、渠道多、栏目多，协办少、联办少、通办少"，"信息服务强，办事服务弱；网站服务强，移动服务弱；传播推广强，亲民易用弱"；服务能力建设的重心逐渐从政务网站向新媒体渠道转移，特别是政务APP的发展较快；公众、企业的使用体验逐年提高，相比电商应用，尚有较大提升空间；政务服务业务呈现出逐渐下沉的发展趋势，行政审批改革、简政放权成效明显。本报告仅从能力管理的视角测评政府电子服务水平，数据和结论，难免偏颇，仅供各界参考。

关键词： 政务服务；电子服务；"互联网+"；服务能力；能力指数

Abstract: With the implementation of the "Internet +" national strategy, applications of "Internet + Government Service" continues to be deepen. At the same time, the society and public expect better government services and better customer service experience in a quick increasing trend. In order to evaluate and enhance the e-service capability of the governments, the project constructed the government e-service capability evaluation system including provinces, cities, ministries and commissions from the perspective of four e-service Channels (i. e. , government website, WeChat, micro-blog, APP). And through the evaluation and analysis, the project reported the government e-service capability level and some interval attributes, The comprehensive index, sunch as "Double Micro Index", new media index, and the innovation index, are designed and proposed. Finally, the report summed up with the best practice cases.

Keywords: Government Service; E-service; "Internet +"; Service Capability; Capability Index

前　言

　　随着"互联网＋"国家战略的实施，"互联网＋政务服务"应用持续深化，社会和公众对政务服务的网络化需求快速增多，期待政府能够提供更好的用户服务体验。特别是，2015年7月国务院发布的《关于积极推进"互联网＋"行动的指导意见》、2016年3月发布的《中华人民共和国国民经济和社会发展第十三个五年规划纲要》把"深化行政管理体制改革""优化政府服务""推广'互联网＋政务服务'，全面推进政务公开"作为"十三五"的重要工作任务，体现了国家对提升各级政府的电子政务服务能力的重视与关切。2017年10月，党的十九大报告指出要不断推进国家治理体系和治理能力现代化，加强互联网内容建设，建立网络综合治理体系，进一步明确了这一发展导向。

　　在2017年、2018年报告基础上，本报告连续第三年以中国（港、澳、台除外）省、市政务网站、政务微信、政务微博、政务APP四个服务渠道为切入点，构建政府电子服务能力测评体系，并通过全样本测评获得分析数据，用定量和定性技术与方法分析中国省、市电子政务服务能力的水平，并总结得到电子政务服务能力建设的最佳实践。

　　首先，从三个层面（省、直辖市、地级市），结合四种渠道（网站、微博、微信、APP）对政务服务能力、政务服务途径、省级政务服务区间属性、政务服务地域属性等进行深入分析，系统报告了中国电子政务服务的发展水平。

其次，测算省、市电子政务服务能力各项复合指数。结果显示，省、市双微能力指数最高，综合指数、新媒体指数依次递减，凸显出中国电子政务服务渠道发展侧重方向的转变，即由传统渠道向新渠道转移。

再次，与往年相比，本报告增加了各渠道的电子政务服务区域指数分析。数据表明，四个渠道的电子政务服务能力总体情况是由中国东南沿海地区向西北欠发达地区递减，中部地区以湖北省、重庆市为代表进步迅速，表现可圈可点。

最后，总结电子政务服务的最佳实践：贵州省人民政府网——成熟完备的政务网站、北京发布——实用便民政务微博、南昌市政务网站（微信）——全方位服务政务微信、宁波政务——均衡发展政务APP，并分别进行深入剖析。

综合来看，各级政府电子服务"三多三少""三强三弱"的特点依然明显；服务能力建设的重心逐渐从政务网站向新媒体渠道转移，特别是政务APP的发展较快；公众、企业的使用体验逐年提高，相比电商应用，尚有较大提升空间；政务服务业务呈现出逐渐下沉的发展趋势，行政审批改革、简政放权成效明显。

项目组希望通过理论与实践的结合，建立一套科学、客观、量化及导向清晰的电子政务服务能力测评体系，报告各级政府的电子政务服务能力发展水平，以评促建，以评促用，树立标杆，引导电子政务的可持续化发展，助力中国政务治理能力现代化水平的提升。

南京大学政务数据资源研究所
南京大学国家双创基地
新华网大数据中心
二〇一九年三月

目 录

上篇　省市政府电子服务能力指数

第一章　测评体系与测评方法 …………………………（3）
　一　测评背景 ……………………………………………（3）
　二　测评思路 ……………………………………………（4）
　三　测评工作 ……………………………………………（4）

第二章　省市政府电子服务能力指数 …………………（7）
　一　省市政府电子服务能力指数含义 …………………（7）
　二　省市政府政务网站服务能力指数 …………………（8）
　三　省市政府政务微博服务能力指数 …………………（17）
　四　省市政府政务微信服务能力指数 …………………（27）
　五　省市政府政务APP服务能力指数 …………………（38）

第三章　省市政府电子服务能力综合指数 ……………（48）
　一　省市政府电子服务能力综合指数 …………………（48）
　二　省市政府电子服务能力"双微"指数 ………………（58）
　三　省市政府电子服务能力"新媒体"指数 ……………（65）

第四章 省市政府电子服务最佳实践 …………………………… (73)
- 一 政府电子服务最佳实践甄选 ………………………… (73)
- 二 省市政务网站最佳实践 ……………………………… (74)
- 三 省市政务微博最佳实践 ……………………………… (80)
- 四 省市政务微信最佳实践 ……………………………… (84)
- 五 省市政务 APP 最佳实践 ……………………………… (90)

下篇　国务院部委电子服务能力指数

第五章 测评体系与测评方法 …………………………………… (99)
- 一 测评背景 ……………………………………………… (99)
- 二 工作思路 ……………………………………………… (100)
- 三 指标体系 ……………………………………………… (101)
- 四 测评工作 ……………………………………………… (104)

第六章 国务院部委电子服务渠道指数分析 …………………… (105)
- 一 国务院部委电子服务渠道指数说明 ………………… (105)
- 二 国务院部委网站服务能力指数 ……………………… (106)
- 三 国务院部委微博服务能力指数 ……………………… (109)
- 四 国务院部委微信服务能力指数 ……………………… (112)
- 五 国务院部委 APP 服务能力指数 ……………………… (116)

第七章 国务院部委电子服务能力综合指数 …………………… (120)
- 一 国务院部委电子服务能力综合指数 ………………… (120)
- 二 国务院部委电子服务能力"双微"指数 …………… (124)
- 三 国务院部委电子服务能力"新媒体"指数 ………… (127)

第八章 国务院部委电子服务最佳实践 ………………………… (131)
- 一 国务院部委电子服务最佳实践说明 ………………… (131)

二　国务院部委政务网站最佳实践 …………………（131）
三　国务院部委政务微博最佳实践 …………………（133）
四　国务院部委政务微信最佳实践 …………………（135）
五　国务院部委政务 APP 最佳实践 …………………（136）

第九章　问题与反馈 ……………………………………（138）
一　测评过程说明 ……………………………………（138）
二　特殊情况处理 ……………………………………（139）
三　局限与不足 ………………………………………（140）
四　版权说明 …………………………………………（141）
五　交流反馈 …………………………………………（141）

附录1　省市政府电子服务能力测评指标 …………………（142）
附录2　省市政府电子服务能力测评标准 …………………（145）
附录3　省市政府电子服务能力样本来源 …………………（152）
附录4　地市级政府电子服务能力指数 ……………………（191）
附录5　国务院部委电子服务能力测评标准 ………………（212）
附录6　国务院部委电子服务能力测评样本 ………………（218）
附录7　The Index of Government E-Services Capability(2019) ………………………………（223）

上 篇

省市政府电子服务能力指数

第一章 测评体系与测评方法

一 测评背景

随着信息技术的高速发展和政务理念的不断演进，移动化、迅捷化、智能化、网络化成为政务服务的新常态，办事效率和服务质量大幅提升，政府决策日益科学化、民主化。同时，社会和公众对基于互联网的政务服务的需求不断增加，如何更好地服务企业和公众，满足其对电子服务的需求，提升中国电子政务水平，已成为现阶段治理能力现代化的重要内容。

2015年7月，国务院发布《关于积极推进"互联网+"行动的指导意见》，强调"互联网+政务"对加快转变政府职能的积极作用，提出要实现互联网与政府公共服务体系的深度融合，促进公共服务创新供给和服务资源整合，构建面向公众的一体化在线公共服务体系。2016年4月12日，国务院发布《2016年政务公开工作要点》，提出要加大公开力度，加强政策解读，不断增强公开实效，保障人民群众知情权、参与权、表达权和监督权，助力深化改革、经济发展、民生改善和政府建设。2016年9月14日，国务院总理李克强主持召开国务院常务会议，部署加快推进"互联网+政务服务"工作，以深化政府自身改革更大程度利企便民。2017年10月，党的十九大报告指出要不断推进国家治理体系和治理能力现代化，加强互联网内容建设，建立网络综合治理体系。2018年4月，在国家发展改革委、网信办等多个部门支持下的第一届数字中国建设峰会顺利召开，会上发布了30个全国电子政务最佳案例。为响应国家号召，客观反映中国电子政务服务发展现状，寻找推进"互联网+政务"建设的优化路径，提升中国政府电子服务能力水平，南京大学政务数据资源研究所在国家双创示范基地的支持下，联合新华网开展了2018年中国电子政务服务能力测评工作。

本次调查评估以"用户体验"为出发点，构建政府电子服务能力测评体系，以客观公正、可量化、可重复为原则，分成多个小组对中国（港、澳、台除外）27个省级政府、4个直辖市、334个地级市政府的门户网站、政务微博（以新浪微博为主）、政务微信、政务APP（Android和iOS系统）四种渠道进行了全方位的交叉测评和复查，主次分明、凸显特色，旨在推动中国电子政务向"一站式服务"发展，提升公民满意度和政府服务能力，促进中国电子政务服务健康有序发展。

二 测评思路

本期测评工作自2018年5月开始筹备，7月进行团队组建与工具方法的准备，7—8月完成预测评、正式测评、补测评等工作，9—10月进行数据的整理与分析工作，10—11月完成研究报告。主要工作思路如图1-1所示。

三 测评工作

测评时间：2018年7月1—31日。

测评对象：中国大陆的4个直辖市、27个省、334个地级城市（包括副省级和计划单列市）的政府官方网站、政务微信、政

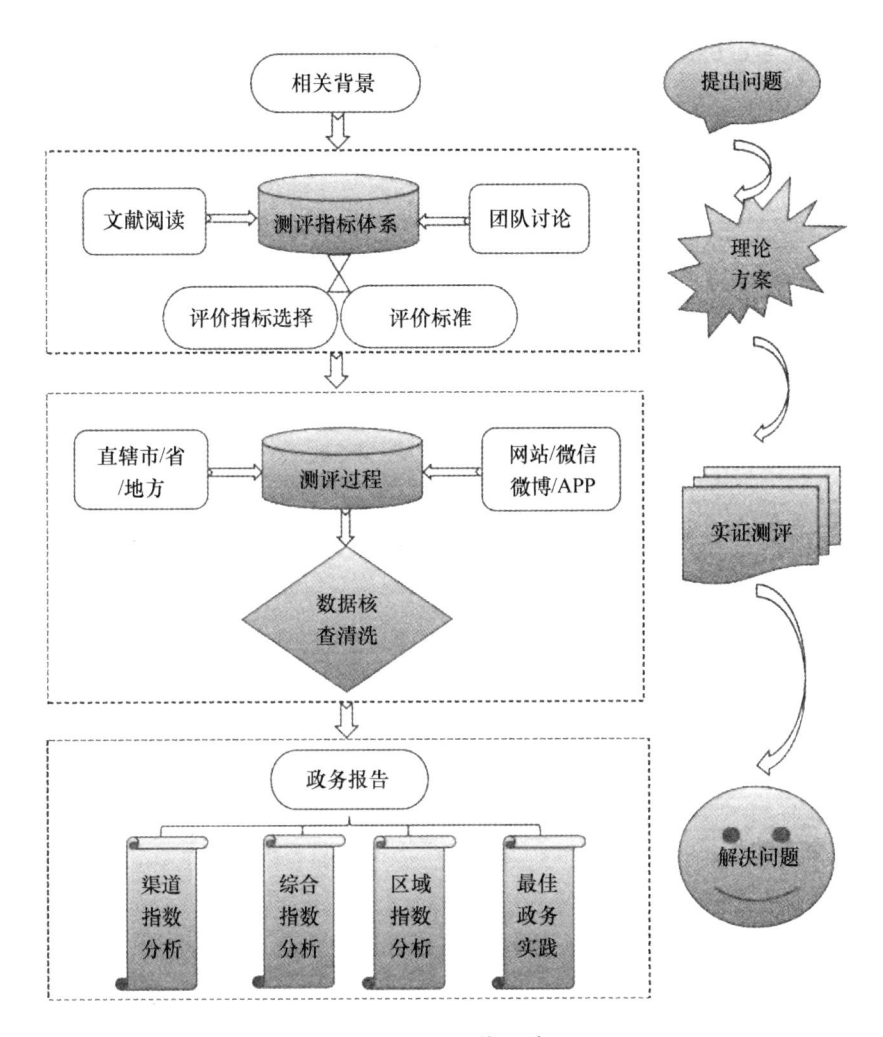

图 1-1 工作思路

务微博、政务 APP，实现省、直辖市、地级市的全样本测评。①

本测评中，"两微一端"的定义如下：有主体标识的，且经过认证的微博、微信订阅号或服务号。其中，凡是认证主体不

---

① 本次项目测评的对象分为省市和部委两个部分。省市部分测评对象共有 365 个行政区划单位（未包括港、澳、台），其中省级行政区 31 个，包括 22 个省、5 个自治区、4 个直辖市；地级行政区划单位 334 个，包括 293 个地级市、7 个地区、30 个自治州、3 个盟。

是人民政府的，不予测评，这可能包括仅以党委、党宣传部、信息中心等为主体标识的；没有主体标识的，比如由相关部门或者第三方单位开发、运营的微信订阅号与服务号、政务服务客户端，如其提供的信息、政务服务是与政府紧密相关的，能够清楚体现出政府职能的，予以测评。

测评指标见附录1，测评标准见附录2，测评样本见附录3。

第二章 省市政府电子服务能力指数

一 省市政府电子服务能力指数含义

政府电子服务能力指数是通过对电子政务各服务渠道测评得到的用以反映政府电子服务能力的指标，包括政务网站服务能力指数、政务微信服务能力指数、政务微博服务能力指数和政务 APP 服务能力指数。目前，政府网站、政务微博、政务微信及政务 APP 是主要的电子服务渠道。为获得该指数，工作团队主要从信息服务能力、事务服务能力、参与服务能力、服务提供能力、服务创新能力等方面对省（直辖市）、地级市政府政务网站、政务微博、政务微信及政务 APP 进行了测评。

省份政府电子服务能力指数，是综合考虑省级政府电子服务能力指数与所辖各地市政府电子服务能力指数的结果，用以更加全面、客观地反映各省份电子服务能力的高低。主要考虑每个省份的政府电子服务能力高低，不仅取决于其省级的服务渠道的建设情况，同时也体现所辖地市政府电子服务渠道的建设情况。该省所辖地市的电子服务能力越高，企业和公众体验到的政府电子服务能力也相应越好。

省份政府电子服务能力指数，由省级及所辖各市电子服务能力综合指数平均得到，计算公式如下：

$$EGSAI_{P'} = \frac{1}{n+1}(EGSAI_P + \sum_{i=1}^{n} EGSAI_C)$$

其中，$EGSAI_P$ 为省级政府电子服务能力指数，$EGSAI_C$ 为省辖地市政府电子服务综合能力指数，n 为省辖市个数。

二 省市政府政务网站服务能力指数

（一）直辖市政务网站服务能力指数

1. 直辖市网站服务能力指数

表2-1　　　　　　　直辖市政务网站服务能力指数

排名	直辖市	指数	排名	直辖市	指数
1	上海市	86.36	3	重庆市	74.51
2	天津市	75.18	4	北京市	69.12

2. 整体概况

四个直辖市中，上海市政务网站的服务能力位列第一，信息发布及时，网上办事方便，网站便捷易用，稳定可靠，在信息服务能力和事务服务能力上表现突出。天津市和重庆市分列第二、三位，网站服务提供能力和信息服务能力值得肯定。

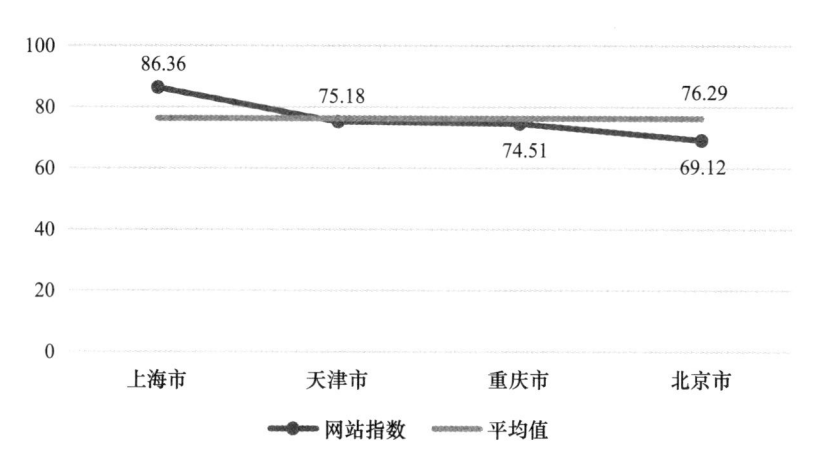

图2-1　直辖市政务网站服务能力指数

总体来看，直辖市政务网站的服务提供能力、信息服务能力均处于高水平，指数均值分别为 98.62、89.67；服务创新能力、事务服务能力较高，指数均值分别为 77.87、73.99；参与服务能力较低，指数均值为 33.05。具体而言，上海市除了参与服务能力相对逊色外，在其他各维度上均有着良好表现，其网站的各项功能都趋于完善；天津市除了参与服务能力相对落后外，在其他各维度上表现良好；重庆市的服务提供能力和信息服务能力出色，其他方面稍显逊色；北京市服务提供能力和信息服务能力出色，其他方面则相对一般。

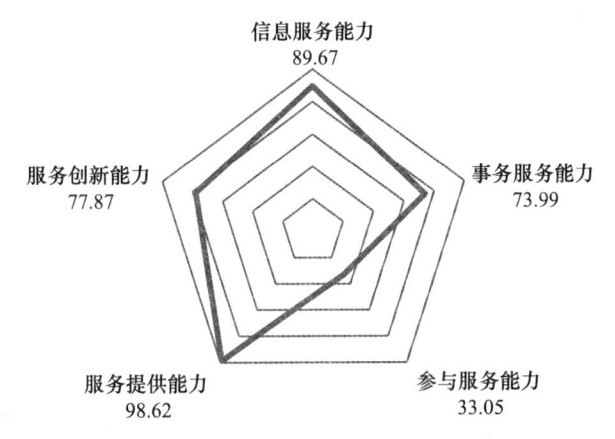

图 2-2 直辖市政务网站服务子能力总体指数

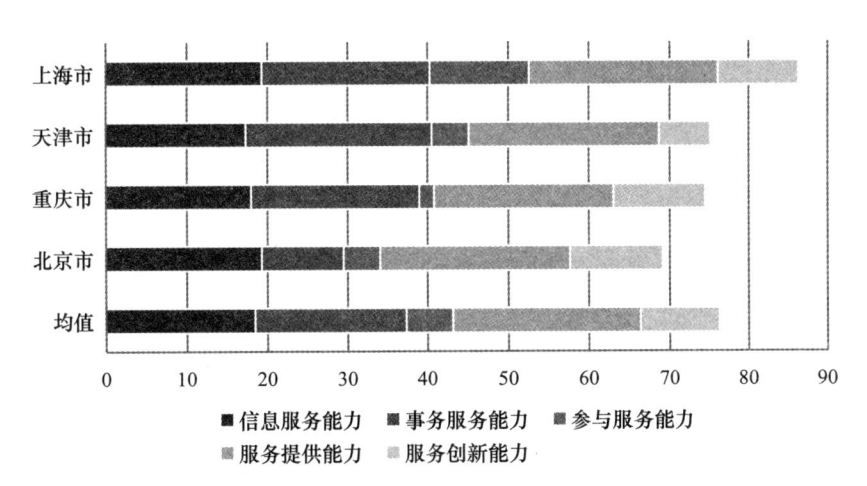

图 2-3 直辖市政务网站服务子能力指数

(二) 省级政务网站服务能力指数

1. 省级政务网站服务能力指数

表2-2　　　　　　　　　省级政务网站服务能力指数

排名		指数	排名		指数	排名		指数
1	江苏省	81.21	10	安徽省	73.07	19	山东省	61.60
2	贵州省	80.09	11	吉林省	72.94	20	湖南省	60.16
3	河南省	78.73	12	浙江省	72.43	21	江西省	58.93
4	广东省	77.12	13	内蒙古自治区	70.02	22	河北省	56.01
5	福建省	76.01	14	陕西省	68.66	23	新疆维吾尔自治区	55.94
6	湖北省	75.51	15	山西省	65.52	24	黑龙江省	54.07
7	四川省	73.64	16	青海省	65.09	25	云南省	53.47
8	宁夏回族自治区	73.32	17	甘肃省	64.97	26	辽宁省	52.43
9	海南省	73.21	18	广西壮族自治区	64.53	27	西藏自治区	39.43

2. 整体概况

在省级政务网站中，江苏省、贵州省、河南省服务能力指数分列前三位。这三个网站在信息服务能力、服务提供能力上表现突出，其中江苏省政务网站凭借在各个测评项目中的均衡表现，跻身首位，贵州省凭借高效、健全的事务服务机制为个人和企业办事提供了畅通的渠道，河南省政务服务平台具有透明化的办事流程，实现了部分业务的在线全程办理。排名靠后的省份在事务服务能力、参与服务能力上明显不足，难以实现百姓日常关心事项的网上办理，同时普遍缺乏对社会公众咨询的及时有效反馈。

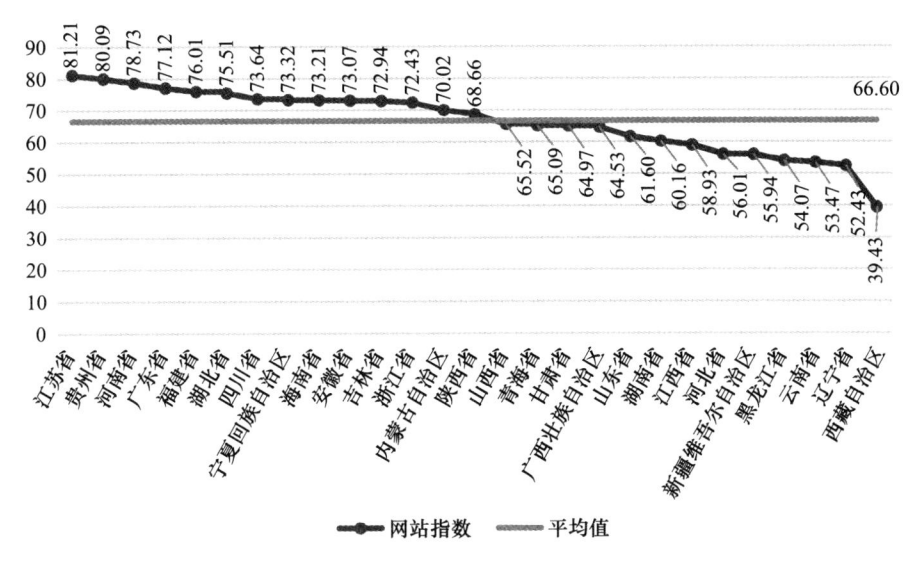

图 2-4 省级政务网站服务能力指数

从服务能力的子能力维度来看，各省政务网站信息服务能力、服务提供能力突出，指数均值分别高达 89.87、88.35；事务服务能力尚可，指数均值为 61.81；服务创新能力、参与服务能力明显落后，指数均值分别为 56.15、24.86。具体而言，各省网站的服务提供能力及信息服务能力相当，而事务服务能力、参与服务能力、服务创新能力参差不齐。

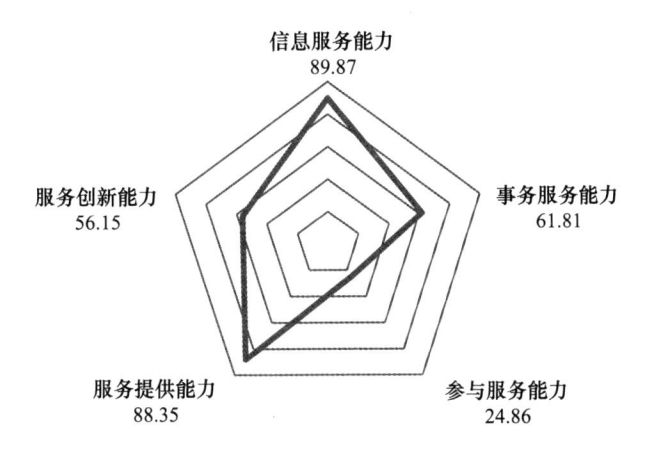

图 2-5 省级政务网站服务子能力总体指数

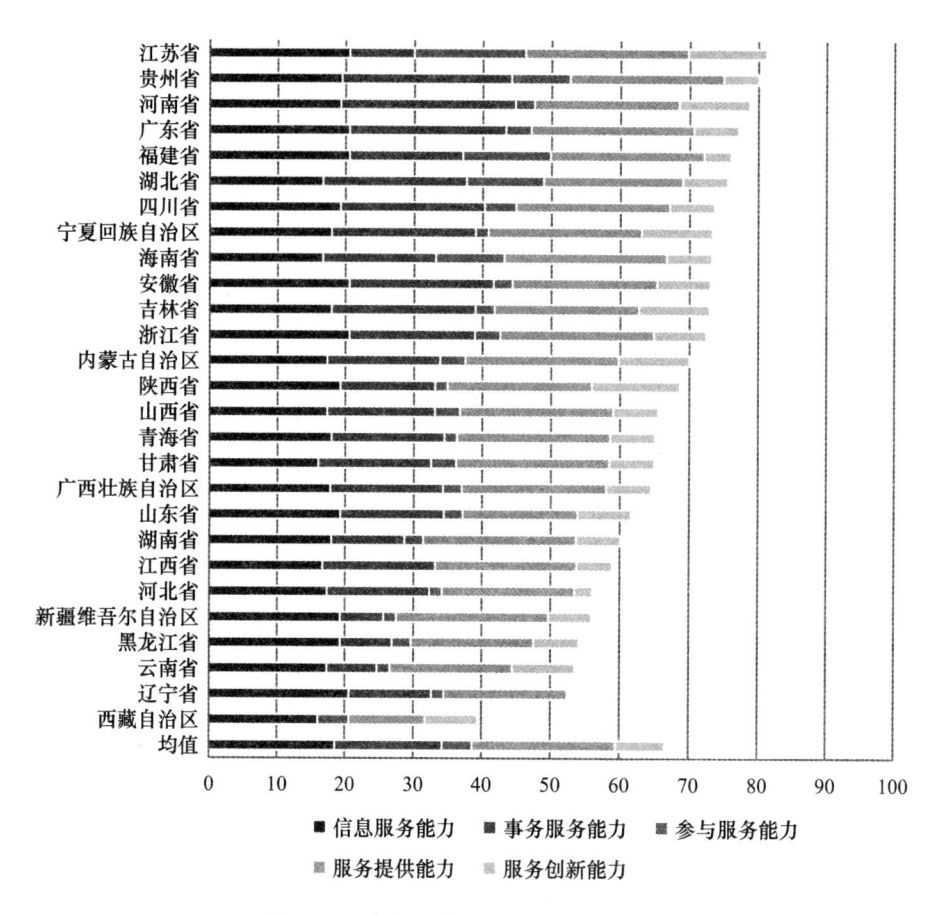

图 2-6 省级政务网站服务子能力指数

从网站服务能力的区间分布来看，江苏省、贵州省 2 个省的网站服务能力处于高水平，占比 7.41%，指数均值为 80.65；河南省、广东省、福建省、湖北省等 18 个省（自治区）的网站服务能力处于较高水平，占比 66.67%，指数均值为 70.36；江西省、河北省、新疆维吾尔自治区等 7 个省（自治区）的网站服务能力水平中等，指数均值为 52.90，占比 25.92%。

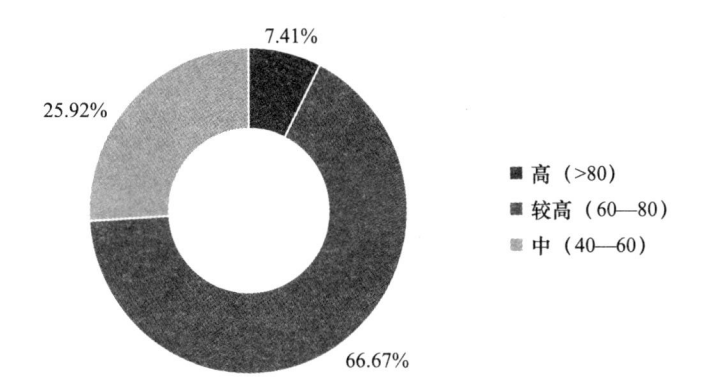

图 2-7 省级政务网站服务能力指数区间分布

表 2-3　　　　　　　省级政务网站服务能力指数区间分布

高（>80）	较高（60—80）	中（40—60）	低（0—40）	无
江苏省	河南省	江西省		
贵州省	广东省	河北省		
	福建省	新疆维吾尔自治区		
	湖北省	黑龙江省		
	四川省	云南省		
	宁夏回族自治区	辽宁省		
	海南省	西藏自治区		
	安徽省			
	吉林省			
	浙江省			
	内蒙古自治区			
	陕西省			
	山西省			
	青海省			
	甘肃省			
	广西壮族自治区			
	山东省			
	湖南省			

(三) 地级市政务网站服务能力指数

在地级市政务网站服务能力指数中，咸宁市凭借服务提供能力、服务创新能力的突出成绩位列第一。该政务网站不仅能便捷、及时地提供各类政务服务，积极地采纳公众的意见与建议，也能有效利用社交平台分享、传播政务服务信息。宁波市和孝感市分列第二、三位，二者在各个评价指标的表现上相对均衡，各项能力都相对出色。排名靠后的地市政务网站在事务服务能力和服务创新能力上处于劣势，线上服务事项的办理起步晚、不完善，未能有效地利用社交平台传播政务信息，整体实力与排名前列的地市有很大差距。

从网站服务能力的子能力维度来看，信息服务能力、服务提供能力突出，处于高水平，指数均值分别为 88.49、87.00；事务服务能力较高，指数均值为 67.71；服务创新能力和参与服务能力低，指数均值分别为 54.63、24.85。这说明当前各地级市政务网站以信息发布为主，网站建设也相对成熟，但在服务创新和参与互动等方面还有待进一步完善。

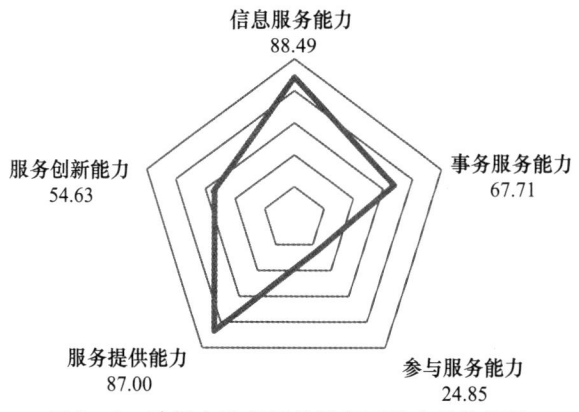

图 2-8 地级市政务网站服务子能力总体指数

从网站服务能力的地域分布来看，浙江省、安徽省、福建省、湖北省、广东省、山东省均有网站服务能力处于高水平的地市；较高水平的地市主要集中在广东省、四川省、山东省、河南省等，其中河北省达到较高服务水平的地级市占总城市的比重最高，约91%。

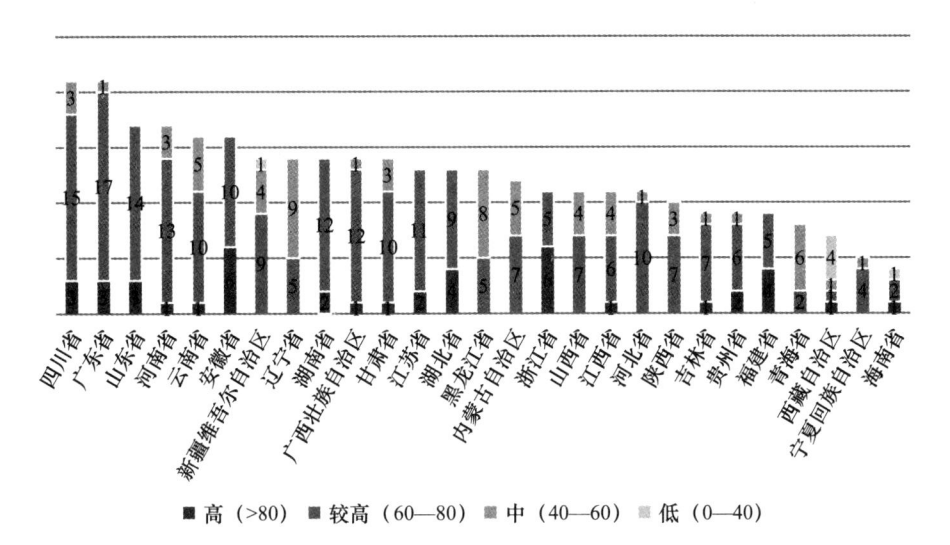

图 2-9 地级市政务网站服务能力指数地域分布

从网站服务能力的区间分布来看，咸宁市、宁波市、孝感市等43个地市服务能力高，指数均值为82.96，占比12.87%；南京市、亳州市、黔西南布依族苗族自治州等221个地市的网站服务能力处于较高水平，指数均值为69.14，占比66.17%；铁岭市、大理白族自治州等64个地市政务网站服务能力处于中等水平，指数均值为53.40，占比19.16%；6个地市的网站服务能力低，指数均值为35.71，占比1.80%。

与2018版政务网站服务能力指数对比，各市级政务网站服务能力指数有所变化，事务服务能力指数由37.72上升至67.71，涨幅明显，参与服务能力和服务创新能力指数略有下降，而信息服务能力和服务提供能力指数则维持在高水平。2018版排名前五的城市分别为岳阳市、中山市、佛山市、江门市和南京市，2019版此5个城市的政务网站服务能力指数排名

16 国家智库报告

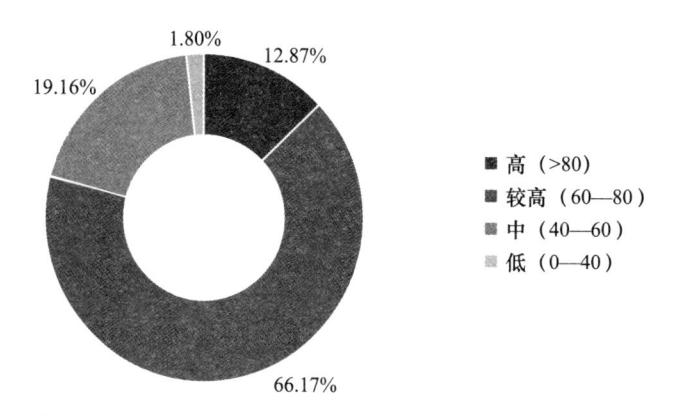

1.80%
12.87%
19.16%
66.17%

■ 高（>80）
■ 较高（60—80）
■ 中（40—60）
■ 低（0—40）

图 2-10 地级市政务网站服务能力指数区间分布

均有不同程度的下降，除岳阳市仍处于高水平位置外，其他城市均下降至中等或较高水平。

（四）省份政务网站服务能力指数
1. 省份政务网站服务能力指数

表 2-4　　　　　　　省份政务网站服务能力指数

排名		指数	排名		指数	排名		指数
1	浙江省	80.89	10	山东省	69.93	19	江西省	62.80
2	福建省	77.71	11	四川省	68.64	20	陕西省	62.22
3	安徽省	77.25	12	河南省	67.17	21	山西省	61.66
4	湖北省	75.41	13	吉林省	66.49	22	海南省	61.06
5	江苏省	73.90	14	宁夏回族自治区	66.35	23	黑龙江省	58.22
6	广东省	73.61	15	甘肃省	65.49	24	辽宁省	56.90
7	湖南省	73.12	16	河北省	65.19	25	新疆维吾尔自治区	56.51
8	贵州省	72.53	17	云南省	64.65	26	青海省	56.24
9	广西壮族自治区	70.23	18	内蒙古自治区	63.38	27	西藏自治区	49.32

注：此处总分保留两位小数，用以提高排名区分度。

2. 整体概况

在省份政务网站服务能力指数中，浙江省位列第一，福建省、安徽省、湖北省、江苏省分列第2—5名。这几个省及下设地市的政务网站建设相对均衡。排名靠后的省份主要集中在中西部地区和东北地区。另外，全国的政务网站服务能力指数均值为67.30，有11个省份高于平均水平，占比40.74%。

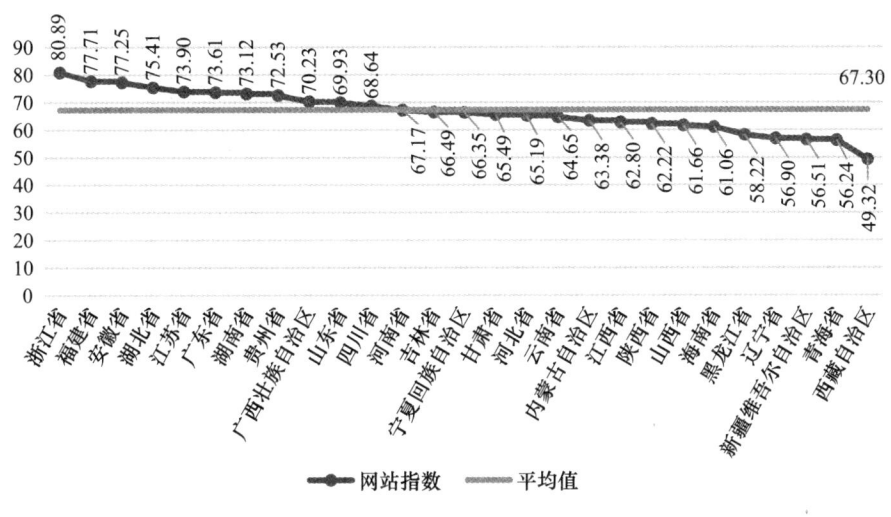

图2-11 省区政务网站服务能力指数

三 省市政府政务微博服务能力指数

（一）直辖市政务微博服务能力指数分析

1. 直辖市政务微博服务能力指数

表2-5　　　　　　　　直辖市政务微博服务能力指数

排名	城市	指数	排名	城市	指数
1	上海市	93.57	3	天津市	91.22
2	北京市	93.37	4	重庆市	89.93

2. 整体概况

四个直辖市中，上海市政务微博（上海发布）和北京市政务微博（北京发布）分列第一、二位，在微博影响力、信息服务能力和服务创新上均有良好表现。"北京发布"在信息的实用性和时效性上稍逊上海。天津市和重庆市政务微博在交互性和信息的实用性方面稍弱，而天津市的受众规模与信息规模比重庆市略大，影响力稍强，因此分列第三、四位。

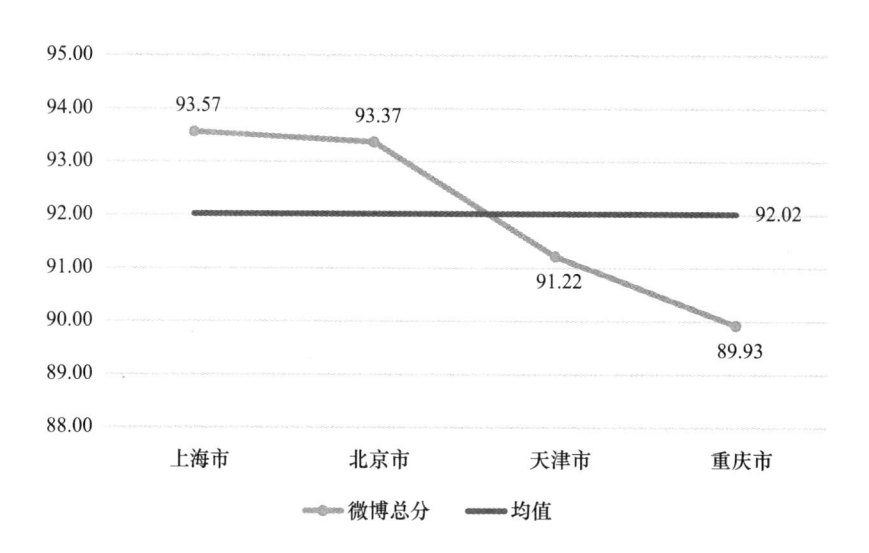

图 2-12 直辖市政务微博服务能力指数

从微博服务能力的子能力维度指数来看，四个直辖市的各项服务能力均达到较高的水平，其中服务创新能力、服务提供能力都较为出色；微博影响力处于中等偏上水平。具体而言，各直辖市的服务创新能力、服务提供能力相对均衡，而信息服务能力、微博影响力则参差不齐。

与2018版微博服务能力指数对比，直辖市排名发生了较大变化，北京市微博服务能力指数略有下降，上海与2018年基本持平，天津市和重庆市的指数有明显增长。从微博服务能力指数的组成维度来看，总体而言，各直辖市服务提供能力、服务创新能力、信息服务能力和微博影响力与2018年相比均有了明显增长，其中服务提供能力、服务创新能力甚至均达满分。

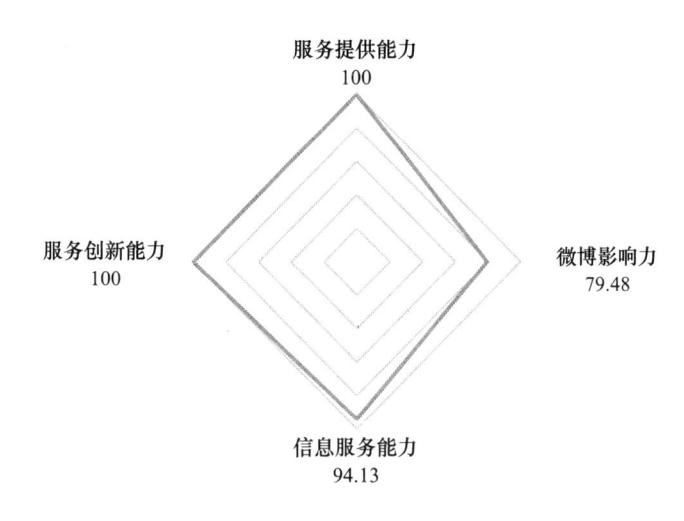

图2-13 直辖市政务微博服务子能力总体指数

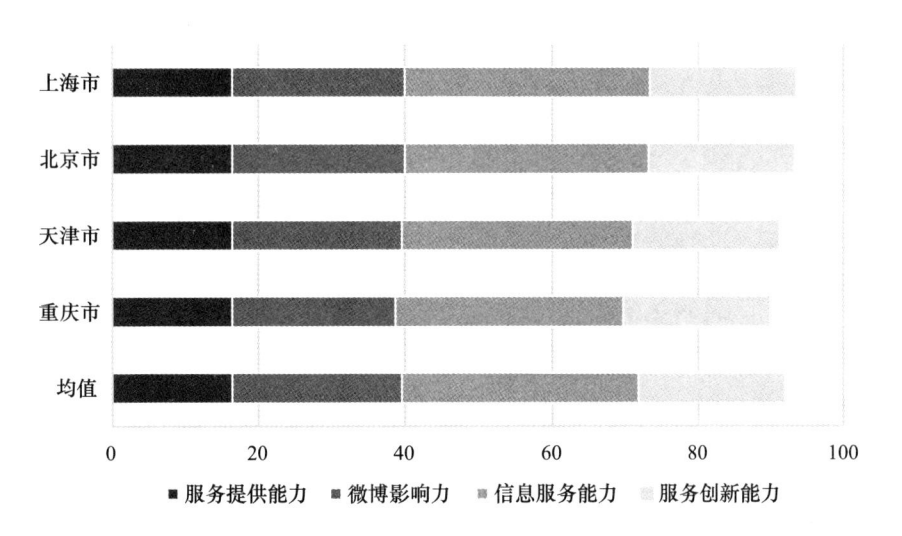

图2-14 直辖市政务微博服务子能力指数

（二）省级政务微博服务能力指数

1. 省级政务微博服务能力指数

表 2-6　　　　　　　　　省级政务微博服务能力指数

排名		指数	排名		指数	排名		指数
1	四川省	90.75	10	新疆维吾尔自治区	76.57	19	西藏自治区	66.17
2	甘肃省	88.34	11	贵州省	76.50	20	宁夏回族自治区	62.20
3	河北省	87.69	12	湖北省	76.45	21	山西省	61.34
4	云南省	83.99	13	江西省	74.52	22	黑龙江省	60.25
5	江苏省	83.86	14	湖南省	74.46	23	福建省	59.59
6	吉林省	82.49	15	山东省	73.41	24	海南省	59.41
7	陕西省	80.51	16	河南省	69.08	25	辽宁省	59.04
8	浙江省	78.61	17	安徽省	68.63	26	广东省	55.98
9	内蒙古自治区	77.46	18	青海省	67.89	27	广西壮族自治区	44.50

2. 整体概况

在省级政务微博服务能力指数中，四川省、甘肃省、河北省分列前三位。这三省政务微博的上线时间都比较早，在日均发博数量、粉丝规模以及微博影响力的表现上也相对突出。排名末位的省级政务微博大都注册较晚，在粉丝规模和微博影响力上与其他省份存在较大差距。

从微博服务能力的组成维度来看，各省政务微博服务创新能力和信息服务能力相对突出，指数均值都高于80.00；微博影响力和服务提供能力水平较低，指数均值分别仅有55.95和59.26。具体而言，各省的信息服务能力相对均衡，而服务提供能力、微博影响力以及创新能力参差不齐。

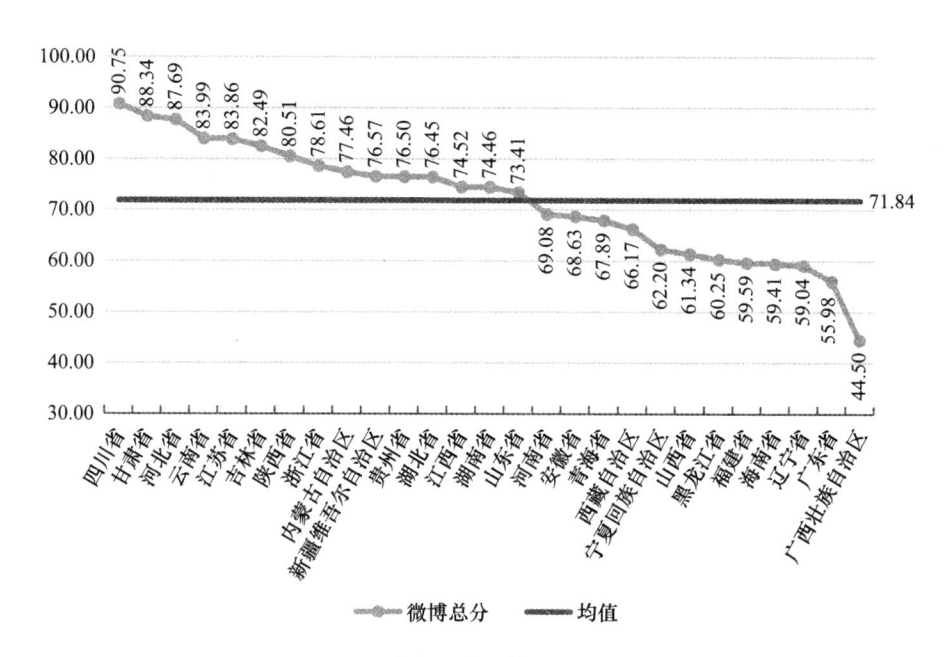

图 2-15 省级政务微博服务能力指数

图 2-16 省级政务微博服务子能力总体指数

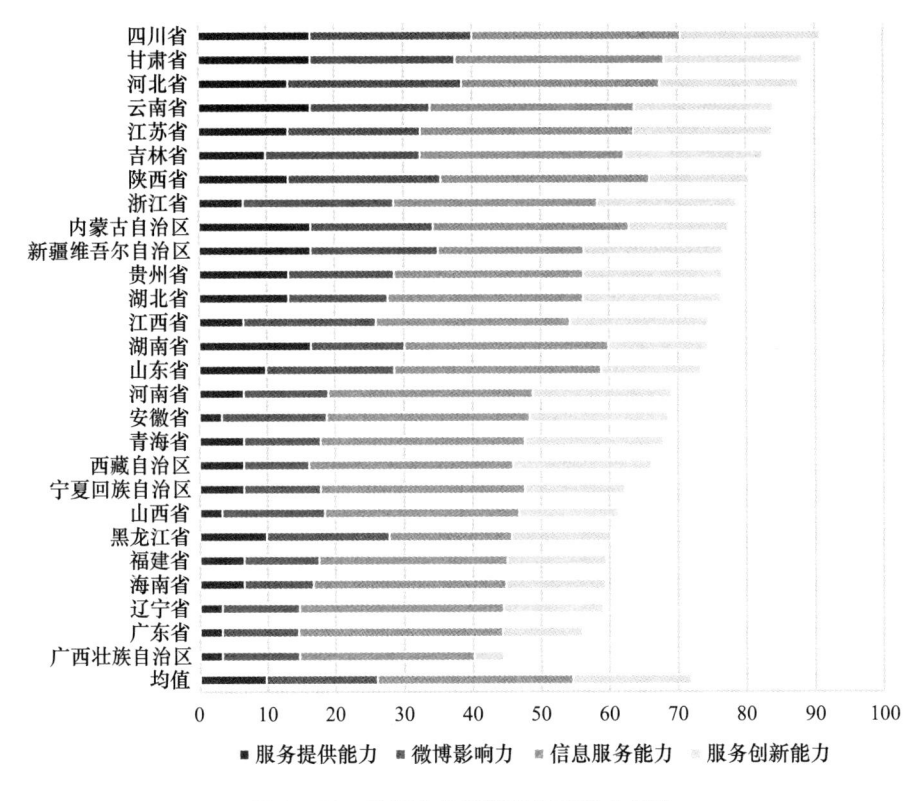

图 2-17 省级政务微博服务子能力指数

从微博服务能力的区间分布来看，四川省、甘肃省等7个省的微博服务能力处于很高的水平，占比25.92%，指数均值为85.37；贵州省、湖北省等15个省的微博服务能力处于较高水平，占比55.56%，指数均值为70.90；福建省和海南省等5个省的微博服务能力处于中水平，占比18.52%，指数均值为55.70。

表 2-7　　　　　　省级政务微博服务能力指数区间分布

高（>80）	较高（60—80）	中（40—60）	低（0—40）
四川省	浙江省	福建省	
甘肃省	内蒙古自治区	海南省	
河北省	新疆维吾尔自治区	辽宁省	

续表

高（>80）	较高（60—80）	中（40—60）	低（0—40）
云南省	贵州省	广东省	
江苏省	湖北省	广西壮族自治区	
吉林省	江西省		
陕西省	湖南省		
	山东省		
	河南省		
	安徽省		
	青海省		
	西藏自治区		
	宁夏回族自治区		
	山西省		
	黑龙江省		

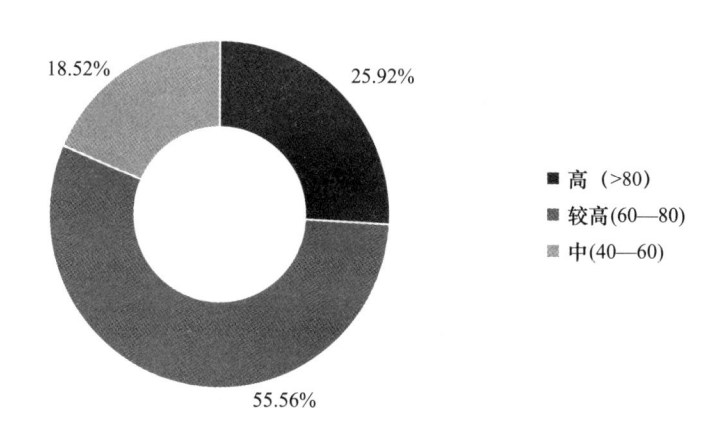

图 2-18 省级政务微博服务能力指数区间分布

与2018版省级政务微博服务能力指数相比，云南省政务微博水平大幅提升，由2018版的第18名跃升为第4名，各项指标表现突出。在省级微博指数区间分布方面，微博指数大于80的省份数目与2017年持平，但小于40的低分段已经完全消失。

（三）地级市政务微博服务能力指数分析

在地级市政务微博服务能力指数中，宿迁市、广州市和宁波市位列前三名。这三个地市的政务微博在微博影响力、服务创新力、信息服务能力上均有出色表现。排名靠后的地级市中，有一些尚未开通政务微博，难以发挥微博互动交流的媒介作用；另一些得分较低的地市多为新注册账号，尚未积累一定规模的粉丝，且发布微博的形式单一，缺乏原创性，难以吸引微博用户。

从微博服务能力的子能力维度来看，各地市整体的信息服务能力、服务创新能力基本达到中等偏上水平，指数均值分别为 70.25、69.24；服务提供能力、微博影响力水平较低，指数均值分别 55.03、37.19，说明当前地市政府在政务微博的运营管理和使用上仍处在探索时期，且主要将微博作为信息发布的工具，其他功能有待进一步开发。

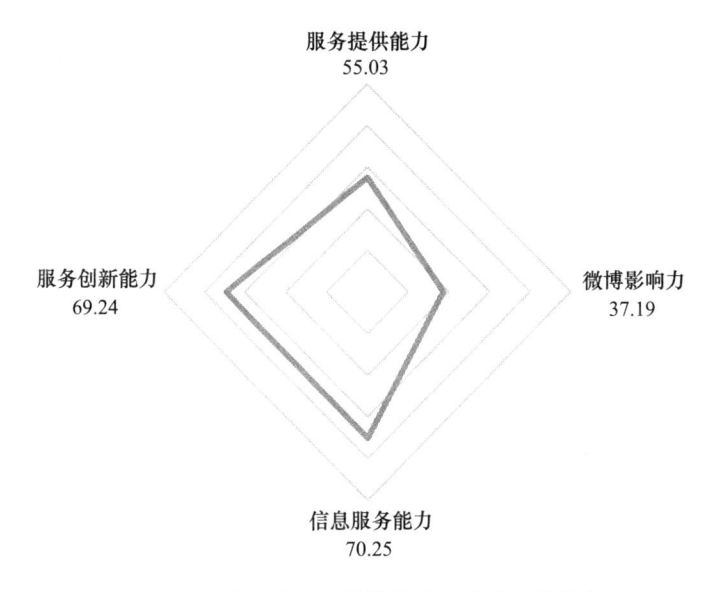

图 2-19　地级市政务微博服务子能力总体指数

从微博服务能力的地域分布来看,江苏省、四川省均有超过30%的地级市微博服务能力达到高水平;陕西省、江西省、山东省、内蒙古自治区、浙江省、河北省、湖北省、安徽省、吉林省、山西省均有60%以上的地级市微博服务能力达到较高水平,其中陕西省和江西省服务能力较高的地级市超过80%;此外,辽宁省、海南省、青海省、河南省、宁夏回族自治区、西藏自治区均有过半地市尚未开通政务微博。

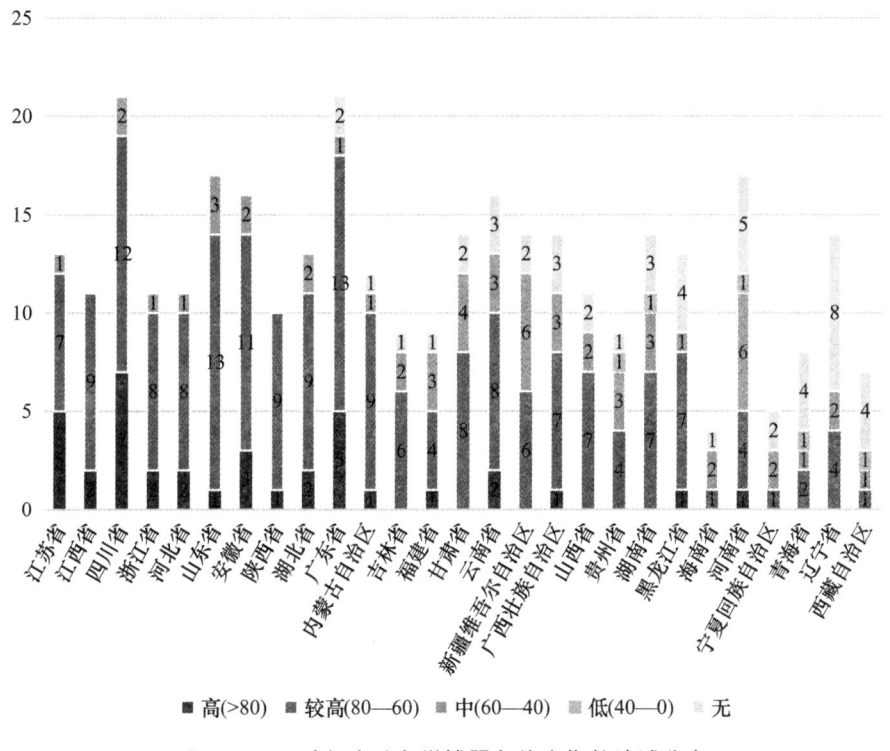

图2-20 地级市政务微博服务能力指数地域分布

从微博服务能力的区间分布来看,有37个地市的微博服务能力指数超过80,指数均值为84.02,占比11.08%;有185个地市政务微博服务能力处于较高水平,指数均值为69.69,占比55.39%;有5个地市政务微博服务能力指数在40—60,指数均值为54.90,占比17.37%;有5个地市政务微博服务能力较低,提升空间较大，指数均值为37.70，占比1.50%；此外，仍有49个地市尚未开通政务微博，占比14.66%。

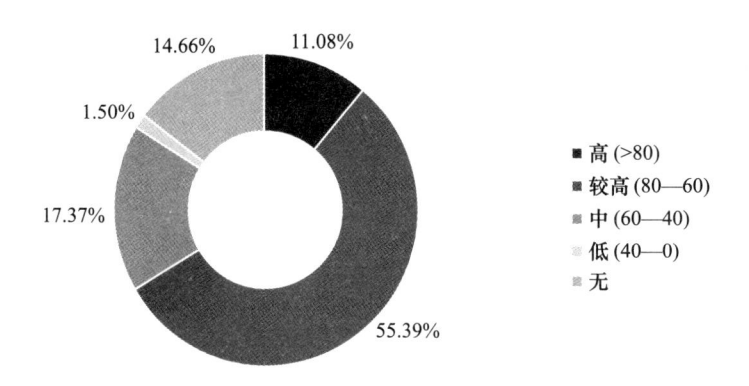

图2-21 地级市政务微博服务能力指数区间分布

（四）省份政务微博服务能力指数

1. 省份政务微博服务能力指数

表2-8　　　　　　　省份政府电子服务能力指数

排名		指数	排名		指数	排名		指数
1	江苏省	76.91	10	广东省	64.91	19	贵州省	52.80
2	江西省	74.99	11	内蒙古自治区	62.88	20	湖南省	50.35
3	四川省	74.75	12	吉林省	61.56	21	黑龙江省	48.67
4	浙江省	73.06	13	福建省	57.93	22	海南省	47.39
5	河北省	71.93	14	甘肃省	57.91	23	河南省	44.11
6	山东省	70.20	15	云南省	57.15	24	宁夏回族自治区	43.91
7	安徽省	69.65	16	新疆维吾尔自治区	55.14	25	青海省	32.17
8	陕西省	69.28	17	广西壮族自治区	53.31	26	辽宁省	29.53
9	湖北省	68.79	18	山西省	53.02	27	西藏自治区	26.98

2. 整体概况

省份的微博服务能力指数是包含省级政府和各省地级市的微博服务能力的综合指数，省份的分数整体都不是特别高，指数均值为 57.38。江苏省位列第一，有六个省份指数高于 70.00，总体来看分数较高的省份中地市的微博服务能力比较均衡，而排名靠后的省份中则有一些地市尚未开通政务微博。

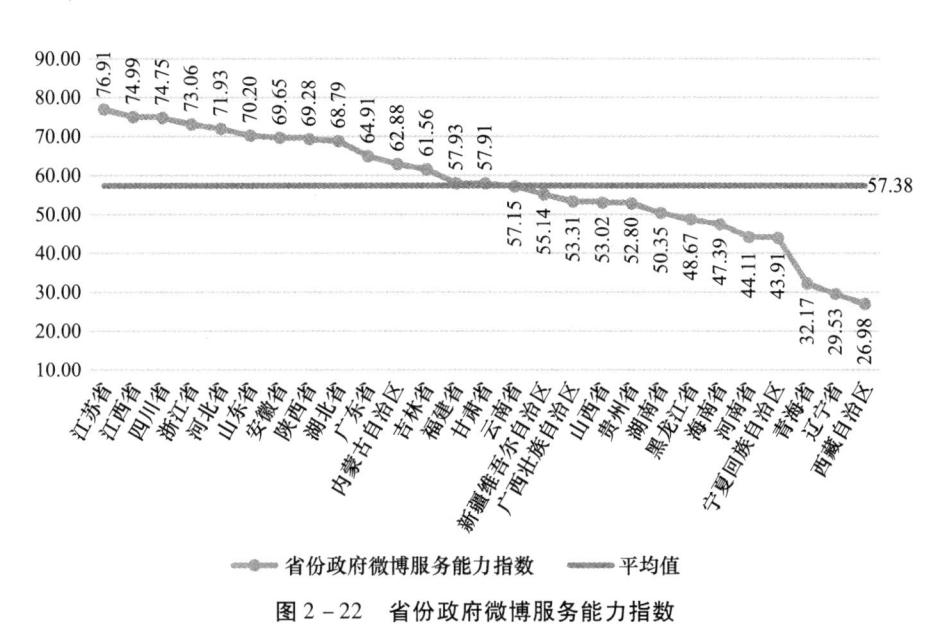

图 2-22　省份政府微博服务能力指数

四　省市政府政务微信服务能力指数

（一）直辖市政务微信服务能力指数

1. 直辖市微信服务能力指数

表 2-9　　　　　　　直辖市政务微信服务能力指数

排名	直辖市	指数	排名	直辖市	指数
1	北京市	75.43	3	重庆市	66.88
2	上海市	68.24	4	天津市	51.41

2. 整体概况

四个直辖市中,北京市政务微信服务能力指数位列第一,不仅能及时发布市民所需的信息,同时较好地实现了事务的在线办理。上海市和重庆市微信指数基本持平,在参与服务能力和微信影响力上稍逊一筹。目前,各直辖市的政务微信主要以信息发布为主,逐步向提供事务服务、参与服务的方向迈进。

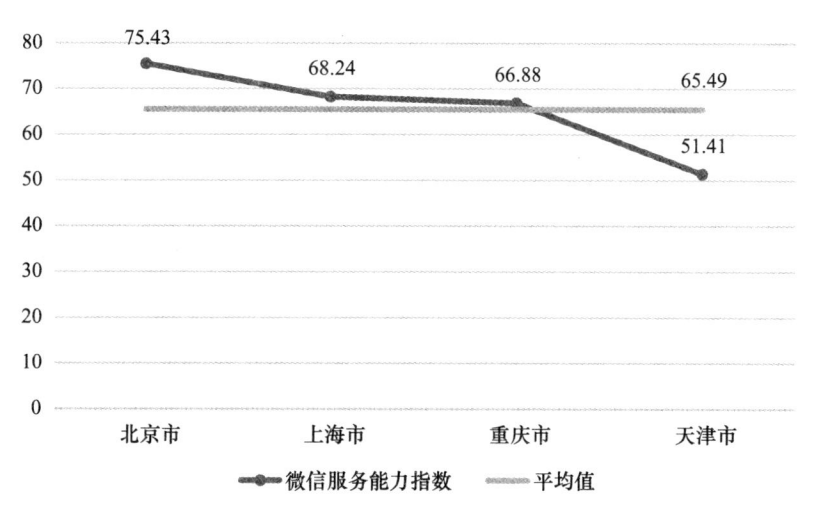

图 2-23 直辖市政务微信服务能力指数

从微信服务能力的子能力维度来看,四个直辖市整体的信息服务能力较强,指数均值高达 98.50;事务服务能力和"微影响力"处于中等水平,指数均值分别为 75.00 和 60.75,而服务提供能力与参与服务能力较弱,指数均值分别为 45.00 和 46.00。具体来看,各直辖市的服务提供能力水平相当,事务服务能力、参与服务能力则与其微信指数相对应。天津市的信息服务能力表现突出,"微影响力"和参与服务能力相对较弱。上海市的参与服务能力较为优秀,"微影响力"则稍逊一筹。北京市五个服务能力水平较为平均,皆达到了较高水平。重庆市虽然微信指数不低,但各项服务能力均不突出。总体而言,目前微信政务服务处于"信息发布"的阶段,并逐渐向事务服务、参与服务阶段过渡。

信息服务能力
98.50

"微影响力"
60.75

事务服务能力
75.00

服务提供能力
45.00

参与服务能力
46.00

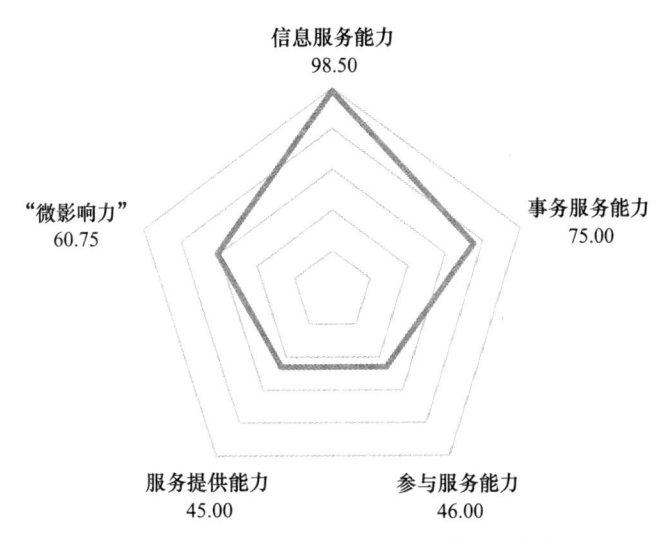

图 2-24 直辖市政务微信服务子能力总体指数

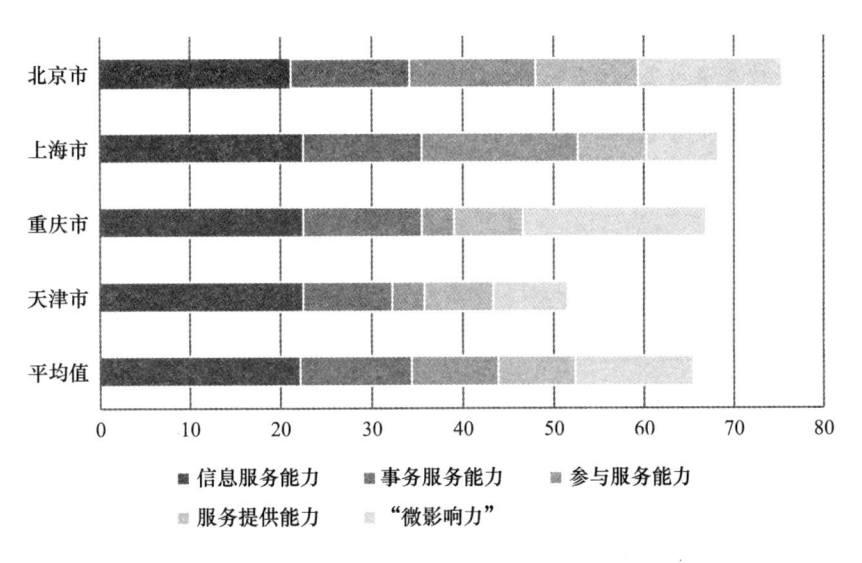

图 2-25 直辖市政务微信服务子能力指数

直辖市政务微信服务能力指数排名与 2018 版相同，且数值上均有提升。天津市微信服务平台依然缺少事务服务与参与服务部分，5 个二级指标得分与 2018 版相比趋于平均，信息服务能力依然遥遥领先于其他指标。可见，其微信政务服务仍停留在信息传播阶段，事务服务、参与服务和服务提供仍有较大提升空间，是电子政务的主要发展方向。

（二）省级政务微信服务能力指数

1. 省级政务微信服务能力指数

表 2 – 10　　　　　　　省级政务微信服务能力指数

排名		指数	排名		指数	排名		指数
1	云南省	77.24	10	山西省	64.06	19	河南省	56.84
2	广东省	70.68	11	宁夏回族自治区	63.19	20	西藏自治区	54.72
3	贵州省	69.70	12	甘肃省	62.91	21	江苏省	54.66
4	江西省	69.06	13	湖南省	62.48	22	内蒙古自治区	53.22
5	广西壮族自治区	68.78	14	海南省	61.17	23	陕西省	48.94
6	河北省	68.15	15	新疆维吾尔自治区	61.14	24	福建省	48.36
7	湖北省	67.51	16	四川省	61.00	25	吉林省	43.67
8	安徽省	66.95	17	青海省	60.73	26	山东省	31.58
9	浙江省	66.07	18	黑龙江省	58.82	27	辽宁省	30.31

2. 整体概况

在省级政务微信服务能力指数中，云南省位列第一，广东省、贵州省、江西省、广西壮族自治区分列第2—5名。排名靠前的省级政务微信在用户规模和用户活跃度方面处于全国领先地位。虽然所有省份皆已开通政务服务微信公众号，但是部分已开通政务微信的省份因其内容更新不及时、服务内容单一而难以发挥微信平台的服务潜能。

从微信服务能力的子能力指数来看，各省政务微信整体的信息服务能力突出，事务服务能力进步明显，超越"微影响

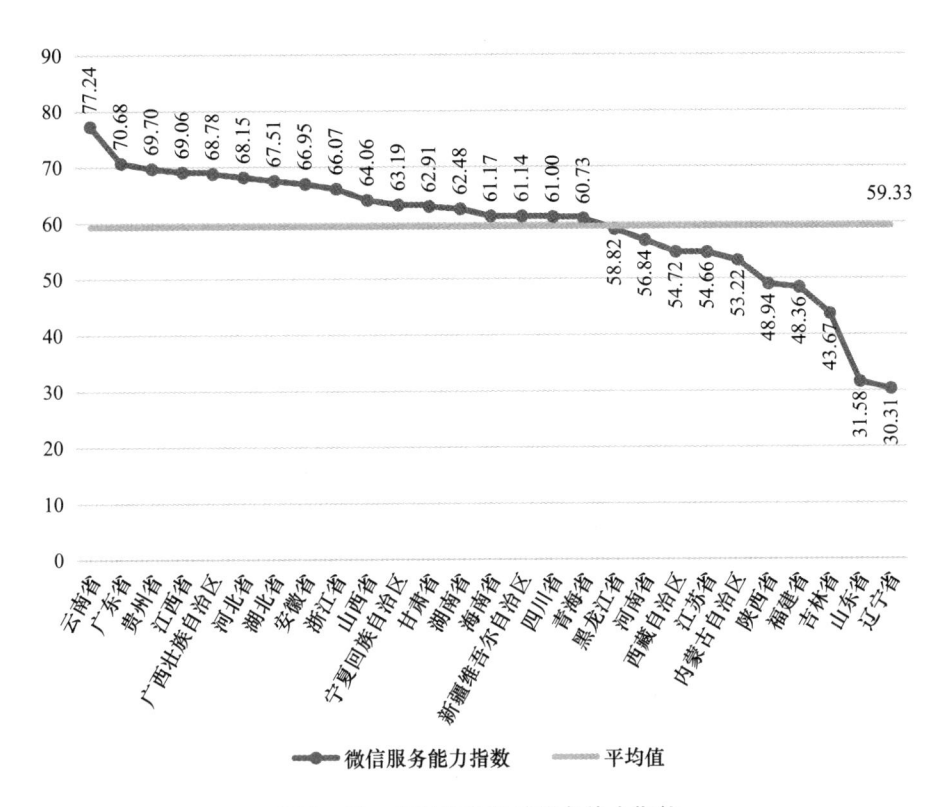

图 2-26 省级政务微信服务能力指数

力",成为排在第二位的子能力,这表明,各省已经逐渐重视政务微信的事务服务能力建设并取得了一定成果。而服务提供能力、参与服务能力则亟待提升。具体来看,各维度指数与微信总指数对比差异较大,地市微信渠道的各项服务能力参差不齐,微信服务仍处于信息发布的阶段,服务提供、参与服务能力亟待提升,与实现"一站式"政务服务目标仍有一定距离。

从微信服务能力的区间分布来看,有 17 个省的微信服务能力处于较高水平,其指数均值为 65.93,占比 62.96%;其次,黑龙江省、河南省等 8 个省的微信服务能力处于中等水平,占比 29.63%,指数均值为 52.40;山东、辽宁两省的微信服务能力处于低水平,占比 7.41%,指数均值为 30.94,呈现出发展掉队的现象。

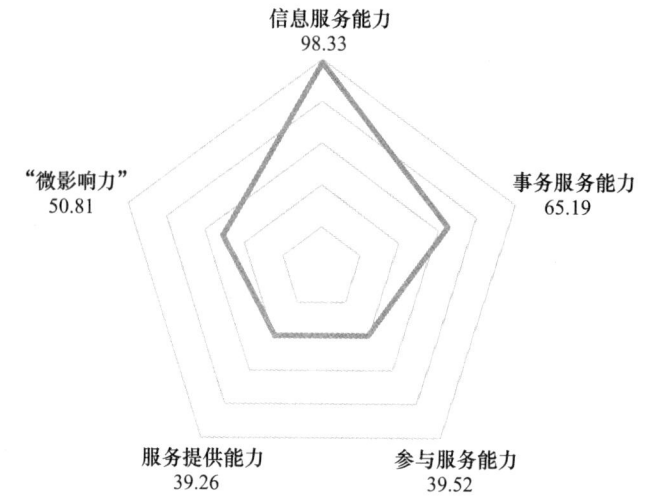

图 2-27 省级政务微信服务子能力总体指数

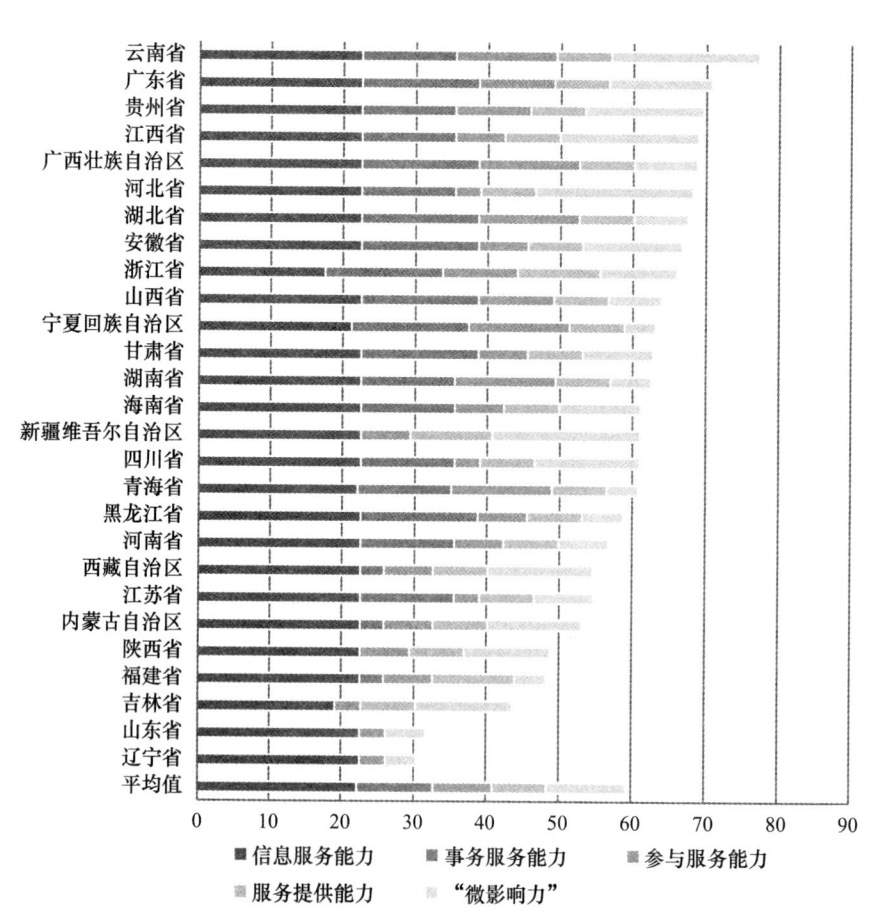

图 2-28 省级政务微信服务子能力指数

表2-11　　　　　　　　省级政务微信服务能力指数区间分布

高（>80）	较高（60—80）	中（40—60）	低（0—40）	无
	云南省	黑龙江省	山东省	
	广东省	河南省	辽宁省	
	贵州省	西藏自治区		
	江西省	江苏省		
	广西壮族自治区	内蒙古自治区		
	河北省	陕西省		
	湖北省	福建省		
	安徽省	吉林省		
	浙江省			
	山西省			
	宁夏回族自治区			
	甘肃省			
	湖南省			
	海南省			
	新疆维吾尔自治区			
	四川省			
	青海省			

- 较高（60—80）：62.96%
- 中（40—60）：29.63%
- 低（0—40）：7.41%

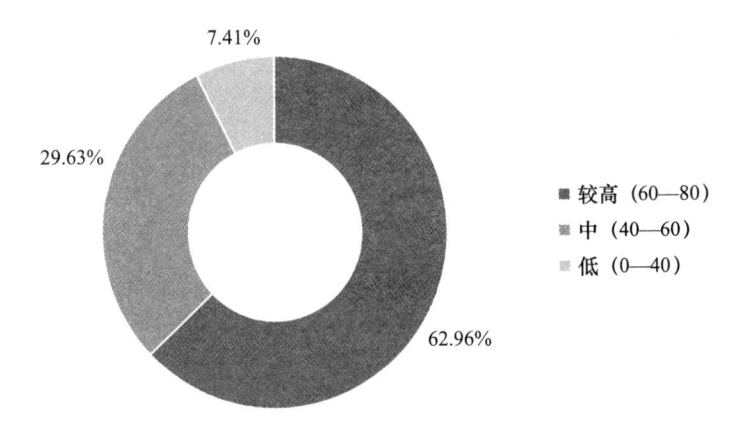

图2-29　省级政务微信服务能力指数区间分布

省级政务微信服务能力指数方面，云南省进步明显，政务微信服务能力指数由2018版的第13名跃升为第1名，各项指标表现突出。2019版较2018版增加了10个微信指数达到较高水平的省级政府；5个二级指标均有不同幅度的上涨，"微影响力"评分的增长皆超过10分；23个省级政务微信平台信息服务能力获得满分，信息服务能力指数均值高达98.33；除浙江省外，所有省份信息服务能力均达到高水平，其他四个指标与其差距过大，发展并不平衡。

（三）地级市政务微信服务能力指数

在地级市政务微信服务能力指数中，佛山市位列第一，阜阳市、铜陵市、滁州市、岳阳市分列第2—5名。这五个城市的政务微信都能实现权威、准确、及时的信息发布，且事务服务的流程清晰、入口易寻。排名靠后的地市目前仅通过政务微信进行信息发布，其他拓展功能还未上线。政务微信指数均值为50.00，总体服务水平中等。其中168个地市政务微信服务指数超过全国平均水平，占比50.15%；103个地市政务微信服务能力达到较高水平，占比30.75%。另外，有7个地级市还未开通政务微信公众号，分别是朝阳市、大连市、洛阳市、怀化市、桂林市、三沙市、迪庆藏族自治州。

从微信服务能力的组成维度来看，各地市整体的信息服务能力指数均值为91.79，处于高水平；而服务提供能力、"微影响力"、事务服务能力、参与服务能力较弱，能力指数均值分别为35.93、39.41、43.47、33.70。发展很不平衡，整体发展欠佳，难以发挥微信平台的服务潜能。

从微信服务能力的地域分布来看，尚无达到高政务微信服务能力水平的省份。在处于较高水平的地市中，广东省和安徽省上榜城市最多，均为13个；其次为湖北省和浙江省，各有6个城市上榜。其他省份地市的微信服务能力多处于中等甚至低水平。海南省、河南省、辽宁省等6个省份均有1—2个地市尚未开通政务微信。

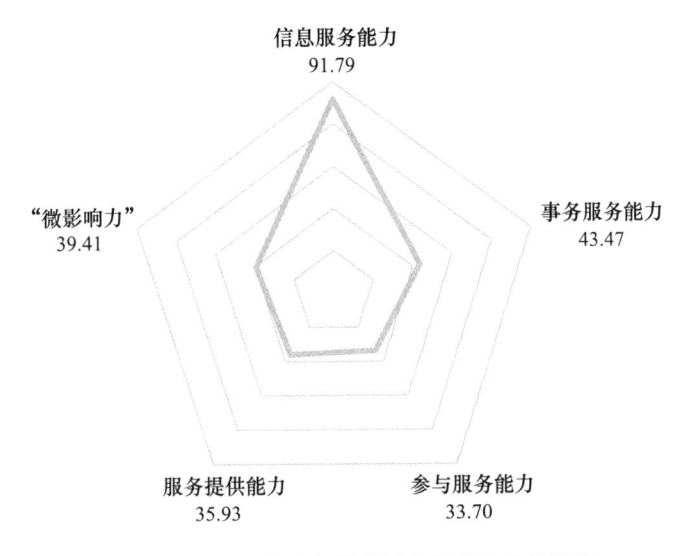

图2-30 地级市政务微信服务子能力总体指数

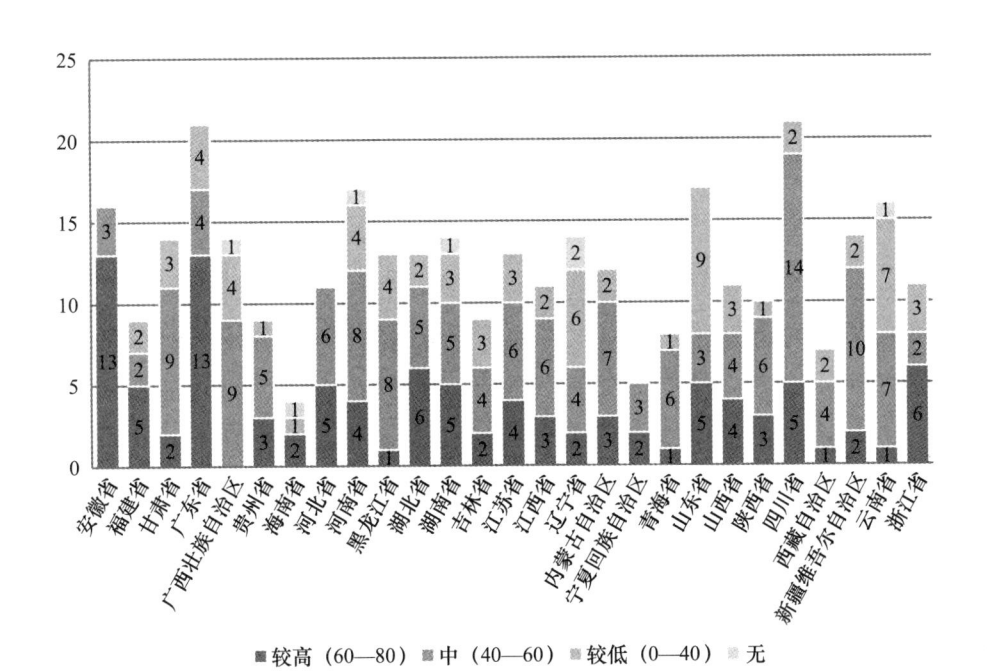

图2-31 地级市政务微信服务能力指数地域分布

从微信服务能力的区间分布来看，尚无地市的政务微信服务能力达到高水平；佛山市、阜阳市、铜陵市和滁州市等21个地市微信指数达70以上，占比6.27%，指数均值为73.94；佛山市、阜阳市等103个地市的微信服务能力较高，占比30.84%，指数均值为66.38；成都市、荆门市等150个地市的微信服务能力处于中等水平，占比44.90%，指数均值为49.41；牡丹江市、襄樊市等74个地市的微信服务能力较低，占比22.16%，指数均值为33.13。另外，仍有7个地市尚未开通微信服务渠道，占比2.10%。

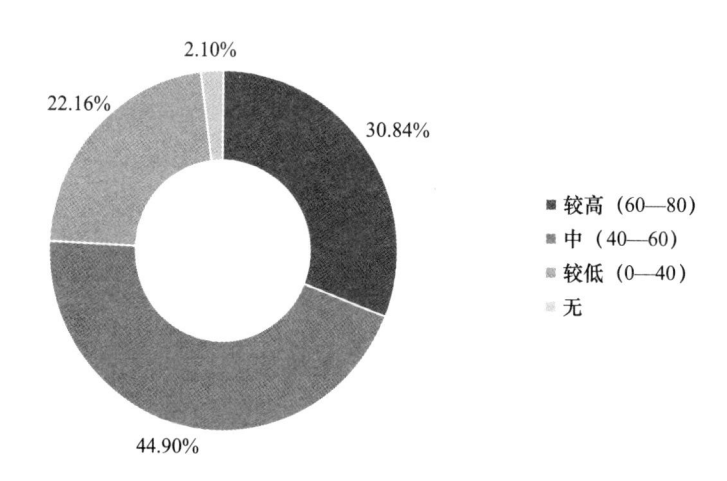

图2-32 地级市政务微信服务能力指数区间分布

2019版指数区间名称发生调整：较高、中等、较低水平分别对应于2018版中等、较低、低水平，划分标准不变。处于较高水平的地市数量由2018版的31个升至103个，涨幅明显；5个二级指标指数有升有降，其中事务服务能力上升近20分，从24.43升至43.47。2018版排名前5名的城市分别为南昌市（79.37）、邢台市（72.97）、贵港市（70.68）、汉中市（70.11）、雅安市（68.60），2019版除邢台市仍处于较高水平（第33名）的位置外，其他4市均下降至中等水平（40—60）。

(四) 省份政务微信服务能力指数

1. 省份政务微信服务能力指数

表 2-12　　　　　　　省份政府微信服务能力指数

排名		微信指数	排名		微信指数	排名		微信指数
1	安徽省	64.41	10	陕西省	53.09	19	河南省	47.72
2	河北省	59.16	11	四川省	52.09	20	甘肃省	47.31
3	宁夏回族自治区	58.55	12	山西省	51.30	21	黑龙江省	46.36
4	湖北省	58.11	13	青海省	51.30	22	吉林省	45.34
5	广东省	57.99	14	内蒙古自治区	50.93	23	西藏自治区	45.04
6	贵州省	56.19	15	新疆维吾尔自治区	50.19	24	山东省	45.02
7	浙江省	55.06	16	江苏省	49.95	25	广西壮族自治区	43.34
8	江西省	54.26	17	湖南省	48.45	26	云南省	41.68
9	福建省	53.68	18	海南省	48.42	27	辽宁省	37.02

2. 整体概况

在省份政务微信服务能力指数中，安徽省位列第一，河北省、宁夏回族自治区、湖北省和广东省分列第2—5名。省级政务微信前五强的云南省、广东省、贵州省、江西省、广西壮族自治区中，仅广东省在省份政务微信服务能力指数的表现依旧突出。这也反映出其余几个省份省级及其下设地市的微信渠道建设不够均衡。排名靠后的省份主要集中在中西部地区和东北地区，在微信渠道的建设和发展上整体滞后。另外，全国各省份的微信服务能力指数均值为50.70，有14个省份高于平均水平，占比51.85%。

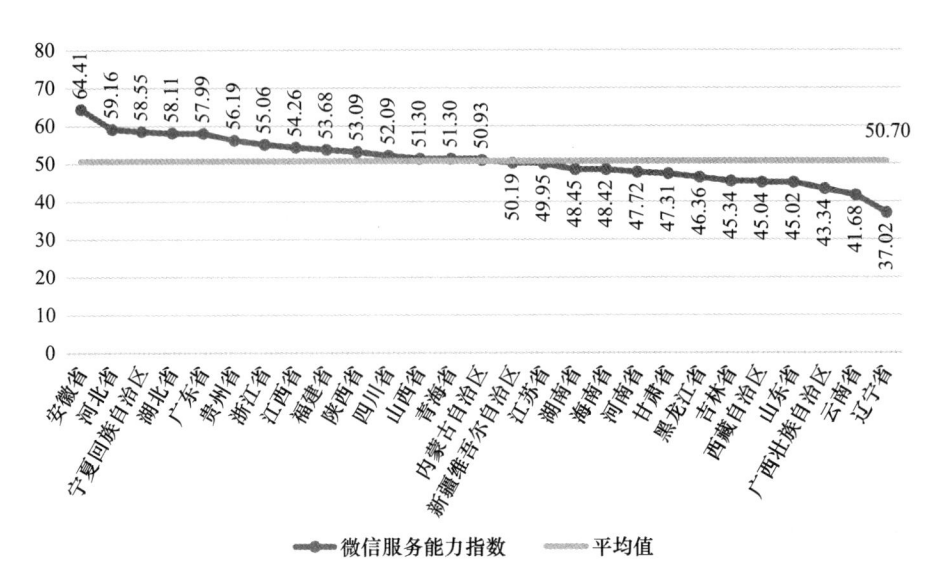

图 2-33　地级市政务微信服务能力指数区间分布

五　省市政府政务 APP 服务能力指数

(一) 直辖市政务 APP 服务能力指数

1. 直辖市 APP 服务能力指数

表 2-13　　　　　直辖市政务 APP 服务能力指数

排名	直辖市	指数	排名	直辖市	指数
1	上海市	82.52	3	北京市	61.76
2	重庆市	74.62	4	天津市	0

2. 整体概况

四个直辖市中，上海市的政务 APP 服务能力位列第一，不仅功能全面、信息完备，且能很好地迎合用户的使用习惯。重庆市和北京市分列第二、三位，在信息的丰富度、APP 使用体验以及用户反馈机制上稍显逊色。截至测评时，天津市尚未开通政务 APP 服务渠道。

政府电子服务能力指数（2019） 39

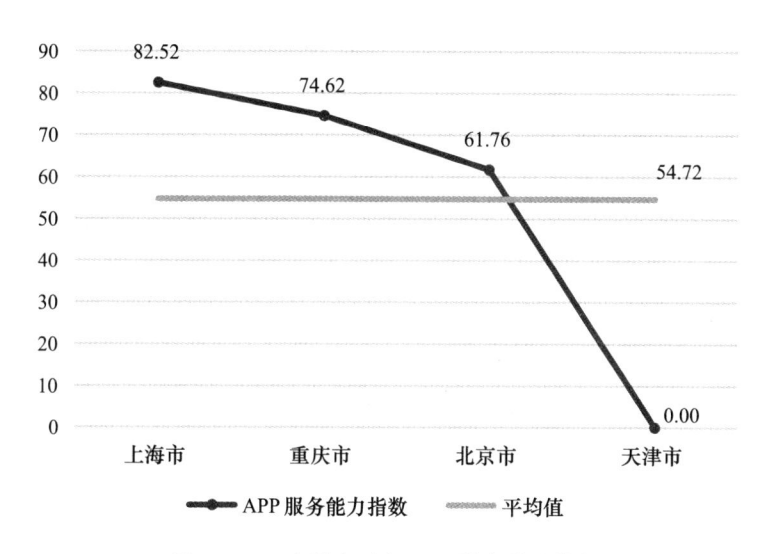

图 2-34 直辖市政务 APP 服务能力指数

从 APP 服务能力的总体维度指数来看，四个直辖市整体的服务提供能力处于较高水平，指数均值为 67.60；信息服务能力处于中等水平，指数均值为 49.89；事务服务能力较高，除天津市外均为满分。具体来看，重庆市除了参与服务能力外，其余各个维度均为第一。而上海市则由于较高的参与服务能力在 APP 服务能力指数中遥遥领先。

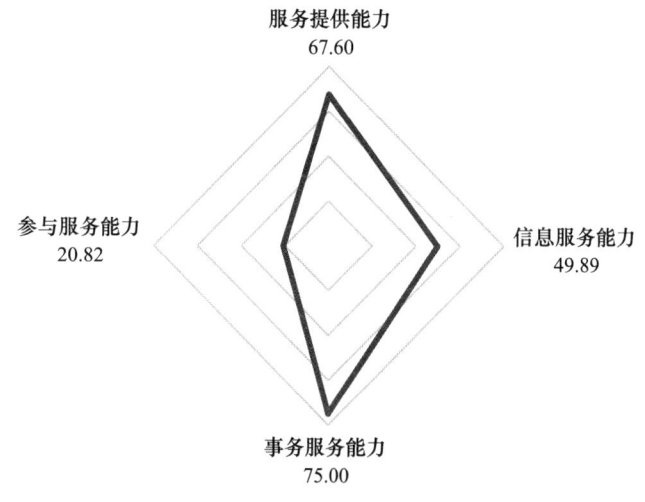

图 2-35 直辖市政务 APP 服务子能力总体指数

2018 版，直辖市排名次序为北京市、重庆市、上海市、天津市。2019 版，北京市的 APP 指数稍有下降，上海市的 APP 指数则大幅提升跃居直辖市第一位，重庆市的 APP 指数排名虽然仍处于第二位，但指数也略有提升，天津市依然没有符合测评标准的官方政务 APP。

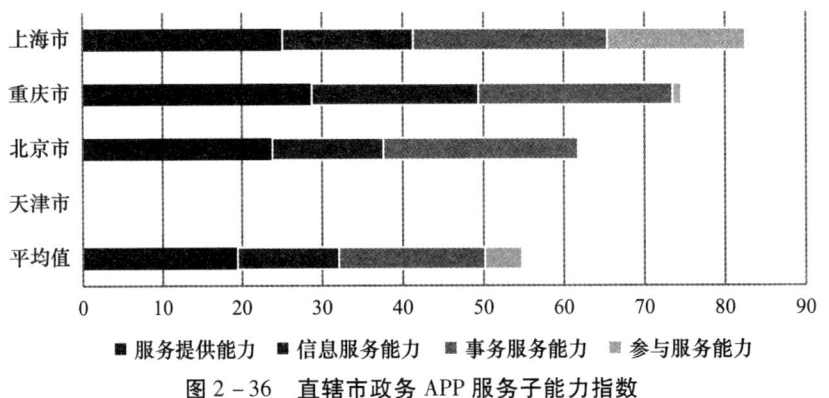

图 2-36 直辖市政务 APP 服务子能力指数

（二）省级政务 APP 服务能力指数

1. 省级政务 APP 服务能力指数

表 2-14　　省级政务 APP 服务能力指数

排名		APP 指数	排名		APP 指数	排名		APP 指数
1	浙江省	82.56	9	山西省	67.36	17	山东省	40.82
2	四川省	79.13	10	河南省	67.17	18	云南省	39.54
3	安徽省	73.63	11	内蒙古自治区	60.84	19	西藏自治区	37.96
4	贵州省	73.21	12	辽宁省	56.58	20	福建省	37.27
5	湖北省	71.51	13	新疆维吾尔自治区	55.77	21	海南省	34.13
6	吉林省	71.31	14	江苏省	53.45	22	河北省	32.97
7	湖南省	70.61	15	江西省	53.41	23	甘肃省	30.34
8	广西壮族自治区	68.31	16	广东省	46.19			

2. 整体概况

在省级政务 APP 服务能力指数中,浙江省位列第一,四川省、安徽省分列第二、三名。其中,浙江省的 APP 因其界面友好、类目清晰、操作便捷、信息服务时效性强和办事效率高的特点,备受用户好评。截至测评时,黑龙江省、青海省、陕西省以及宁夏回族自治区尚未开通政务 APP 服务渠道。

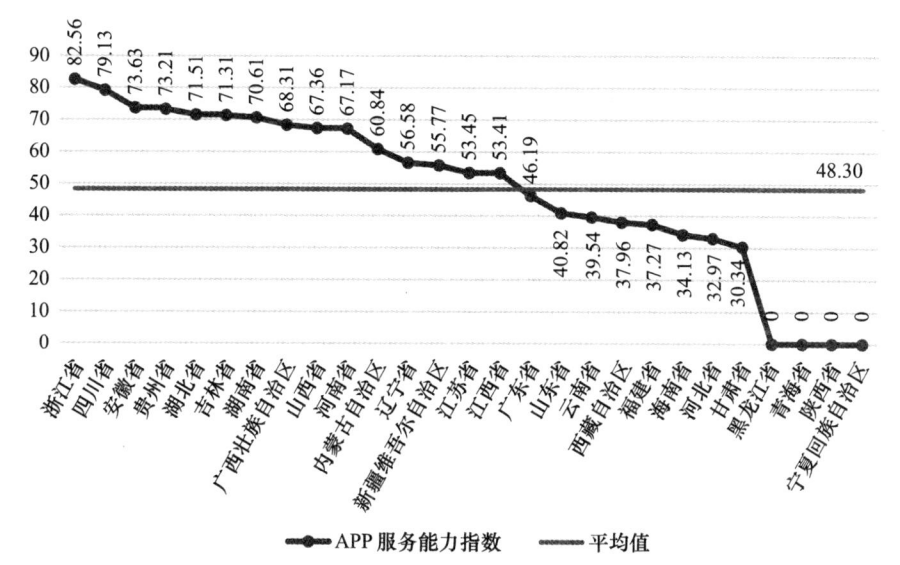

图 2-37 省级政务 APP 服务能力指数

从 APP 服务能力的组成维度来看,各省政务 APP 整体的事务服务能力处于中等水平,参与服务能力明显滞后、亟待提升。总体而言,各省的政务 APP 目前仍以提供信息服务为主,事务服务能力略有起色,参与服务功能还处于起步阶段。

从 APP 服务能力的区间分布来看,仅有浙江省的 APP 服务能力达到高水平,占比 3.70%,指数均值为 82.56;四川省、安徽省等 10 个省的 APP 服务能力较高,占比 37.05%,指数均值为 70.31;辽宁省、新疆维吾尔自治区等 6 个省的 APP 服务能力中等,占比 22.22%,指数均值为 51.04;云南省、西藏自治区等 6 个省的 APP 服务能力水平还较低,占比 22.22%,指数均值为 35.37；另外，仍有 4 个省级政府尚未建成政务 APP。

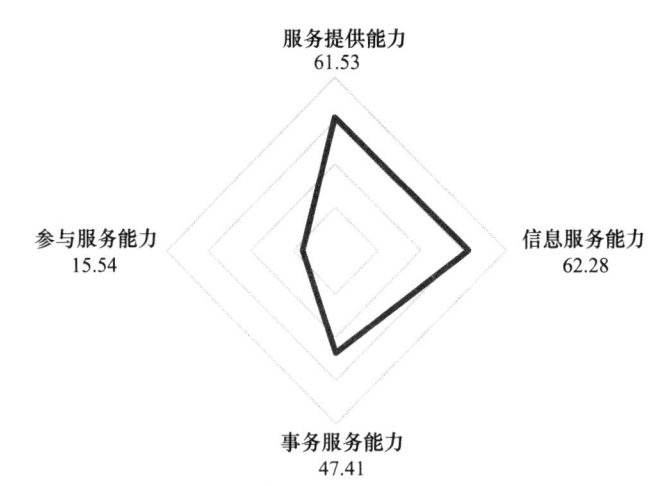

图 2-38 省级政务 APP 服务子能力总体指数

注：宁夏回族自治区、陕西省、青海省和黑龙江省未开通政务 APP 渠道，图中未显示。

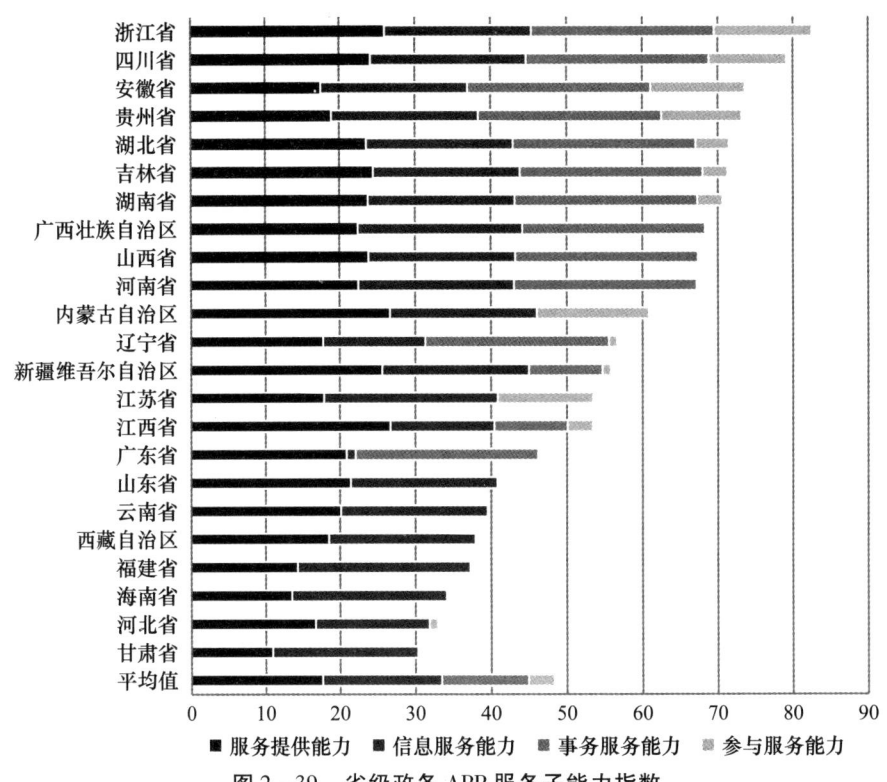

图 2-39 省级政务 APP 服务子能力指数

表2-15　　　　　　　省级政务APP服务能力指数区间分布

高（>80）	较高（60—80）	中（40—60）	低（0—40）	无
浙江省	四川省	辽宁省	云南省	黑龙江省
	安徽省	新疆维吾尔自治区	西藏自治区	青海省
	贵州省	江苏省	福建省	陕西省
	湖北省	江西省	海南省	宁夏回族自治区
	吉林省	广东省	河北省	
	湖南省	山东省	甘肃省	
	广西壮族自治区			
	山西省			
	河南省			
	内蒙古自治区			

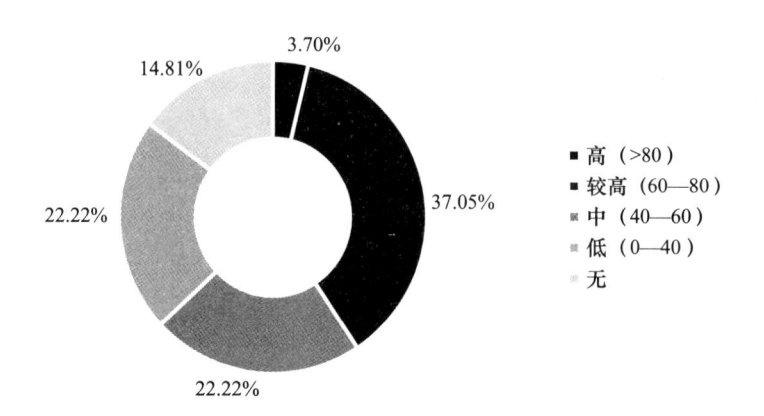

图2-40　省级政府APP服务能力指数区间分布

与2018版省级政务APP服务指数相比，浙江省政务服务APP水平大幅提升，由2018版的第7名跃升为第1名，指数涨了一倍，各项指标表现突出。同时，开通政务APP服务渠道的省级政府由2018版的15个增加至23个。

(三) 地级市政务 APP 服务能力指数

在地级市政务 APP 服务能力指数中，淄博市位列第一，宁波市、马鞍山市、龙岩市、扬州市分列第 2—5 名。截至测评时，仍有 141 个地市尚未开通政务 APP。从 APP 服务能力的子能力指数来看，各地市整体的服务提供能力和信息服务能力处于中等偏上水平，事务服务能力较低，参与服务能力处于起步阶段，开通政务 APP 渠道服务的 193 个地市中仍有 124 个地市没有参与服务功能。

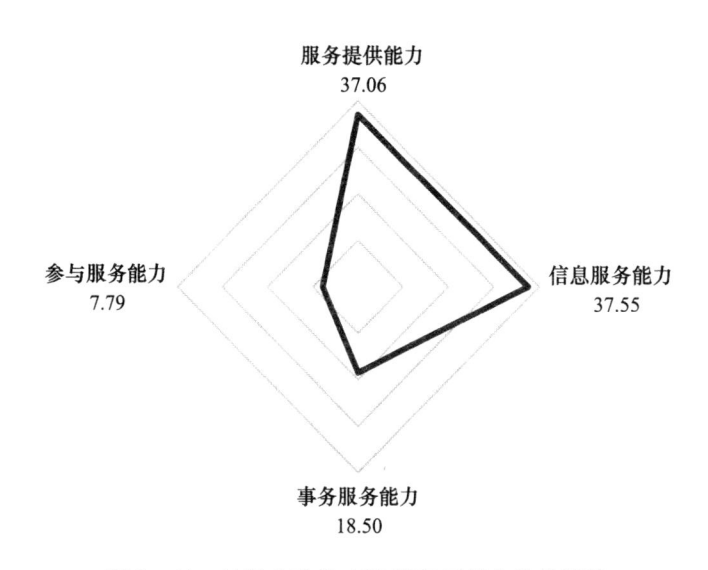

图 2-41 地级市政务 APP 服务子能力总体指数

从 APP 服务能力的地域分布来看，云南省和福建省的普及率都达到了 100%。福建省有 22.22% 的城市达到高水平，且整体水平较高，而云南省 APP 虽然普及率高，但建设水平有待加强。吉林省虽然有 33.33% 的城市 APP 服务能力达到较高水平，但剩下的城市均未开通 APP，省内差距过大。尚未建成 APP 的地市也占有相当大的比率。总体来说，政务 APP 的服务建设进程与网站、微博相比仍有较大差距。

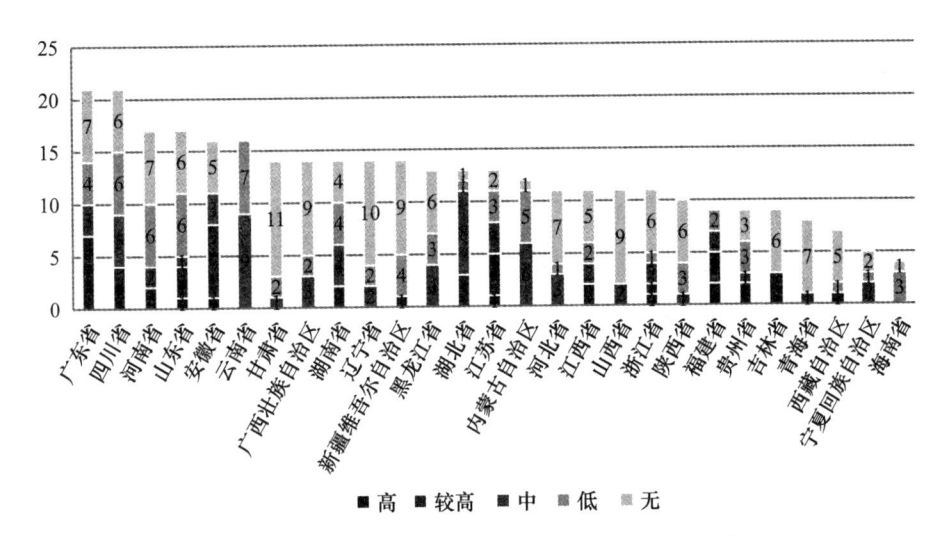

图 2-42 地级市政务 APP 服务能力指数地域分布

从 APP 服务能力的区间分布来看,淄博市等 6 个地市政务 APP 服务能力达到高水平,占比 1.80%,指数均值为 86.44;淮南市、亳州市等 45 个地市的 APP 服务能力较高,占比 13.47%,指数均值为 67.54;宜宾市、安阳市等 70 个地市的 APP 服务能力中等,占比 20.96%,指数均值为 47.18;伊春市、克孜勒苏州等 72 个地市的 APP 服务能力低,占比 21.56%,指数均值为 26.86;此外,仍有 141 个地市尚未建成政务 APP,占比高达 42.21%。

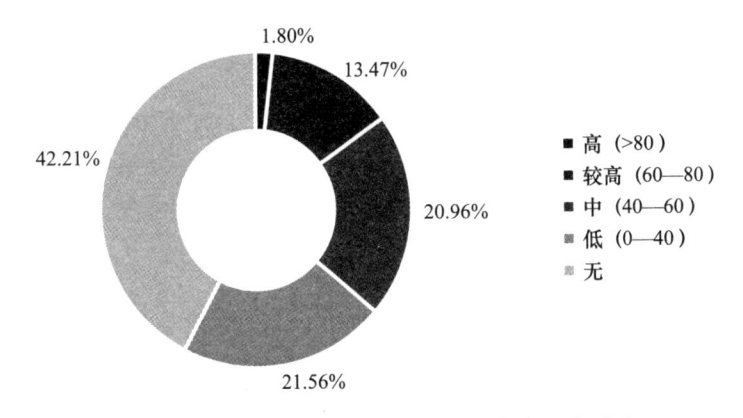

图 2-43 地级市政务 APP 服务能力指数区间分布

地市政务 APP 指数方面，总体情况好于 2018 版，除却部分城市由于发布机构为非政府官方部门没有成绩之外，其余城市政务 APP 发展水平稳中有升。2018 版排名前 5 名的城市分别为宁波市（89.51）、黄石市（84.31）、佛山市（76.83）、延边州（74.89）、泰州市（70.57）。而 2019 版中淄博市新增 APP 服务渠道就跃升至第一位。

（四）省份政府 APP 服务能力指数

1. 省份政府 APP 服务能力指数

表 2-16　　　　　　　省份政府 APP 服务能力指数

排名		指数	排名		指数	排名		指数
1	福建省	55.11	10	四川省	32.37	19	西藏自治区	18.07
2	湖北省	49.44	11	山东省	31.18	20	广西壮族自治区	17.47
3	安徽省	47.29	12	浙江省	30.38	21	河北省	15.90
4	江苏省	42.62	13	江西省	26.78	22	新疆维吾尔自治区	15.53
5	云南省	40.15	14	河南省	25.82	23	山西省	14.86
6	内蒙古自治区	37.33	15	吉林省	25.41	24	辽宁省	13.55
7	湖南省	34.38	16	海南省	23.32	25	陕西省	10.72
8	广东省	33.27	17	黑龙江省	20.72	26	甘肃省	8.77
9	贵州省	33.02	18	宁夏回族自治区	19.22	27	青海省	5.30

注：此处总分保留两位小数，用以提高排名区分度。

2. 整体概况

在省份政府 APP 服务能力指数中，福建省位列第一，湖北省、安徽省、江苏省和云南省分列第 2—5 名，这几个省及其下设地市的 APP 渠道建设相对均衡。排名靠后的省份主要集中在中西部地区和东北地区,在 APP 渠道的建设和发展上整体滞后。另外,全国各省份的 APP 服务能力指数均值为 26.96。

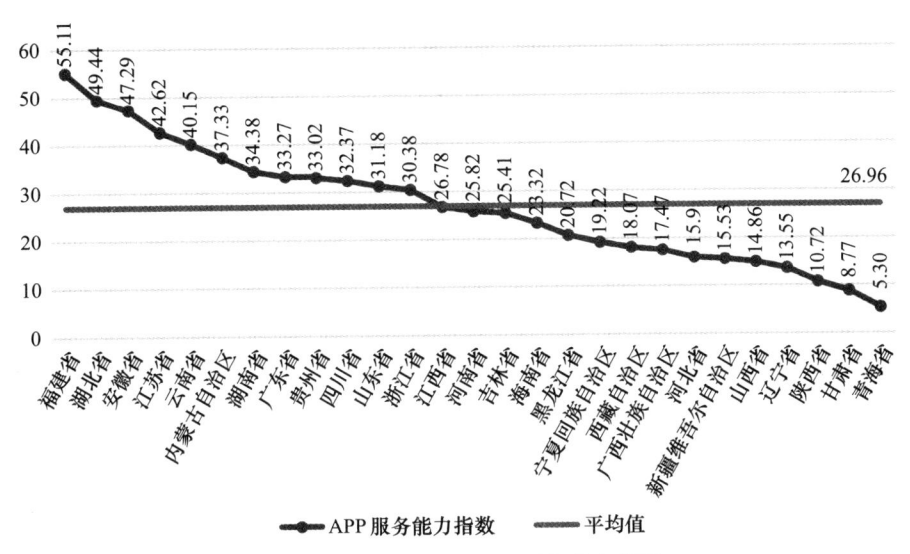

图 2-44 省份政府 APP 服务能力指数

第三章 省市政府电子服务能力综合指数

一 省市政府电子服务能力综合指数

(一) 省市政府电子服务能力综合指数说明

电子服务能力综合指数是政务网站、"两微一端"四个渠道服务能力的综合测评指标,用以更加全面、客观地评价现阶段中国电子政务服务渠道的建设水平。其计算公式如下:

$$EGSAI_C = \sum_{i=1}^{4} \sigma_i EGSCI_i$$

其中,$EGSAI_C$ 为政府电子服务能力渠道综合指数,σ_i 指权重,$EGSCI_i$ 为政府电子服务能力各渠道指数,i=1,2,3,4。

(二) 直辖市政府电子服务能力综合指数

1. 直辖市政府电子服务能力综合指数

表3-1　　　　　　直辖市政府电子服务能力综合指数

排名	直辖市	综合指数	网站指数	微博指数	微信指数	APP指数
1	上海市	82.38	86.36	93.57	68.24	82.52
2	重庆市	74.97	74.51	89.93	66.88	74.62
3	北京市	71.77	69.12	93.37	75.43	61.76
4	天津市	51.89	75.18	91.22	51.41	0.00

2. 整体概况

四个直辖市中,上海市政府电子服务渠道建设综合水平位列第一,在政务网站和"两微一端"的建设上成效显著,重庆市和北京市分列第二、三位,"新媒体"渠道建设的完整性与易用性值得肯定。而天津市由于 APP 的缺失,其电子服务渠道建设的完整性还有待提高。

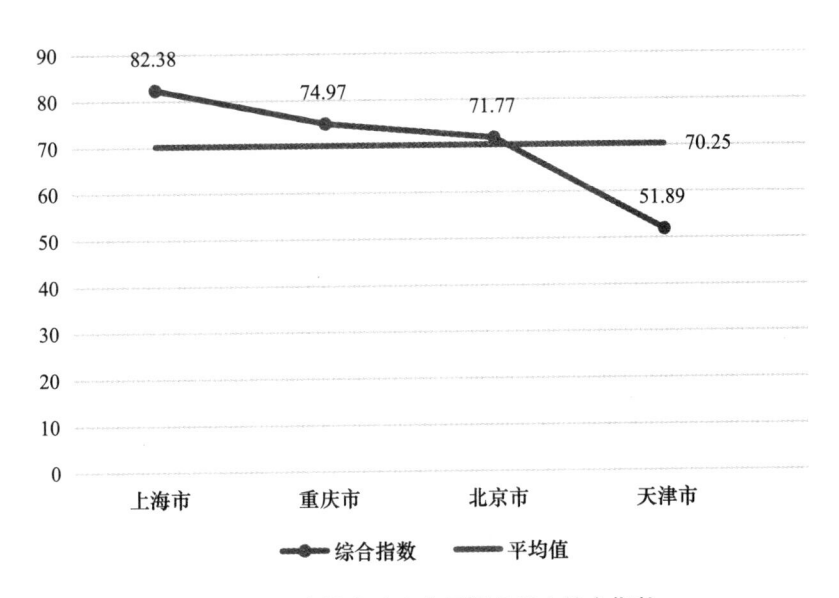

图 3-1 直辖市政府电子服务能力综合指数

从政府电子服务能力综合指数的组成维度来看,四个直辖市中,北京、上海和重庆各渠道之间建设和发展水平较为均衡,差异不大。而天津市则由于 APP 渠道的缺失,严重影响到其电子政务服务的总体质量。

直辖市政府电子服务能力综合指数排名情况相比 2018 版有所变动,四市综合指数均有小幅提升,4 个渠道发展依旧不平衡,微博指数遥遥领先,其他指标均在 2018 版基础上有不同程度上升,整体情况与 2018 版相比,直辖市电子服务能力提升较高。

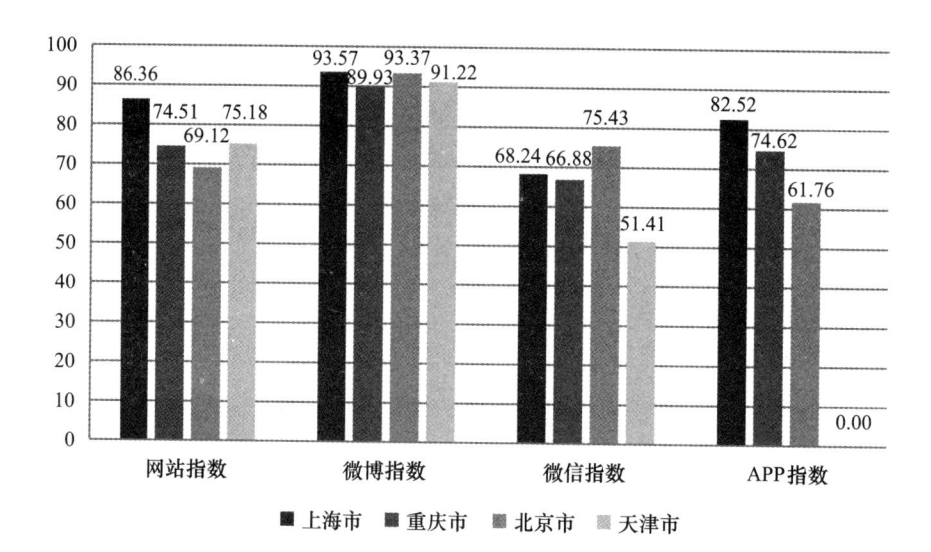

图 3-2 直辖市政府电子服务能力渠道指数

（三）省级政府电子服务能力综合指数

1. 省级政府电子服务能力综合指数

表 3-2　　　　　　　　省级政府电子服务能力综合指数

排名		综合指数	网站指数	微博指数	微信指数	APP指数
1	贵州省	75.50	80.09	76.50	69.70	73.21
2	四川省	74.70	73.64	90.75	61.00	79.13
3	浙江省	74.63	72.43	78.61	66.07	82.56
4	湖北省	72.82	75.51	76.45	67.51	71.51
5	安徽省	71.30	73.07	68.63	66.95	73.63
6	河南省	69.57	78.73	69.08	56.84	67.17
7	江苏省	68.32	81.21	83.86	54.66	53.45
8	吉林省	67.46	72.94	82.49	43.67	71.31
9	湖南省	65.42	60.16	74.46	62.48	70.61
10	山西省	65.14	65.52	61.34	64.06	67.36
11	内蒙古自治区	64.91	70.02	77.46	53.22	60.84
12	广东省	64.51	77.12	55.98	70.68	46.19

续表

排名		综合指数	网站指数	微博指数	微信指数	APP指数
13	广西壮族自治区	63.76	64.53	44.50	68.78	68.31
14	江西省	61.74	58.93	74.52	69.06	53.41
15	新疆维吾尔自治区	59.80	55.94	76.57	61.14	55.77
16	云南省	58.97	53.47	83.99	77.24	39.54
17	甘肃省	58.32	64.97	88.34	62.91	30.34
18	海南省	58.18	73.21	59.41	61.17	34.13
19	福建省	57.34	76.01	59.59	48.36	37.27
20	河北省	56.69	56.01	87.69	68.15	32.97
21	山东省	51.09	61.60	73.41	31.58	40.82
22	宁夏回族自治区	49.81	73.32	62.20	63.19	0.00
23	辽宁省	49.66	52.43	59.04	30.31	56.58
24	陕西省	47.44	68.66	80.51	48.94	0.00
25	青海省	46.93	65.09	67.89	60.73	0.00
26	西藏自治区	45.95	39.43	66.17	54.72	37.96
27	黑龙江省	41.32	54.07	60.25	58.82	0.00

2. 整体概况

在省级政府电子服务能力综合指数中，贵州省位列第一，四川省、浙江省、湖北省、安徽省分列第2—5名。这五个省份在电子政务服务的渠道建设上均有较好的表现，其中贵州省凭借其渠道建设的便民易用给公众带来了良好的用户体验，湖北省的在线回复机制健全完善，与群众交流意见公开及时，四川省、浙江省和湖北省在微博、微信上与群众互动频繁，表现出色。排名靠后的省份在渠道建设的完整性上明显不足，难以整合多渠道服务，同时普遍缺乏重要事项的网上办理。总体而言，中国省级政府电子服务能力综合指数均值仅为60.79，处于较低水平。全国范围内共有14个省级政府超过全国平均水平，占比约52%，相比2018版有所提升。

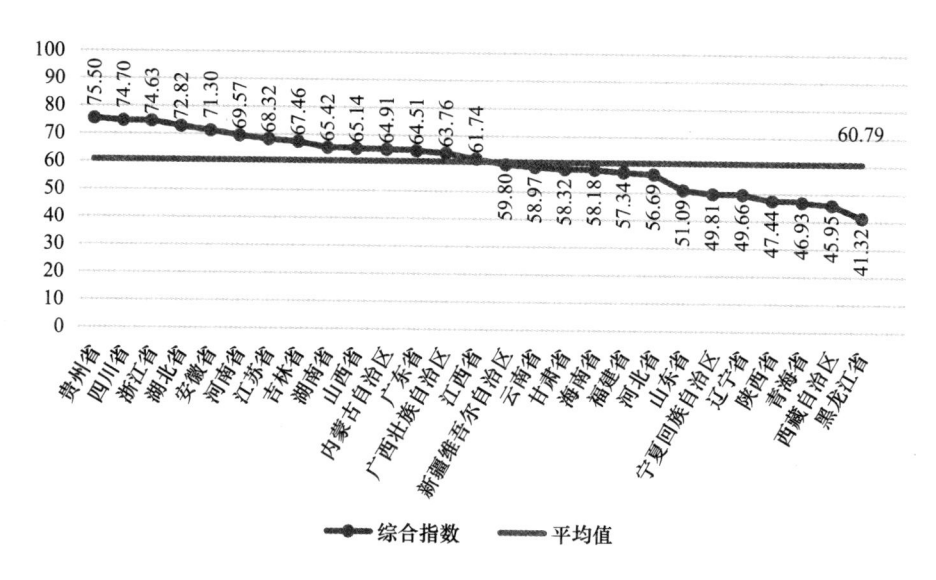

图 3-3 省级政府电子服务能力综合指数

从省级政府电子服务能力综合指数的组成维度来看，贵州省、四川省、浙江省、湖北省总体水平高，且各渠道表现较为均衡，这四个省级政府的网上政务服务工作起步较早，整体管理推进机制较为完善。从整体来看，中国大部分省级政府电子服务的四个渠道建设水平仍不平衡，特别是微信和 APP 这两种新型的政务服务渠道的建设经验还严重缺乏，与网站和微博渠道相比，处于弱势地位。从渠道建设的完整性来看，仍有 4 个省级政府存在着电子服务渠道缺失的情况。

从省级政府电子服务能力综合指数各渠道的平均水平来看，政务微博和政务网站建设的总体情况优于政务微信和政务 APP。在得分上，各省政务微博服务能力的指数均值为 71.84，处于中等水平；网站、微信的建设水平稍逊一等，指数均值分别为 66.60 和 59.33，仍有很大提升空间；APP 服务能力的指数均值为 48.30，亟待各省的重视。

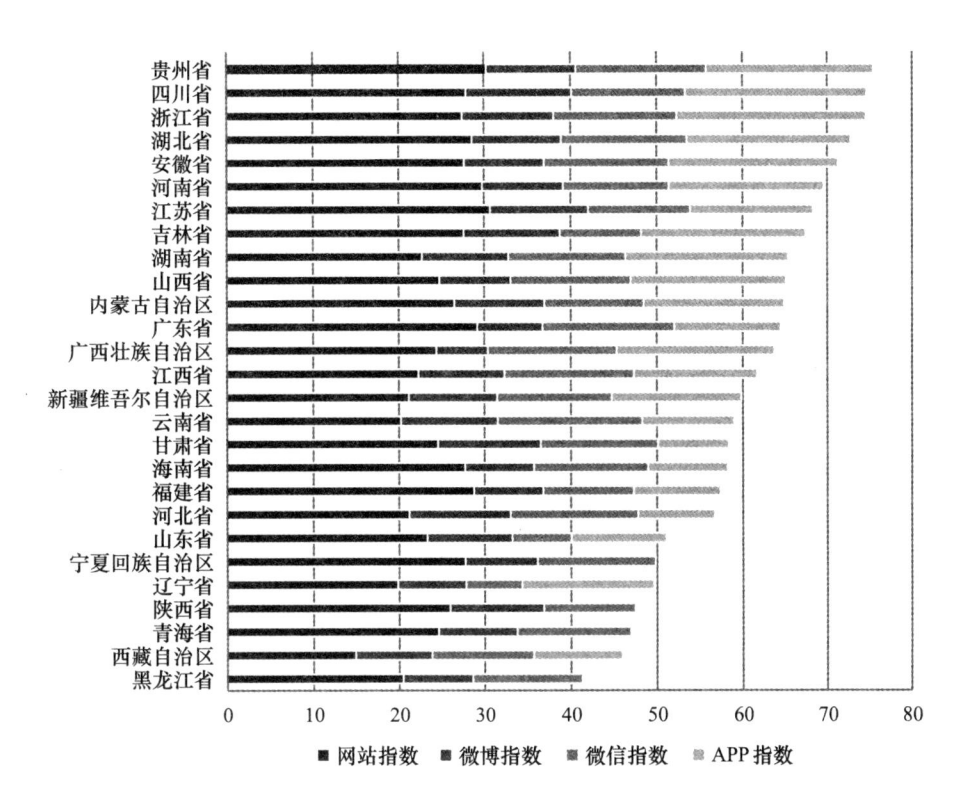

图 3-4 省级政府电子服务能力渠道指数

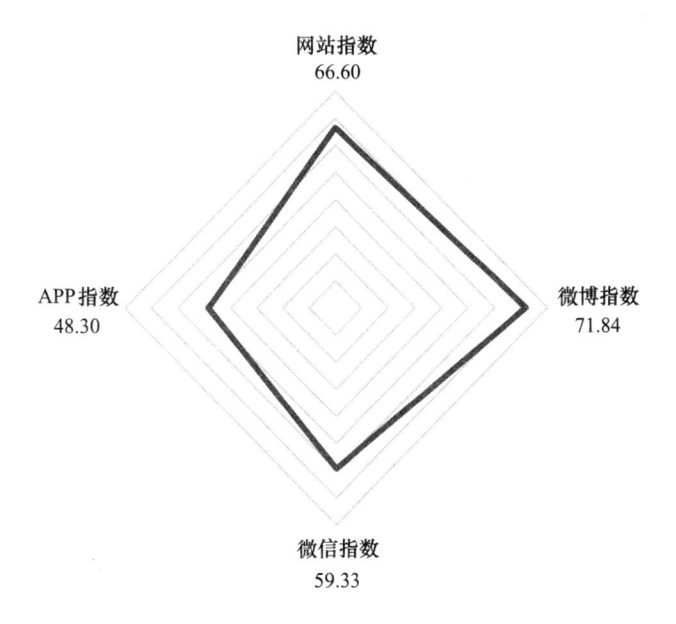

图 3-5 省级政府电子服务能力渠道总体指数

从省级政府电子服务能力综合指数的区间分布来看，各省电子服务综合能力的建设水平梯次分布明显，大部分处于较高水平。有14个省级政府达到较高水平，分别是贵州省、四川省、浙江省、湖北省、安徽省、河南省、江苏省、吉林省、湖南省、山西省、内蒙古自治区、广东省、广西壮族自治区和江西省，占比51.85%，指数均值为68.56；新疆维吾尔自治区、云南省、甘肃省、海南省等13个省级政府处于中等水平，占比48.15%，指数均值为52.42。

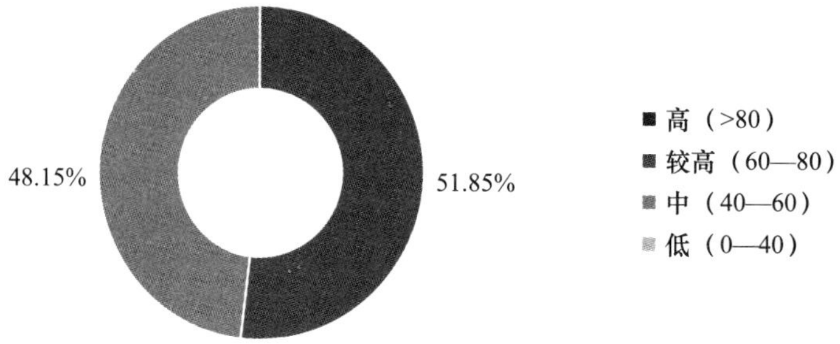

图3-6 省级政府电子服务能力综合指数区间分布

表3-3 省级政府电子服务能力综合指数区间分布

高（>80）	较高（60—80）		中（40—60）		低（0—40）
	贵州省	吉林省	新疆维吾尔自治区	云南省	
	四川省	湖南省	甘肃省	海南省	
	浙江省	山西省	福建省	河北省	
	湖北省	内蒙古自治区	山东省	宁夏回族自治区	
	安徽省	广东省	辽宁省	陕西省	
	河南省	广西壮族自治区	青海省	西藏自治区	
	江苏省	江西省	黑龙江省		

省级政府电子服务能力综合指数方面，与2018版相比总体分布趋势一致，均值稳中有升，由51.44上升至60.79。贵州省综合

指数仍然居于首位,除微信指数略有欠缺外,各项指标表现突出。2019版较2018版新增了2个综合指数分别达到中等水平和较高级水平省级政府,分别是宁夏回族自治区和广西壮族自治区,综合指数处于低水平的省级政府已经全部上升到中等水平和较高级水平。4个渠道中,APP指数提升近25分,微信指数提升近10分,网站指数和微博指数与2018版相比基本持平。

(四) 地级市政府电子服务能力综合指数

在地级市政府电子服务能力综合指数中,宁波市位列第一,广州市、福州市、三明市和汕头市分列第2—5名。全国地级市综合指数的平均得分为51.22,处于较低水平,但相比2018版地级市综合指数平均值有所提升,全国共有161个地级市的综合指数得分超过平均水平,占比近50%。

从地级市政府电子服务能力综合指数各维度的平均水平来看,各地市四个渠道的指数均值大部分都低于60.00,仅网站指数均值达到67.30;其中微博和微信的服务能力处于较低水平,指数均值分别为57.92和50.00;APP得分最低,指数均值仅为26.33。

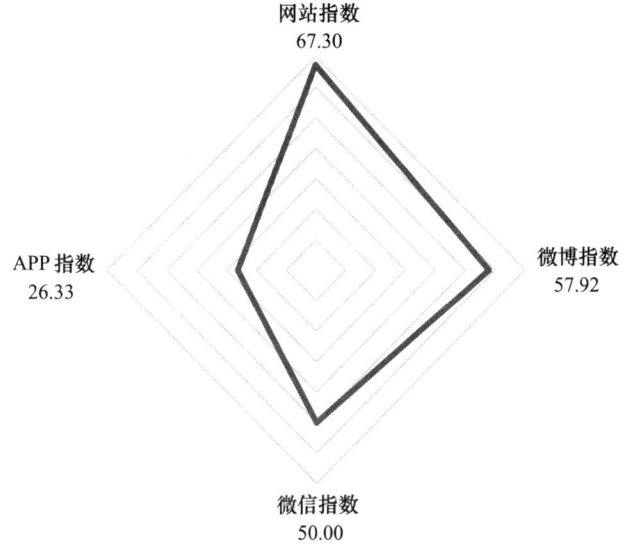

图3-7 地级市政府电子服务能力渠道总体指数

从地级市政府电子服务能力综合指数的区间分布来看，仅有宁波市综合指数达到 83.79；85 个地市的综合指数已达到较高水平，占比 25.45%，指数均值为 66.81；云浮市、荆州市等 190 个地市的综合指数处于中等水平，占比 56.89%，指数均值为 49.44；海西蒙古族藏族自治州、白城市等 58 个地市的综合服务能力明显滞后，占比 17.36%，均值仅为 33.94。由此可以看出，大部分地级市的电子政务服务渠道的建设水平仍处于中等水平，较高水平序列中的地级市数量略显单薄，需要加强重视"互联网+"政务服务与加快落实相关政策要求，逐步提升政府服务整体水平。

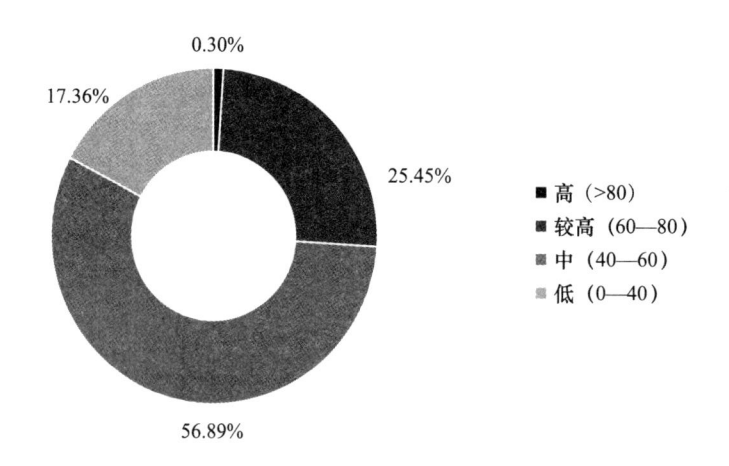

图 3-8　地级市政府电子服务能力综合指数区间分布

2018 版全国地级市综合指数的平均得分为 45.60，处于低水平，2019 版平均得分较 2018 版略有提升，得分为 51.22。从地级市政府电子服务能力综合指数各维度的平均水平来看，2018 版各地市四个渠道的指数均值都低于 60.00，其中 APP 的服务能力最低，指数均值为 23.15，而网站和微信水平较低，指数均值分别仅为 58.90、41.74。2019 年因较多地市增设渠道，微信和网站的指数分数提升近10分,APP也有所进步。2019版前5名的城市分别为:宁波市(83.79)、广州市(76.43)、福州市(76.28)、三明市(76.06)和汕头市(75.95)。

(五)省份政府电子服务能力指数

1. 省份政府电子服务能力指数

表3-4　　　　　　　　　省份政府电子服务能力指数

排名		指数	排名		指数	排名		指数
1	安徽省	64.77	10	湖南省	53.00	19	广西壮族自治区	46.35
2	福建省	64.33	11	内蒙古自治区	52.97	20	海南省	45.78
3	湖北省	63.14	12	江西省	51.80	21	甘肃省	45.19
4	江苏省	60.57	13	云南省	51.33	22	黑龙江省	44.34
5	浙江省	58.83	14	河北省	50.59	23	山西省	44.19
6	广东省	57.92	15	宁夏回族自治区	50.17	24	新疆维吾尔自治区	42.92
7	四川省	55.48	16	吉林省	49.05	25	青海省	38.45
8	贵州省	54.41	17	河南省	48.14	26	辽宁省	36.34
9	山东省	53.95	18	陕西省	47.88	27	西藏自治区	35.39

注:此处总分保留两位小数,用以提高排名区分度。

2. 整体概况

在省份政府电子服务能力指数中,安徽省位列第一,福建省、湖北省、江苏省和浙江省分列第2—5名,这几个省及其下设地市的综合渠道建设相对均衡。排名靠后的省份主要集中在中西部地区和东北地区,在新媒体渠道的建设和发展上整体滞后。另外，全国各省份的电子政务服务能力指数均值为50.64，有13个省份高于平均水平，占比48.15%。

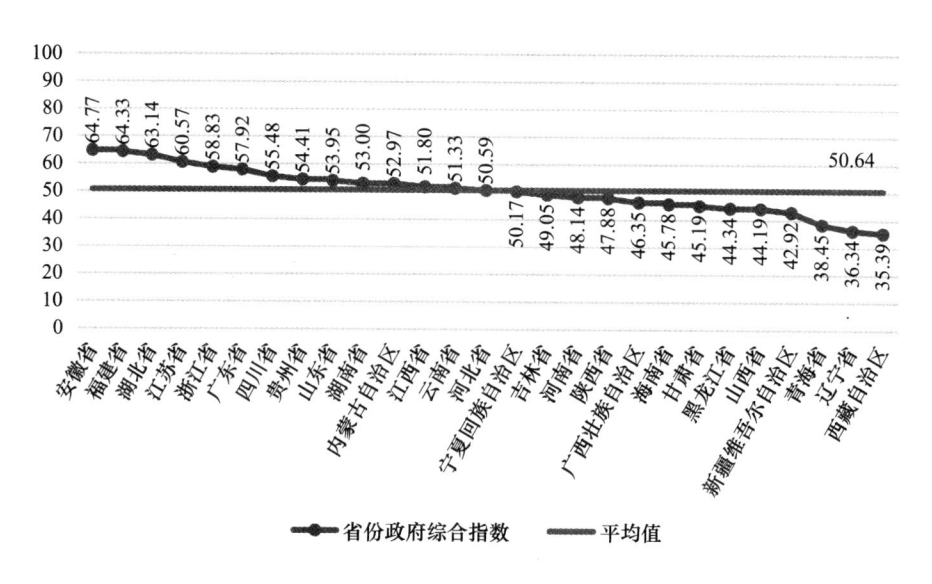

图 3-9 省份政府电子服务能力指数

二 省市政府电子服务能力"双微"指数

（一）省市政府电子服务能力"双微"指数含义

政府电子服务能力"双微"指数是政务微信、政务微博两个渠道服务能力的综合测评指标，用以客观和全面地评价现阶段中国（港澳台除外）政府电子服务的"双微"建设情况。其计算公式如下：

$$EGSAI_{dw} = \sum_{i=2}^{3} \sigma_i EGSCI_i$$

其中，$EGSAI_{dw}$为政府电子服务能力"双微"指数，σ_i指权重，$EGSCI_i$为政府电子服务能力指数，i = 2，3。

(二) 直辖市政府电子服务能力"双微"指数

1. 直辖市政府电子服务能力"双微"指数

表 3-5　　　　　　直辖市政府电子服务能力"双微"指数

排名	直辖市	指数	排名	直辖市	指数
1	北京市	82.33	3	重庆市	75.74
2	上海市	77.98	4	天津市	66.72

2. 整体概况

四个直辖市中，北京市的"双微"指数位列第一，在政务微博和政务微信的建设上成效显著。上海市和重庆市分列第二、三位，"双微"建设均处在平均水平以上。而由于天津市的政务微信在事务服务与参与服务上无法发挥实效，其"双微"指数低于平均值，与其他三个直辖市差距较大。

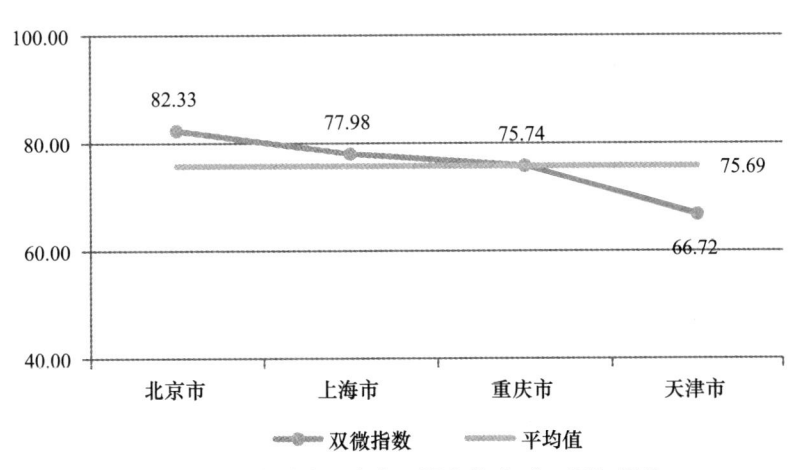

图 3-10　直辖市政府电子服务能力"双微"指数

从直辖市"双微"指数的组成维度来看，各直辖市的微博指数都明显高于微信指数，但北京市的"双微"建设水平相对较为均衡；天津市的微博指数则大幅超过微信指数，达到 90.00

以上，而微信指数不到60.00。总体看来，政务微信的建设明显落后于政务微博，微信渠道可供开发利用的服务功能还没有被充分挖掘。

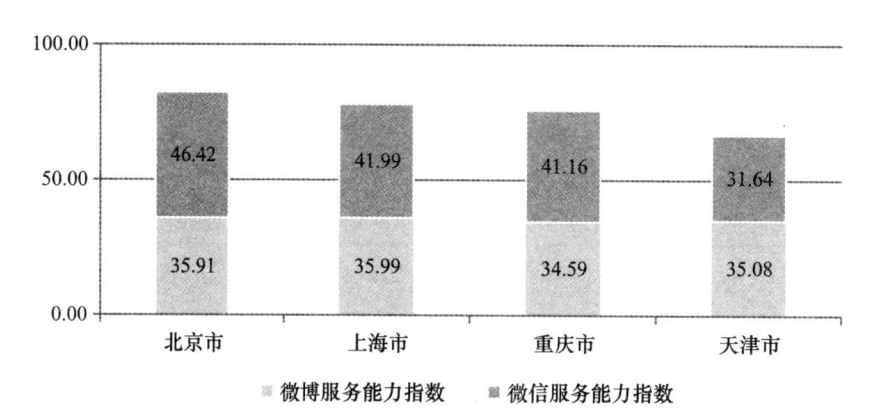

图 3-11 直辖市政府电子服务能力"双微"渠道指数

	北京市	上海市	重庆市	天津市
微博服务能力指数	46.42	41.99	41.16	31.64
微信服务能力指数	35.91	35.99	34.59	35.08

（三）省级政府电子服务能力"双微"指数

1. 省级政府电子服务能力"双微"指数

表 3-6 省级政府电子服务能力"双微"指数

排名		指数	排名		指数	排名		指数
1	云南省	79.83	10	湖南省	67.09	19	陕西省	61.08
2	河北省	75.66	11	新疆维吾尔自治区	67.07	20	海南省	60.49
3	甘肃省	72.69	12	江苏省	65.89	21	广西壮族自治区	59.44
4	四川省	72.44	13	广东省	65.03	22	黑龙江省	59.37
5	贵州省	72.31	14	青海省	63.48	23	西藏自治区	59.13
6	江西省	71.16	15	山西省	63.01	24	吉林省	58.60
7	湖北省	70.95	16	宁夏回族自治区	62.81	25	福建省	52.68
8	浙江省	70.89	17	内蒙古自治区	62.54	26	山东省	47.66
9	安徽省	67.60	18	河南省	61.55	27	辽宁省	41.36

2. 整体概况

在省级政府电子服务"双微"指数中，云南省位列第一，河北省、甘肃省分列第二、三名。排名前十一位的省份在"双微"渠道的建设上均有较好的表现，"双微"发展较为均衡，其中云南省较 2018 年进步很大，微信服务能力大幅提升，微博服务能力也处于较高水平，微博、微信均衡发展。排名靠后的省份，仍将"双微"渠道主要作为单向信息发布的工具，事务服务与参与服务几乎处于空白。各省的"双微"指数均值为 64.14，总体处于较高水平，省级政府在"双微"建设上大部分都表现较好。

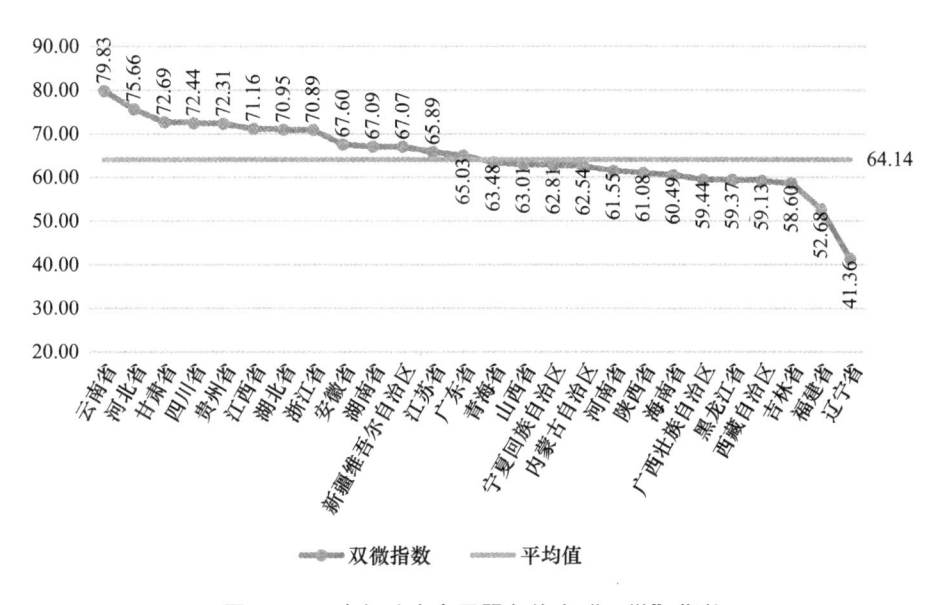

图 3-12 省级政府电子服务能力"双微"指数

从省级"双微"指数的组成维度来看，排名位于前半部分的省级政府，两个单项渠道能力指数相对较为均衡。但总体看来，各省的"双微"发展不平衡态势仍旧明显，微信的建设情况普遍弱于微博。一方面可能由于微信本身的功能限制无法实现；另一方面则可能由于省级政府的服务观念传统老旧，未能发掘和充分利用新媒体的特性。

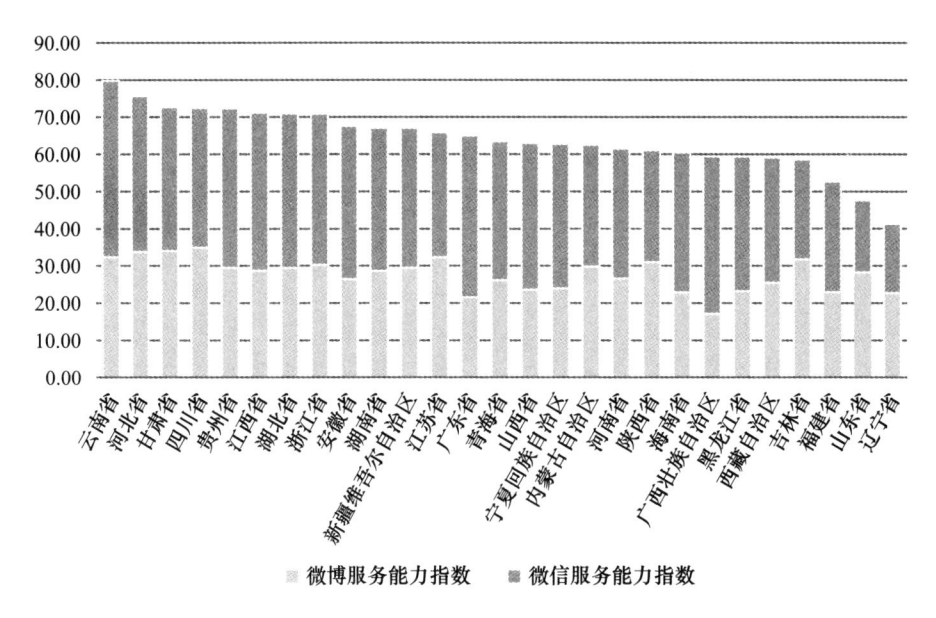

图 3-13 省级政府电子服务能力"双微"渠道指数

从省级"双微"指数的区间分布来看，各省电子服务的"双微"建设水平整体处于中等及较高水平。有 20 个省级政府"双微"指数达到较高水平，占比 74.07%，指数均值为 67.68。仅有 7 个省级政府"双微"服务能力处于中等水平，占比 25.93%，指数均值为 54.03。

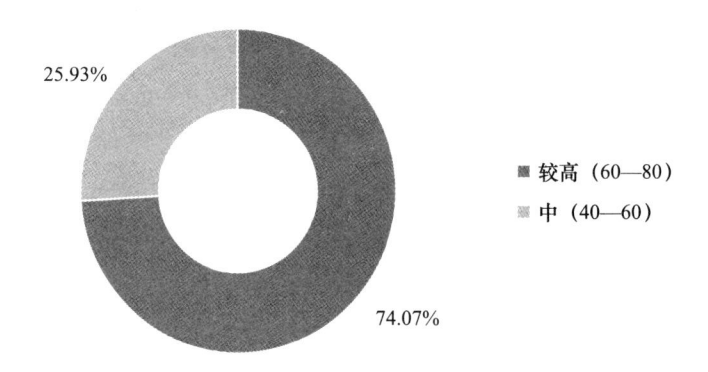

图 3-14 省级政府电子服务能力"双微"指数区间分布

表3-7　　　　　省级政府电子服务能力"双微"指数区间分布

高（>80）	中（60—80）		较低（40—60）	低（0—40）	无（0）
	云南省	江苏省	广西壮族自治区		
	河北省	广东省	黑龙江省		
	甘肃省	青海省	西藏自治区		
	四川省	山西省	吉林省		
	贵州省	宁夏回族自治区	福建省		
	江西省	内蒙古自治区	湖南省		
	湖北省	河南省	辽宁省		
	浙江省	陕西省			
	安徽省	海南省			
	新疆维吾尔自治区				

（四）地级市政府电子服务"双微"指数

在地级市政府电子服务能力"双微"指数中，江苏省宿迁市位列第一，广东省佛山市位列第二，这两个地市"双微"的服务能力很强，"双微"指数均高于80。全国地级市的"双微"指数均值为53.05，处于中等水平。

从地级市"双微"指数的区间分布来看，大部分地级市的"双微"渠道的建设都处于较高或中等水平，高水平序列中的地级市数量略显单薄，还需更加重视并促进加快落实"互联网+"政务服务的政策要求，进一步提升"双微"渠道的服务水平。具体而言，仅有2个地市的"双微"服务能力达到较高水平，占比约为0.60%；有118个地市的"双微"指数处于中等水平，占比35.33%，指数均值为67.15。有160个地市的"双微"指数处于中等水平，占比47.90%，指数均值为51.66。有49个地市的"双微"指数为低水平，占比14.67%，指数均值为28.42。另外，仍有5个地市的"双微"指数为0，占比1.50%。

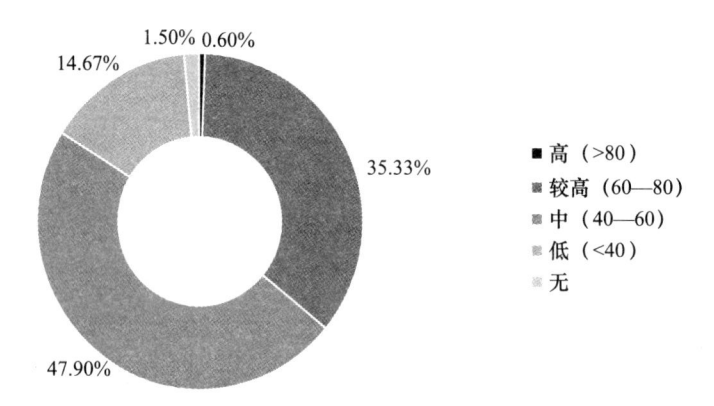

图 3-15 地级市政府电子服务能力"双微"指数区间分布

（五）省份政府电子服务能力"双微"指数

1. 省份政府电子服务能力"双微"指数

表 3-8　　　　　省份政府电子服务能力"双微"指数

排名		指数	排名		指数	排名		指数
1	安徽省	66.42	10	内蒙古自治区	55.53	19	湖南省	49.18
2	河北省	64.07	11	福建省	55.31	20	海南省	48.02
3	江西省	62.23	12	贵州省	54.88	21	云南省	47.63
4	湖北省	62.22	13	山东省	54.71	22	黑龙江省	47.25
5	浙江省	61.98	14	宁夏回族自治区	52.92	23	广西壮族自治区	47.17
6	四川省	60.80	15	新疆维吾尔自治区	52.09	24	河南省	46.33
7	广东省	60.65	16	山西省	51.96	25	青海省	43.94
8	江苏省	60.32	17	吉林省	51.58	26	西藏自治区	38.09
9	陕西省	59.32	18	甘肃省	51.39	27	辽宁省	34.14

2. 整体概况

省份的"双微"服务能力指数是包含省级政府和各省地级市政府的"双微"服务能力的综合指数，省份的"双微"指数整体水平不高。安徽省"双微"指数位列第一，为66.42，总体平均值为53.88，前六名的省份中所有地市全部都有微信和微博服务平台；有些省份排名靠后，主要是因为其中的有些地级市没有微博或微信服务平台。

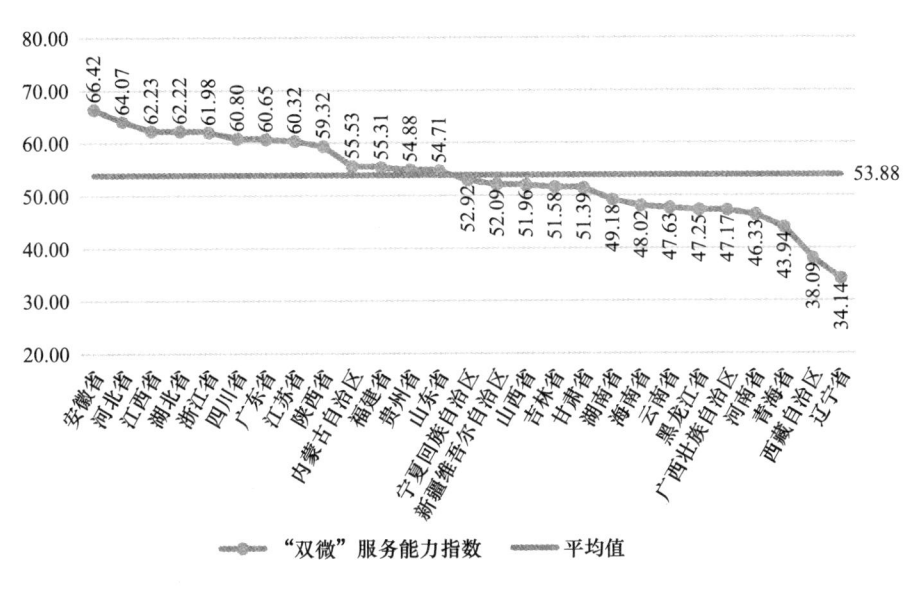

图 3-16 省份政府电子服务能力"双微"指数

总的来说，与 2018 版相比，直辖市政府电子服务能力"双微"指数总体提高，四大直辖市的排名没有变化；省级政府"双微"指数排名变化较大，有些省级政府大幅进步。省级、地市级政府电子服务能力"双微"指数总体提高，各省之间的差距逐渐缩小，政府电子服务发展渐趋均衡，详细数据见附录4。

三 省市政府电子服务能力"新媒体"指数

（一）省市政府电子服务能力"新媒体"指数说明

"新媒体"指数是政府官方微信、官方微博和APP三个渠道服务能力的综合测评指标，用以测评政府电子服务的"两微一端"建设情况。其计算公式如下：

$$EGSAI_{nm} = \sum_{i=2}^{4} \sigma_i EGSCI_i$$

其中，$EGSAI_{nm}$ 为电子政务服务能力"新媒体"指数，σ_i 指权重，$EGSCI_i$ 为电子政务服务渠道指数，$i=2,3,4$ 分别代表微博、微信和 APP 政务服务能力指数（见第二章）。

（二）直辖市政府电子服务能力"新媒体"指数

1. 直辖市政府电子服务能力"新媒体"指数

表 3 - 9　　　　　直辖市政府电子服务能力"新媒体"指数

排名	直辖市	指数	排名	直辖市	指数
1	上海市	79.94	3	北京市	73.38
2	重庆市	75.24	4	天津市	37.70

2. 整体概况

四个直辖市中，上海市的"新媒体"服务能力指数位列第一，重庆市和北京市分列第二、三位，三者在"两微一端"的建设上相对均衡，整体服务能力相差不大。天津市由于暂未开通政务 APP 从而影响了其"新媒体"指数，排名第四。

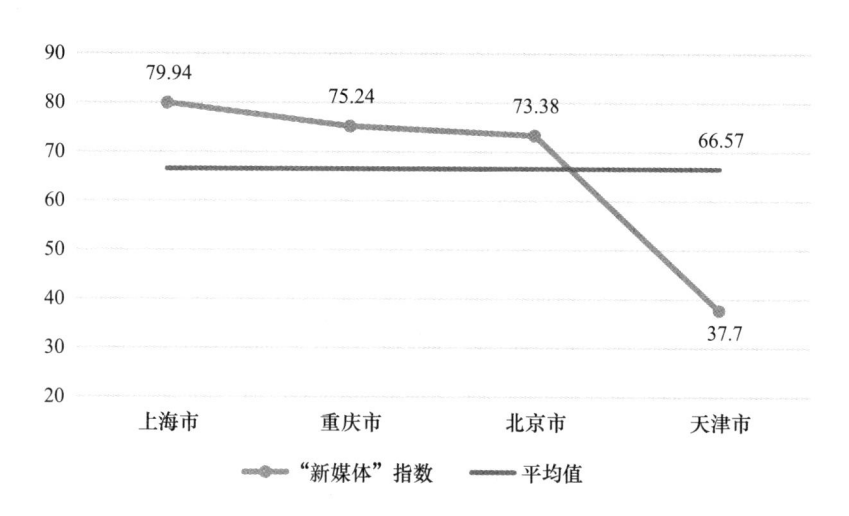

图 3 - 17　直辖市政府电子服务能力"新媒体"指数

从直辖市"新媒体"指数的组成维度来看,四个直辖市的微博渠道建设水平较为均衡,且都达到高水平;微信渠道建设和APP渠道建设存在比较大的差异。

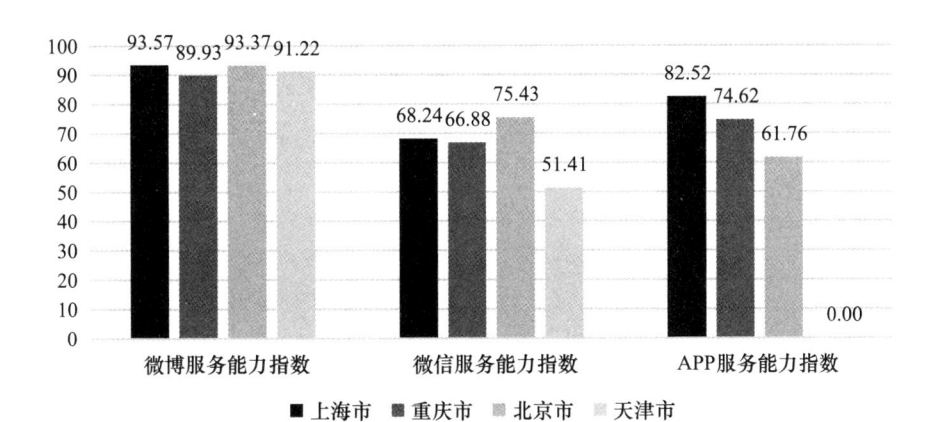

	微博服务能力指数	微信服务能力指数	APP服务能力指数
上海市	93.57	68.24	82.52
重庆市	89.93	66.88	74.62
北京市	93.37	75.43	61.76
天津市	91.22	51.41	0.00

图3-18 直辖市政府电子服务能力"新媒体"渠道指数

直辖市"新媒体"指数方面,2018版排名次序为北京、重庆、上海、天津。2019版上海市政府"新媒体"指数较2018版有明显增长,重庆市稍有增长,而北京市和天津市略有下降。

(三) 省级政府电子服务能力"新媒体"指数

1. 省级政府电子服务能力"新媒体"指数

表3-10　　　省级政府电子服务能力"新媒体"指数

排名		指数	排名		指数	排名		指数
1	浙江省	75.95	6	湖南省	68.61	11	广西壮族自治区	63.29
2	四川省	75.34	7	山西省	64.90	12	云南省	62.30
3	贵州省	72.70	8	吉林省	64.12	13	新疆维吾尔自治区	62.15
4	湖北省	71.18	9	河南省	63.99	14	内蒙古自治区	61.79
5	安徽省	70.21	10	江西省	63.44	15	江苏省	60.47

续表

排名		指数	排名		指数	排名		指数
16	河北省	57.09	20	海南省	49.02	24	青海省	35.87
17	广东省	56.83	21	辽宁省	47.97	25	宁夏回族自治区	35.49
18	甘肃省	54.27	22	福建省	45.97	26	陕西省	34.52
19	西藏自治区	49.92	23	山东省	44.68	27	黑龙江省	33.55

2. 整体概况

在省级"新媒体"服务能力指数中，浙江省位列第一，四川省、贵州省、湖北省和安徽省分列第2—5名。这五个省份在电子政务服务的"新媒体"建设上均有较好的表现，其中浙江省的APP管理机制完善，在APP上为社会大众提供了更为全面的办事信息和更为便捷的参与渠道，四川省在消息推送、微博互动方面建设良好，贵州省、湖北省和安徽省在消息推送、APP服务方面的表现也使得其跻身前列。总体而言，各省"新媒体"指数的均值为57.25，整体水平中等。

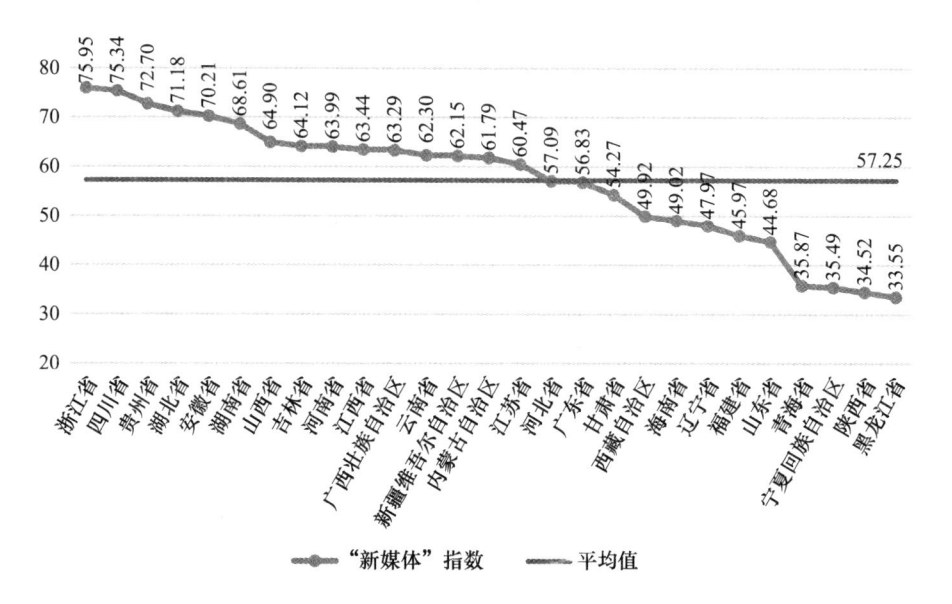

图3-19 省级政府电子服务能力"新媒体"指数

从省级"新媒体"指数的组成维度来看,大部分省的三个渠道建设参差不齐,例如排名前两位的浙江省和四川省APP渠道建设明显高于其他两个渠道,而处于中位的云南省、河北省等微信渠道建设得最好。总的来说,排名靠前的各省政务APP建设得最好,微博次之,微信最低;而排名靠后的各省政务微博建设得最好,微信次之,APP最低。这是由于APP服务能力指数在"新媒体"指数中所占比重较大。另外,仍有4个省份的"新媒体"缺失APP渠道,占比14.81%。

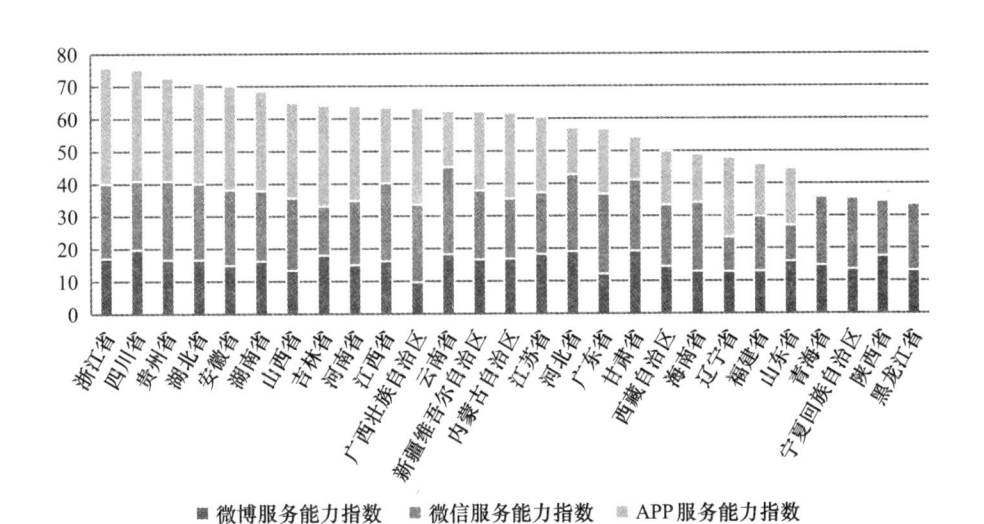

图3-20 省级政府电子服务能力"新媒体"渠道指数

从省级"新媒体"指数各渠道维度的平均水平来看,微博的建设最优,微信和APP与之差距较大。各省的微博指数均值为71.84,处于较高水平;微信指数和APP指数的均值分别为59.33和48.30,处于中等水平。究其原因,APP建设普遍缺少与公众互动交流、信息沟通的功能,微信建设则存在仅偏重于新闻发布功能,而忽视其他功能的培育和建设的问题,而且微信本身的平台特点一定程度上限制了功能的进一步开发。

总的来说,与2018版相比,省级政府电子服务能力"新媒

微博服务能力指数
71.84

APP服务能力指数
48.30

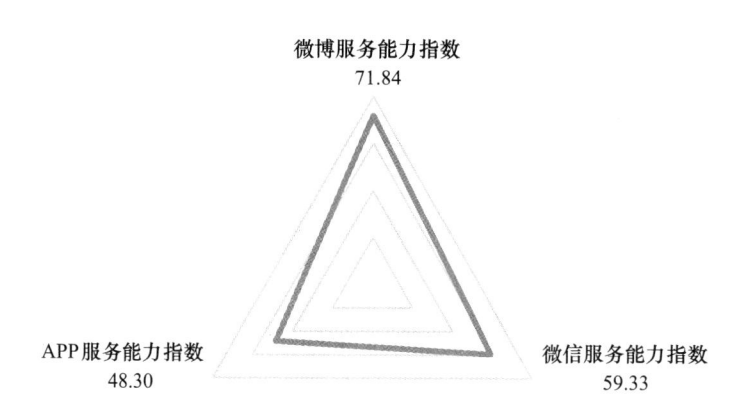

微信服务能力指数
59.33

图 3-21　省级政府电子服务能力"新媒体"渠道总体指数

体"指数有小幅增长，其中 APP 指数较 2018 版有较大增长。

（四）地级市政府电子服务能力"新媒体"指数

在地级市"新媒体"服务能力指数中，宁波市位列第一，福州市、铜陵市、佛山市和亳州市分列第 2—5 名。全国地级城市的"新媒体"指数的均值为 41.42，整体水平较低。

从地级市"新媒体"指数的区间分布来看，宁波市的"新媒体"服务能力初步达到高水平，占比 0.30%；福州市、铜陵市等 52 个地市的"新媒体"服务能力达到较高水平，占比 15.57%，指数均值为 66.07；湖州市、娄底市等 115 个地市的"新媒体"服务能力处于中等水平，占比 34.43%，指数均值为 48.69；东莞市、中山市等 164 个地市的"新媒体"服务能力水平低，占比 49.10%，指数均值为 28.02；另外，朝阳市和大连市没有开通任何"新媒体"渠道服务，占比 0.60%。

总的来说，与 2018 版相比，地级市政府电子服务能力"新媒体"指数有一定增长，"新媒体"指数小于 40 的地市数目有大幅度的下降。

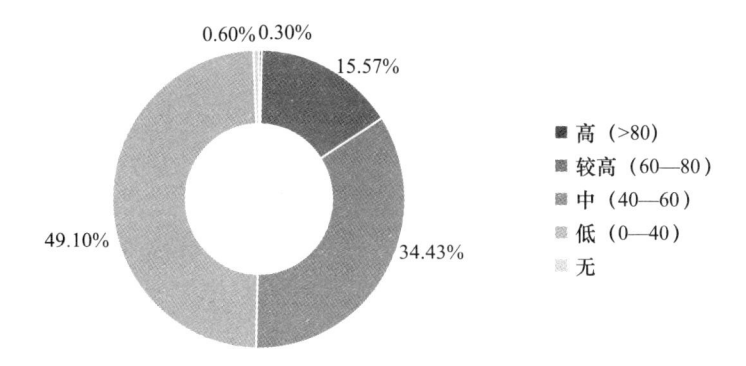

图 3-22 地级市政府电子服务能力"新媒体"指数区间分布

（五）省份政府电子服务能力"新媒体"指数

1. 省份政府电子服务能力"新媒体"指数

表 3-11　　　省份政府电子服务能力"新媒体"指数

排名		指数	排名		指数	排名		指数
1	安徽省	58.09	10	贵州省	45.37	19	海南省	37.28
2	湖北省	56.65	11	山东省	44.47	20	新疆维吾尔自治区	36.19
3	福建省	55.22	12	云南省	44.37	21	山西省	35.82
4	江苏省	52.61	13	河北省	43.12	22	黑龙江省	35.71
5	广东省	48.74	14	湖南省	42.74	23	广西壮族自治区	34.25
6	四川省	48.44	15	吉林省	40.19	24	甘肃省	32.85
7	浙江省	48.23	16	宁夏回族自治区	38.26	25	西藏自治区	29.38
8	内蒙古自治区	47.61	17	陕西省	38.18	26	青海省	27.14
9	江西省	46.81	18	河南省	37.41	27	辽宁省	25.18

注：此处总分保留两位小数，用以提高排名区分度。

2. 整体概况

在省份政府电子服务能力"新媒体"指数中,安徽省位列第一,湖北省、福建省、江苏省和广东省分列第2—5名,这几个省及其下设地市的"新媒体"渠道建设相对均衡。排名靠后的省份主要集中在中西部地区和东北地区,在"新媒体"渠道的建设和发展上整体滞后。另外,全国各省份的电子政务服务能力"新媒体"指数均值为41.86。

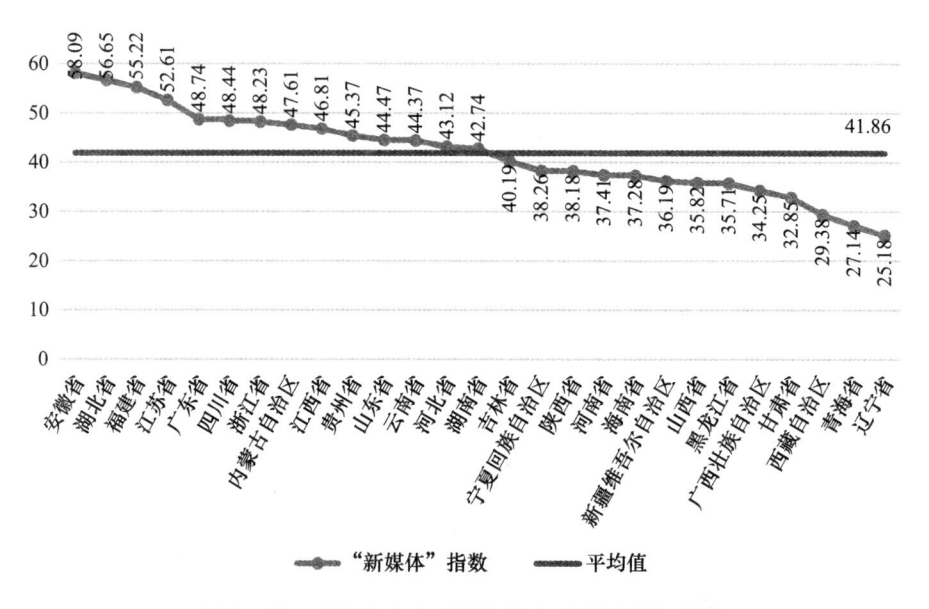

图3-23 省份政府电子服务能力"新媒体"指数

第四章 省市政府电子服务最佳实践

一 政府电子服务最佳实践甄选

在政府电子服务领域，随着科技发展，社会公众日益增长的服务需求与实际供给不足、质量不高的矛盾逐渐显现，各省市服务供给能力水平差距逐渐拉大。如何缩小各地区差距，保障不同地区、行业、阶层、群体的利益，是目前电子政务服务持续发展首先要解决的问题。本报告选取了政府电子服务能力水平较高的优秀案例，希望对各省市政府电子服务建设起到启发性的作用。

通过筛选，在政务网站、政务微信和政务APP三个渠道中各选取三个省（市）的电子服务媒体作为最佳实践。政务网站的最佳实践分别是上海市人民政府、贵阳市人民政府、江苏省人民政府；政务微信的最佳实践分别是"首都之窗""广东省人民政府门户网站""佛山发布"；政务APP的最佳实践分别是"重庆市政府""浙江政务服务""淄博市人民政府"。政务微博的最佳实践分别是"宿迁之声""上海发布"。

这里的最佳实践是根据工作团队对"两微一端"及政务网站进行测评所得的各项渠道指数排名，选取了指数排名较高的典型实践案例，分别从直辖市、省级政府和地级市甄选出的最佳实践案例。

二 省市政务网站最佳实践

(一) 直辖市政务网站最佳实践

上海市在直辖市网站服务能力指数中位列第一,其官方网站"上海市人民政府"在信息服务能力、事务服务能力、参与服务能力、服务提供能力和服务创新能力等方面均有出色表现。在信息服务能力方面,上海市政务网站的机构职能介绍完整、清晰,信息发布权威、时效性高,基本满足市民对信息互通互联,资源共享的需求。

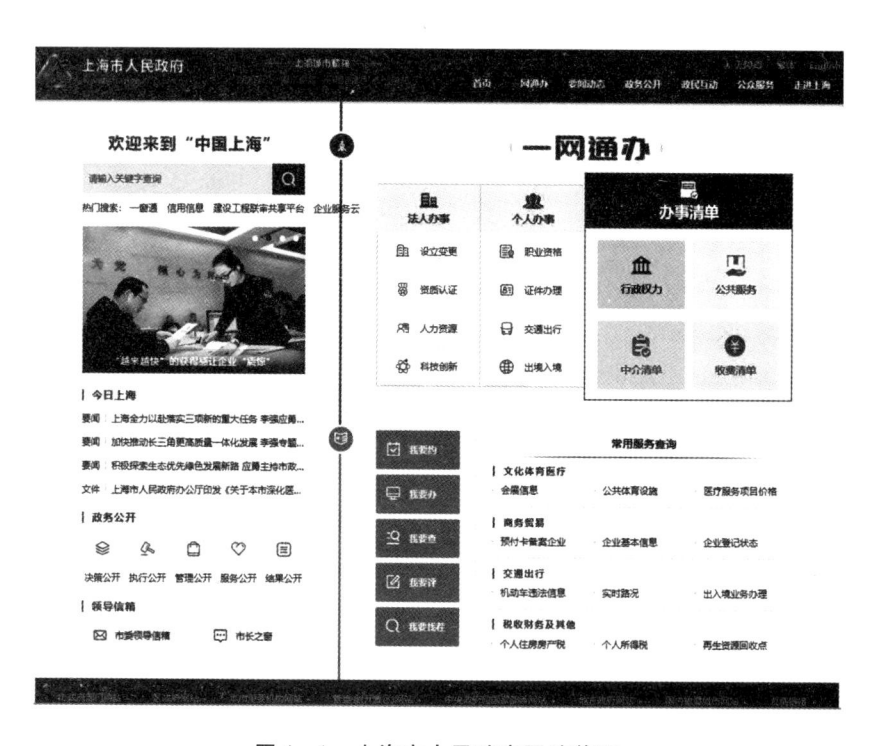

图 4-1 上海市人民政府网站首页

上海市人民政府网在服务提供能力方面十分突出,其办事服务页有专项的服务板块,包括政务服务、便民服务和利企服务,服务门类齐全。政务服务进一步按照个人、法人和部门进行划分,查找方便。该市办事服务页面同时设置"本市居民""非本市居民""商贸人士""境外人士"等专题频道以及热门查询栏目,服务门类清晰,界面友好,办事效率高。

图4-2 上海人民政府一网通办首页

在参与服务能力方面,上海市人民政府网领跑全国,其在政企互动和市民参与两方面都有出色表现。在互动交流页设立了市长之窗和市委领导信箱等交流平台,方便市民与企业直接向市长、市委领导等反映问题、提出建议、表达诉求。

图4-3 上海市政民互动界面

(二) 省级政务网站最佳实践

江苏省在省级网站服务能力指数中排名第一，其官方网站"江苏省人民政府"在信息服务能力、事务服务能力、参与服务能力、服务提供能力和服务创新能力等方面各有亮点。江苏省政务网站功能上支持多种语言和辅助老人、盲人使用的无障碍浏览，帮助功能简单易用、流程清楚。在信息服务方面，该网站及时发布权威要闻及政策动态，基本满足市民的信息需求。

图4-4 江苏省人民政府网站首页

服务提供能力方面，江苏省人民政府网表现突出，其办事服务页有明确的导航栏，按用户类型将服务事项划分为个人办事与法人办事，且二级类目按事项类型进行了归类，如"个人办事"中按教育、医疗、社保等进行了分类整理，"法人办事"按资质认证、税收财务等进行了分类整理。服务门类清晰，查找方便，办事效率高。

参与服务能力方面，该网站在政民互动上有出色表现。其互动交流页设立了"我向省长说句话"、在线访谈、意见征集及网上调查等板块，提供了市民和企业向省长、副省长反映问题和表达诉求的交流平台。

图4-5　江苏省人民政府网办事服务页面

图4-6　江苏省人民政府网政民互动界面

(三) 地级市政务网站最佳实践

贵阳市官方网站"贵阳市人民政府"在政务网站的建设上表现优异。信息服务能力方面，贵阳市政务网站的信息发布权威、时效性强，同时该网站首页设置了"解读回应"板块，不仅能及时发布贵阳市政府发布的各项动态和相关政策，还对公众关切问题进行了回应。

图 4-7 贵阳市人民政府网站首页

服务提供能力方面，贵阳市人民政府网站同样有出色表现。其办事服务页导航栏类目清晰，除按个人办事、组织办事和服务部门对办事事项划分外，还设置了主题服务和重点办事服务板块，为公众办事提供了便利。该网站同时对办事状态进行了公示，主动接受公众监督。

贵阳市人民政府在数据开放方面领跑全国，设立了全国首个地级市一体化政府数据开放平台——贵阳市政府数据开放平台。2017年1月8日，该平台正式上线，历经三次改版后，2018年4月8日，平台3.0版升级上线。该平台覆盖贵阳市52

图 4-8 贵阳市人民政府网办事大厅

个市级部门和 13 个区县，汇聚了气象、统计、地理等多种专业数据，覆盖交通、卫生等领域以及金融、教育、房地产等行业类别。截至目前，平台访问量达 232 万次，数据下载量超 58 万次。贵阳市政府数据开放平台除提供政府开放数据外，还提供数据分析工具，并打通"贵阳交通大数据孵化平台""筑民生数据开放广场"等数据孵化平台，积极引导企业进行数据应用开发。同时，平台还提供应用上传展示等服务，帮助企业宣传推广应用产品。

图 4-9 贵阳市政府数据开放平台

三 省市政务微博最佳实践

(一) 直辖市政务微博最佳实践

上海市在直辖市微博服务能力指数中排名第一,服务创新能力和服务提供能力均达到满分,信息服务能力也极为优秀,相比之下显得影响力稍弱,但其拥有 656 万粉丝,且于 2011 年 11 月 28 日就正式上线了,与粉丝互动也比较多,总体来说微博影响力还是比较大的。

上海发布的微博内容大致分为政务资讯、生活资讯、新闻资讯、宣传教育四大类,政务资讯准确严谨,生活资讯实用便民,新闻资讯紧跟时事,其发布的资讯都与市民生活息息相关,积极发布市民关心的信息,如微博截图(见图 4-10)中所示,地铁站卫生间方位总结就非常实用,因此转发、评论和点赞量都很高。

上海发布的服务创新能力很强,灵活运用视频、图片、链接等多媒体来展示信息,也与网站和微信公众号联通,方便使用者进入使用平台;因为时效性、实用性及权威性都很优秀,所以其信息服务能力也很拔尖。

图 4 – 10 上海市政务微博"上海发布"

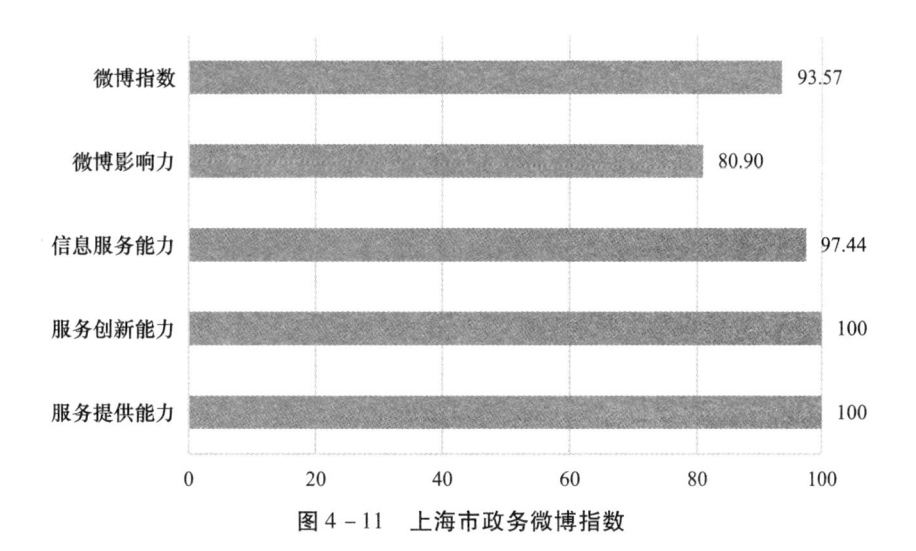

图 4 – 11 上海市政务微博指数

微博指数 93.57
微博影响力 80.90
信息服务能力 97.44
服务创新能力 100
服务提供能力 100

（二）地级市政务微博最佳实践

宿迁市作为江苏省的非省会地级市，微博指数在所有地级市中排名第一，它的微博指数仅仅略低于上海和北京两个直辖市，在微博影响力、信息服务能力、服务创新能力和服务提供能力方面都非常优秀。

图 4-12　宿迁市政务微博"宿迁之声"

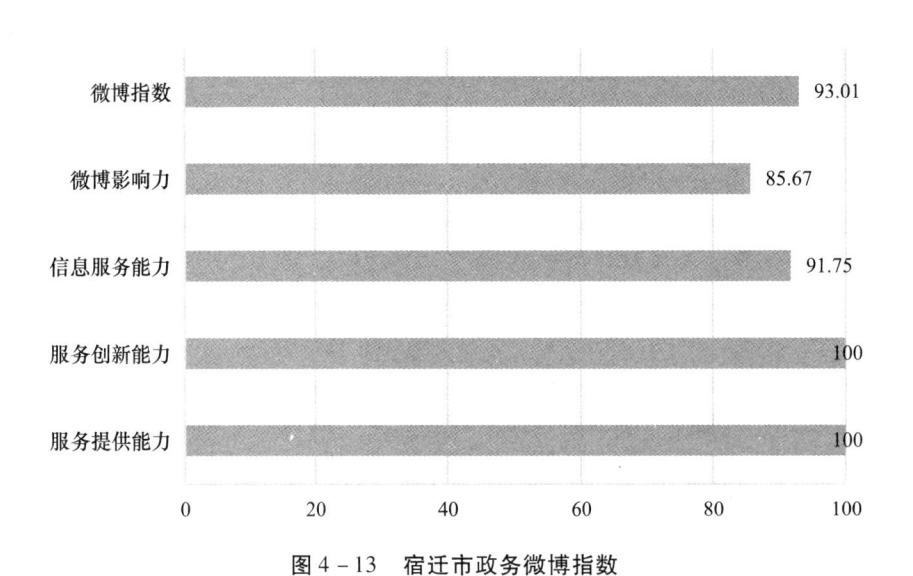

图 4-13　宿迁市政务微博指数

指标	数值
微博指数	93.01
微博影响力	85.67
信息服务能力	91.75
服务创新能力	100
服务提供能力	100

其微博影响力仅稍低于武汉市,位列第二,拥有236万微博粉丝,这个粉丝规模不算顶尖,但宿迁之声可以保持很高的微博活跃度,并且与粉丝保持较好的互动,因此影响力很强;其信息服务能力也很优秀,除了发布政务相关信息外,还紧跟时事娱乐热点,发布实用的生活资讯,但还有一定进步空间,因为微博发布的"鸡汤"内容略多,可以在实用性方面做进一步的提升。服务创新能力和服务提供能力都拿到了满分说明其政务微博开通较早,并且能够灵活使用多媒体提供信息服务。

(三)"双微"最佳实践

北京市的微信指数和微博指数单项可能都不是最高的,但其"双微"指数却在所有省市中位列第一,说明北京市的微信与微博两个渠道发展得较为均衡,并且二者服务能力都很优秀。

首先,北京市的官方政务微博开通时间较早,2011年就已正式上线,目前已拥有840万粉丝,拥有很强的微博影响力,并且微博更新及时,内容丰富且实用,在网页版微博眉头就可以看到北京市官方微信公众号的二维码,微博与微信联动性强,方便微博粉丝获取微信公众号所提供的便民服务。

北京市的官方微信公众号一经发布,几乎每天都会有最新的推送,节假日无休,选择民众最关心最重要的信息进行推送,文章阅读量都较高,并且在二级下拉服务栏中有专门的积分落户服务,这是非北京本地市民最需要的服务,这点很人性化,下面的服务栏中还有政府公报一栏,民众可随时查看政府发布的最新公报,非常方便。

北京市的微信与微博虽然发展相比其他省市较为均衡,但其微信服务能力尚有较大提升空间,在事务服务能力方面还可以再进一步加强。

图 4-14 北京市微信、微博指数

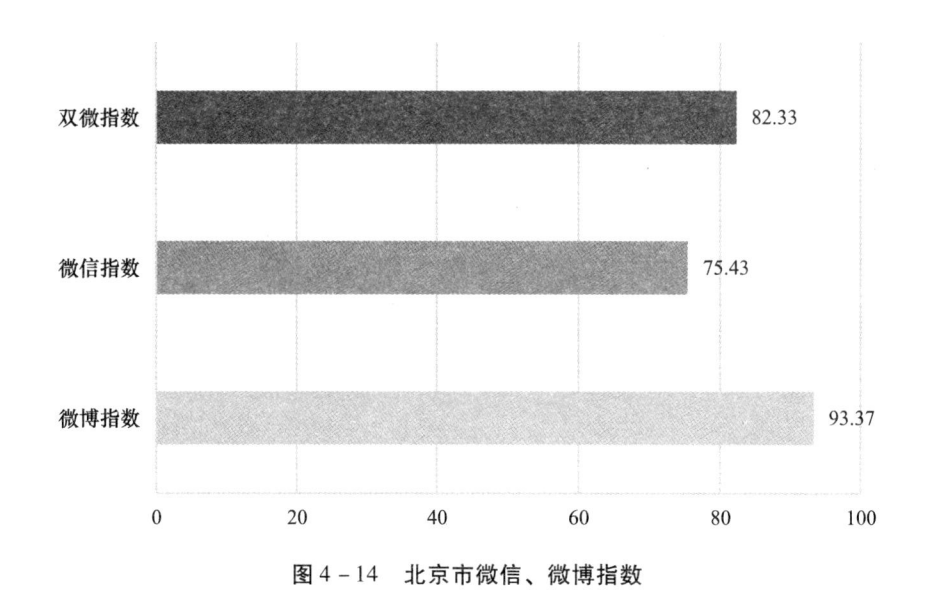

四 省市政务微信最佳实践

(一) 直辖市政务微信最佳实践

北京市在中国四个直辖市中微信服务能力指数连年排在榜首,其政务微信"首都之窗"在信息服务能力、事务服务能力、参与服务能力、服务提供能力、微信影响力五个方面没有明显短板,实力均衡而突出。

"首都之窗"微信公众号在信息服务建设上成效显著,每日平均发布5条图文消息,其推送中大多为企业、公众基层密切关注的热点资讯和便民服务信息。此外,"首都之窗"在受众规模上表现突出,每日推送都有较大的阅读量和点赞量,并且所有推送内容都属于按照政府信息公开条例产生的第一手资料或其他来源明确的官方资料,且时效性较强。每篇推送最后的推荐阅读覆盖了当天的全部推文,更加方便读者在推文间进行切换。

政府电子服务能力指数(2019) 85

图 4-15 北京市政府门户服务界面

图 4-16 北京市政府门户日常推送界面

图 4-17 北京市政务公开惠民便民地图

图 4-18 "首都之窗"微服务界面

"首都之窗"在事务服务能力上也十分优异,下设三个一级快捷菜单,分别是"微公开""微服务""微互动",分别起到了信息公开、政务服务、政民互动的作用。其中,"微服务"不仅提供了北京市政务服务中心全部服务事项的办事指南,还可以在线预约全部服务事项并查询办理进度,条理分类清晰。通过微信市民基本可以实现服务事项的全程办理,力求真正做到"一站式"政务服务。同时,微信号还设有北京市政务公开便民惠民地图,使市民在事项无法全程在线办理时也可以很方便地查到线下办理的地点。

图 4-19 "首都之窗"智能问答界面

在服务提供能力方面,其不仅设置一级和二级快捷菜单栏,其中智能问答使用了机器人为公众提供针对性服务,扫码提问技术先进,刚关注公众号时根据公众需求给出引导的自动回复,都提高了"首都之窗"使用的便捷性,值得其他省市学习。

（二）省级政务微信最佳实践

广东省在全国参与测评的 27 个省级政务微信中服务能力指数排名第二，其政务微信"广东省人民政府门户网站"在信息服务能力和事务服务能力方面均表现突出。

图 4-20　广东省政府门户服务界面　　图 4-21　广东省政府门户日常推送界面

"广东省人民政府门户网站"微信公众号在信息服务建设上成效显著，每日平均发布 8 条图文消息，除推送省内热点资讯外，还会推送全国的时政要闻。所有推送内容都属于按照政府信息公开条例产生的第一手资料或其他来源明确的官方资料，且时效性较强。

"广东省人民政府门户网站"在事务服务能力上也十分优异，下设三个一级快捷菜单，分别是"政务公开""政务服务"

图 4-22 小程序"粤省事"服务界面　　图 4-23 小程序"粤省事"服务界面

"政民互动",分类明确。政务服务中的二级菜单"粤省事"是其具有政务服务功能的小程序,也是一大特色。小程序可以与广东省社会保障卡、住房公积金、驾驶证等证照进行绑定,在线办理包括换证、挂失、医保支付等业务。同时微信号还设有"我有话对省长说"、最新访谈、往期访谈等二级菜单,在线留言及留言办理情况查询功能也都很完善。

(三) 地市级政务微信最佳实践

广东省佛山市在全国参与测评的 334 个地市级行政单位中微信服务能力指数排名第一,其政务微信"佛山发布"在信息服务能力、事务服务能力、参与服务能力方面均表现不俗,微信影响力表现突出。

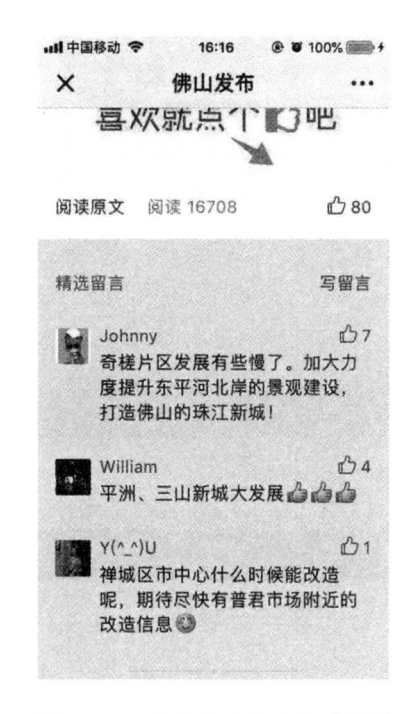

图4-24 佛山发布服务界面　　图4-25 佛山发布推文互动界面

"佛山发布"微信公众号在信息服务建设上成效显著,每日平均发布5条图文消息,其推送中大多为企业、公众基层密切关注的热点资讯和便民服务信息。此外,"佛山发布"在受众规模上表现突出,每日推送都有较大的阅读量和点赞量,不仅如此,小编还时常精选市民的留言予以发布,互动频频。所有推送内容都属于按照政府信息公开条例产生的第一手资料或其他来源明确的官方资料,且时效性较强。

在事务服务能力方面,"佛山发布"下设三个一级快捷菜单,分别是"微家书""微专题""微服务"。"微服务"中,查询、预约、服务功能全面,通过微信市民基本可以实现服务事项的全程办理。此外,网络问政功能使市民在办事过程中有什么问题和不满能够及时得到解决。

图 4-26　佛山发布政务服务界面　　图 4-27　佛山发布政务服务界面

五　省市政务 APP 最佳实践

（一）直辖市政务 APP 最佳实践

重庆市的政务服务 APP "重庆市人民政府"在服务提供能力、信息服务能力、事务服务能力三个维度的得分均为直辖市第一，表现非常优异，极大地发挥了政务服务 APP 在信息传播和办事便捷两个方面的作用。

在信息传播方面，"重庆市人民政府"首页涵盖了各类新闻资讯，按照地区划分为重庆、中国、世界新闻；按照内容划分为财经、科技、健康、招商、指数以及政策。每一条消息点击进入详情页面后可以进行多个渠道的内容分享、设置不同的字体以及查看模式、允许收藏和评论，而且发布的信息内容都属于第一手资料或其他来源明确的官方资料，在信息有效期内第一时间向社会发布，使用体验非常好。除此之外，"重庆市政府"还开设了"云上区县"模块，可以发布区县的实时资讯。

图4-28　重庆市人民政府网站首页　　图4-29　"云上区县"模块界面

在事务服务方面，"重庆市人民政府"开设了"渝快办"模块，允许用户进行区县定位以及办事项目搜索，并将办事项目划分为户政服务、社保服务、公积金、医疗卫生、民政服务、教育培训、交通出行、重庆旅游以及缴费服务，方便市民进行检索。此外，"渝快办"模块还支持证照上传，方便在线事务办理。

在参与服务方面，"重庆市人民政府"提供了专门的"问政咨询"模块，选取一些重要的投诉及咨询进行公开，这样方便有同样问题的市民快速找到答案,对于政府办公人员来说也更加省时省力。

除此之外,"重庆市人民政府"APP还嵌入了政府官网的手机版,对APP中尚未实现的功能进行补充,政务服务功能更加完善。

图 4-30　重庆市人民政府网站办事界面

图 4-31　重庆市人民政府网站问政咨询界面

(二) 省级政务 APP 最佳实践

浙江省的政务服务 APP 在省级政务 APP 中排名第一,总分82.56,其官方 APP"浙里办"(测评时名称为"浙江政务服务")在 APP 服务提供能力、信息服务能力、事务服务能力和参与服务能力四个维度均表现优异,极大地发挥了政务服务 APP 在信息传播和办事便捷两个方面的作用,并且四个维度平衡发展。在来源渠道上,"浙里办"APP 的下载链接在省政府官方网站醒目标出，便于查找，同时，在安卓和苹果的应用商店中均可搜索到，可得性强。而项目组在对各级政府的政务APP进行测评时，发现有相当一部分来源不够明确，可得性较差。

"浙里办"首页主要由四个服务入口构成，分别是：掌上办事、热点应用、个人订阅和办事地图，并在界面最上方推送当天新闻。值得一提的是，在办事地图模块中，用户可以查到附近的办事网点，并在地图中予以标记，非常便捷。同时，"浙里办"中允许用户进行所在城市选择，涵盖了浙江省所辖地市，对于全省APP渠道服务的提升有促进作用。

在信息传播方面，"浙里办"在首页设有当天新闻推送的链接，点击进入具体页面后分为消息、今日关注和公告三个板块，发布的信息内容都属于第一手资料或其他来源明确的官方资料，并在信息有效期内第一时间向社会发布。但缺少完整、清晰的机构职能介绍，也无法查询到完整的职能简介、负责人、联系方式、地址信息，仍有需要改进的方面。

在事务服务方面，"浙里办"可以便捷查询到个人和法人办事服务信息与相关政策，并允许用户按部门和主题进行搜索，有清晰办事流程说明，能全程网上办理。另外，"浙里办"的办事界面还设置了"服务超市"模块，提供了丰富多彩的生活服务，包括交通出行、社会保险、医疗卫生、食品药品、纳税缴费、教育职考、婚育收养、场馆设施、环境气象、房屋租售等16类生活服务，每一项服务都允许用户进行订阅，大大提高了公民生活办事的效率，增强了APP的实用性。

在参与服务方面，"浙里办"提供了专门的"咨询"和"投诉"模块，能够对公民的咨询和投诉及时回复并对反馈结果进行分析，给予正面、充分回应。但其许多服务提供都需要注册并登录，提高了安全性和长期使用的便捷性，但也给非本市市民带来一定服务限制性，这也是不少省市政务APP的共同问题。

图 4-32 "浙里办"首页

图 4-33 "浙里办"办事界面

图 4-34 "浙里办"咨询界面

图 4-35 "浙里办"个人中心界面

(三) 地级市政务 APP 最佳实践

淄博市的政务服务 APP "淄博市人民政府"在所有省市政务 APP 中排名第一，总分 91.04，它也是唯一达到 90 分的政务 APP，说明"淄博市人民政府"在服务提供能力、信息服务能力、事务服务能力和参与服务能力四个维度均表现优异，平衡发展。

在信息传播方面，"淄博市人民政府"在首页进行今日关注、部门动态、通知公告、图片新闻、国务院信息以及省政府要闻栏目的推送，发布的信息内容都属于第一手资料或来源明确的官方资料。"淄博市人民政府"还开设了"走进淄博"模块，对淄博市的基本情况、经济社会发展以及其他信息进行介绍，可以对城市文化进行很好的宣传。另外，"政务公开"模块中对机构职能、法规发文、政务信息以及信息公开进行介绍，信息比较翔实，这一点是许多省市政务 APP 中都缺少的内容，值得借鉴。

在事务服务方面，"淄博市人民政府"专设了"政务服务"模块，该模块是将山东政务服务网嵌入 APP 中，功能全面，且基本都可以实现全程在线办理。不过，该模块是网页的直接嵌入，虽然功能齐全，但使用起来有些许不便。建议淄博市可以参考重庆市的政务 APP，做网页嵌入时考虑与手机的适配度，提升用户的使用体验。

在参与服务方面，"政务服务"模块中有市长信箱模块，能够对公民的咨询和投诉及时回复并对反馈结果进行分析，给予正面、充分的回应。存在的问题也是网页直接嵌入后对于手机的屏幕适配度较差，影响用户体验，期待淄博市能够针对这个问题进行改进，成为更好的政务 APP。

96　国家智库报告

图4-36　淄博市人民政府网站首页

图4-37　淄博市人民政府网站"走进淄博"界面

图4-38　淄博市人民政府网站界面

图4-39　淄博市人民政府网站个人中心界面

下 篇

国务院部委电子服务能力指数

第五章 测评体系与测评方法

一 测评背景

随着信息技术的高速发展和政务理念的不断演进，政务发展呈现电子化趋势，办事效率和服务质量大幅提升，政府决策日益科学化、民主化。同时社会和公众对基于互联网的政务服务需求不断增加。如何更好地服务社会和公众，满足其对电子政务的需求，提升中国电子政务水平，已成为新时期政府亟待解决的管理问题。

2015年7月，国务院发布《关于积极推进"互联网+"行动的指导意见》，强调"互联网+政务"，加快转变政府职能，提出要加快互联网与政府公共服务体系的深度融合，促进公共服务创新供给和服务资源整合，构建面向公众的一体化在线公共服务体系。2016年4月12日，国务院发布《2016年政务公开工作要点》，提出要加大公开力度，加强政策解读回应，不断增强公开实效，保障人民群众知情权、参与权、表达权和监督权，助力深化改革、经济发展、民生改善和政府建设。2016年9月14日国务院总理李克强主持召开国务院常务会议，部署加快推进"互联网+政务服务"，以深化政府自身改革更大程度利企便民。为响应国家需要，客观反映中国电子政务服务发展现状，寻找推进"互联网+政务"建设的优化路径，提升中国电子政务发展水平，南京大学政务资源研究所开展了2017年中国电子政务服务能力测评工作。2017年10月，党的十九大报告指出要不断推进国家治理体系和治理能力现代化，加强互联网内容建设，建立网络综合治理体系。2018年3月17日，国务院深化机构改革，对国务院组成部门和机构进行调整：组建自然资源部，不再保留国土资源部、国家海洋局、国家测绘地理信息局；组建生态环境部，不再保留环境保护部；组建农业农村部，不再保留农业部；组建文化和旅游部，不再保留文化部、国家旅游局等，并重新组建司法部、优化水利部等部门的职责。改革后，除国务院办公厅外，国务院设置组成部门26个。2018年4月，在国家发展改革委、网信办等多个部门支持下的第一届数字中国建设峰会顺利召开，会上发布了30个全国电子政务最佳案例。

本次调查评估以"公众体验"为出发点，构建电子政务服务测评体系，以客观公正、可量化、可重复为原则，分为多个小组对国务院各部委门户网站、微博（以新浪微博为主）、微信、APP（安卓和苹果系统）四种渠道进行了全方位的交叉测评和复查，主次分明、凸显特色，旨在推动中国电子政务向"一站式"服务发展，提升用户体验与满意度，促进中国电子政务服务健康有序发展。

二 工作思路

测评工作自2018年5月开始筹备，6月进行团队组建与工具方法的准备，7月、8月完成预测评、正式测评、补测评等工作，9月、10月、11月进行数据的整理与分析工作，并完成研究报告。

主要工作思路如图5-1所示。

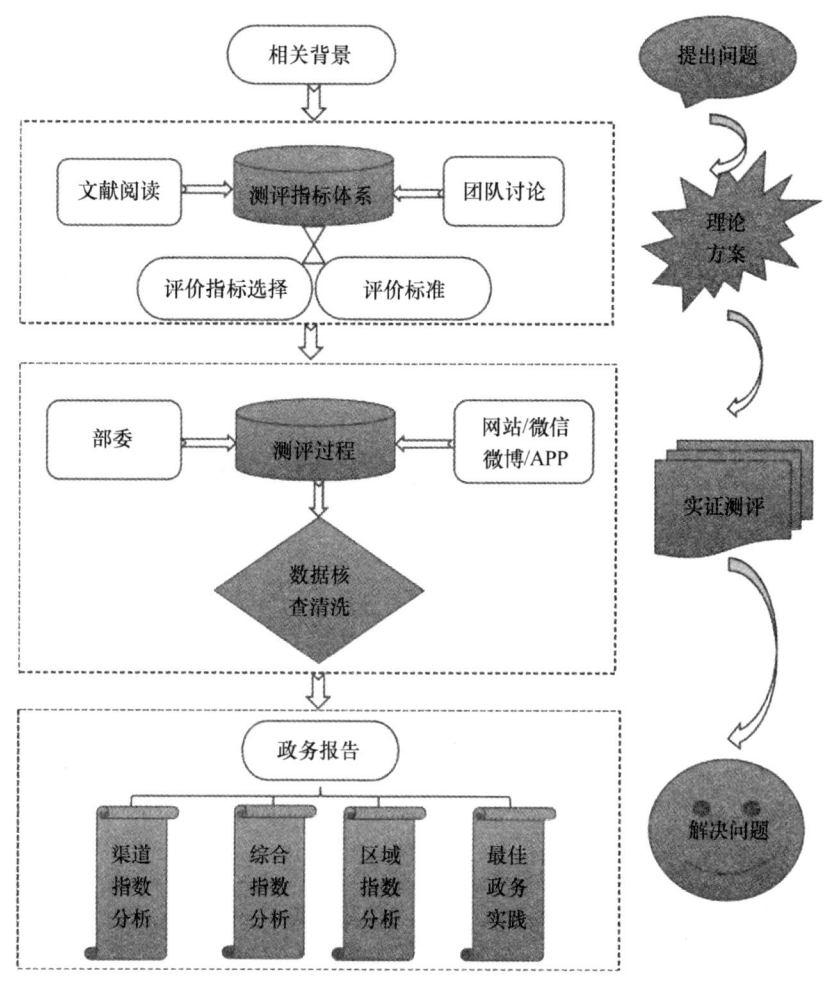

图 5-1 工作思路

三 指标体系

表 5-1　　　　政府网站服务能力测评指标

一级指标	二级指标	三级指标
政府网站服务能力（权重：0.3784）	1. 信息服务能力（ISC）（权重：0.2059）	1. 有用实用
		2. 来源权威
		3. 时间效度
		4. 易得可得

续表

一级指标	二级指标	三级指标
政府网站服务能力（权重：0.3784）	2. 事务服务能力（ASC）（权重：0.2549）	1. 公众（个人）办事
		2. 企业（法人）办事
		3. 全程办理率
	3. 参与服务能力（PSC）（权重：0.1765）	1. 参与管理
		2. 参与回应
		3. 参与反馈
	4. 服务提供能力（SDC）（权重：0.2353）	1. 便捷易用
		2. 公平
		3. 稳定可靠
	5. 服务创新能力（SIC）（权重：0.1275）	1. 意见与建议吸纳能力
		2. 分享传播能力

表5-2　　政府微博服务能力测评指标

一级指标	二级指标	三级指标
政府微博服务能力（权重：0.1351）	1. 信息服务能力（ISC）（权重：0.3418）	1. 有用实用
		2. 来源权威
		3. 时间效度
		4. 易得可得
	2. 微博影响力（WI）（权重：0.2911）	1. 受众规模
		2. 信息规模
		3. 活跃度
		4. 交互性
	3. 服务提供能力（SDC）（权重：0.1646）	1. 发布时长
	4. 服务创新能力（SIC）（权重：0.2025）	1. 采纳能力
		2. 吸收能力

表 5-3　　　　　　　　　　政府微信服务能力测评指标

一级指标	二级指标	三级指标
政府微信服务能力（权重：0.2162）	1. 信息服务能力（ISC）（权重：0.2252）	1. 有用实用
		2. 来源权威
		3. 时间效度
		4. 易得可得
	2. 事务服务能力（ASC）（权重：0.1622）	1. 效率效果
	3. 参与服务能力（PSC）（权重：0.2072）	1. 参与渠道
	4. 微信影响力（WI）（权重：0.2162）	1. 受众规模
		2. 信息规模
	5. 服务提供能力（SDC）（权重：0.1892）	1. 便捷易用

表 5-4　　　　　　　　　　政府 APP 服务能力测评指标

一级指标	二级指标	三级指标
政府 APP 服务能力（权重：0.2703）	1. 信息服务能力（ISC）（权重：0.2529）	1. 有用实用
		2. 来源权威
		3. 时间效度
		4. 易得可得
	2. 事务服务能力（ASC）（权重：0.2414）	1. 效率效果
	3. 参与服务能力（PSC）（权重：0.2184）	1. 参与管理
		2. 参与回应
		3. 参与反馈
	4. 服务提供能力（SDC）（权重：0.2874）	1. 渠道面
		2. 覆盖面
		3. 易得性
		4. 稳定可靠
		5. 易用性
		6. 使用反馈
		7. 社交性

四　测评工作

集中测评时间：2018年7月1日—31日。

测评渠道：官方网站、微信、微博、APP

测评对象：包括国务院组成部门、国务院直属特设机构、国务院直属机构、国务院办事机构、国务院直属事业单位和国务院部委管理的国家局。其中，国务院和国务院组成部门中的国防部，国务院直属事业单位中的新华社、中国科学院、中国社会科学院、中国工程院、国务院发展研究中心、国家医保局和退役军人部这九个机构的社会管理功能较弱，因此未纳入测评。

测评标准见附录5，测评样本见附录6。

第六章 国务院部委电子服务渠道指数分析

一 国务院部委电子服务渠道指数说明

目前,网站、微博、微信及 APP 客户端是各部委主流的电子服务渠道。电子服务渠道指数,是评估政府利用各渠道向公众提供服务能力水平的指数。本报告着力考察政务网站信息服务能力、事务服务能力、参与服务能力、服务提供能力、服务创新能力;重点关注政务微博的服务提供能力、信息服务能力、微博影响力、服务创新能力;主要测量政务微信的信息服务能力、事务服务能力、参与服务能力、服务提供能力、微信影响力;突出评价客户端的服务提供能力、信息服务能力、事务服务能力、参与服务能力。报告分别从门户网站、微博、微信及客户端这四种渠道对国务院部委的电子政务服务能力指数进行考察,通过测评服务渠道指数,反映各测评渠道中政府向公众提供公共服务的能力。

二 国务院部委网站服务能力指数

（一）国务院部委网站服务能力指数

表6-1　　　　　　　　　部委网站服务能力指数

排名	部委名称	指数	排名	部委名称	指数
1	国务院国有资产监督管理委员会	79.36	24	住房和城乡建设部	56.03
2	海关总署	77.29	25	国家林业和草原局	55.70
3	中国民用航空局	74.78	26	自然资源部	55.36
4	国家新闻出版广电总局	72.56	27	国务院港澳事务办公室	55.28
5	水利部	72.45	28	国家国防科技工业局	54.56
6	民政部	71.15	29	商务部	54.54
7	生态环境部	70.69	30	国家铁路局	52.11
8	国家卫生健康委员会	69.43	31	市场监管总局	51.78
9	国家税务总局	69.00	32	国家烟草专卖局	50.93
10	国家机关事务管理局	68.25	33	财政部	50.58
11	农业农村部	68.15	34	国家邮政局	50.55
12	中国证券监督管理委员会	63.82	35	教育部	50.12
13	中国人民银行	61.99	36	国家信访局	49.38
14	司法部	61.63	37	国家统计局	47.84
15	科技部	60.67	38	中国气象局	46.81
16	工业和信息化部	60.63	39	外交部	46.80
17	文化和旅游部	59.59	40	审计署	46.05
18	公安部	58.53	41	国家移民管理局	45.65
19	国家体育总局	58.53	42	国家中医药管理局	45.60
20	国家文物局	57.87	43	国家民族事务委员会	44.81
21	人力资源和社会保障部	57.29	44	国家煤矿安全监察局	44.59
22	国家粮食和物资储备局	56.80	45	国家外汇管理局	42.47
23	国家发展和改革委员会	56.54	46	交通运输部	41.67

续表

排名	部委名称	指数	排名	部委名称	指数
47	国家药品监督管理局	40.18	50	国家能源局	38.16
48	应急管理部	38.71	51	国务院参事室	33.90
49	国家知识产权局	38.66	52	中国银行保险监督管理委员会	33.02

注：国家医保局、退役军人部、国家国际发展合作署、中央广电总台尚未成立官方网站。

(二) 整体概况

在部委网站服务能力指数中，国务院国有资产监督管理委员会位列第一，海关总署、中国民用航空局、国家新闻出版广电总局、水利部分列第2—5名。这五个部委网站在信息发布和事务服务上都有着良好的表现，网站导航明确，链接稳定可靠，能够基本满足各类用户的服务需求。排名靠后的网站目前仍处在信息发布阶段，事务服务能力建设严重滞后，对于用户的咨询和意见也难以做到有效反馈。总体而言，各部委的网站服务能力指数均值为51.23，处于中等水平。排名前五的部委指数均值为75.29。此外，共31个部委在该指数上的表现优于平均水准，占比55.36%。

从部委网站服务能力的组成维度来看，各部委网站的信息服务能力整体表现突出，指数均值为83.57；服务提供能力次之，指数均值为68.34，处于较高水平；相比而言，服务创新能力、事务服务能力、参与服务能力明显不足，指数均值分别为40.15、38.58、19.54，说明当前中国各部委网站仍以信息发布为主，在事务服务和用户沟通等方面还有很大的发展空间。

从部委网站服务能力的机构分布来看，国务院组成部门、国务院直属特设机构、国务院直属机构、国务院直属事业单位和国务院部委管理的国家局下的部委在该指数上的得分处于高水平的数量分别是：9个、1个、4个、1个、1个，其余各类机构在该指数上的得分均处于中等或低水平。

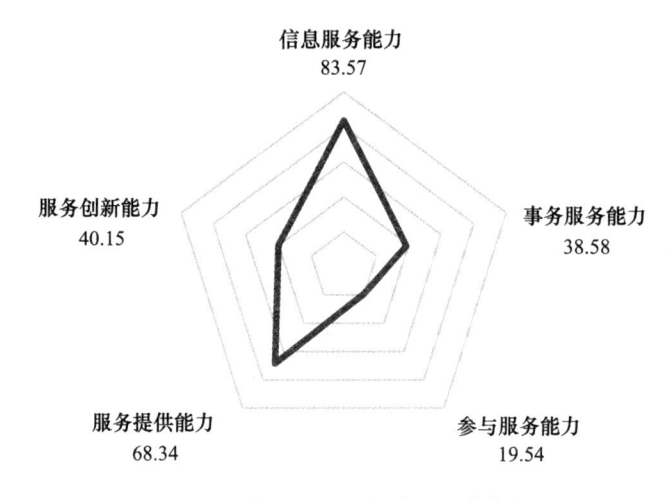

图 6-1 部委网站服务能力总体指数

信息服务能力 83.57
事务服务能力 38.58
参与服务能力 19.54
服务提供能力 68.34
服务创新能力 40.15

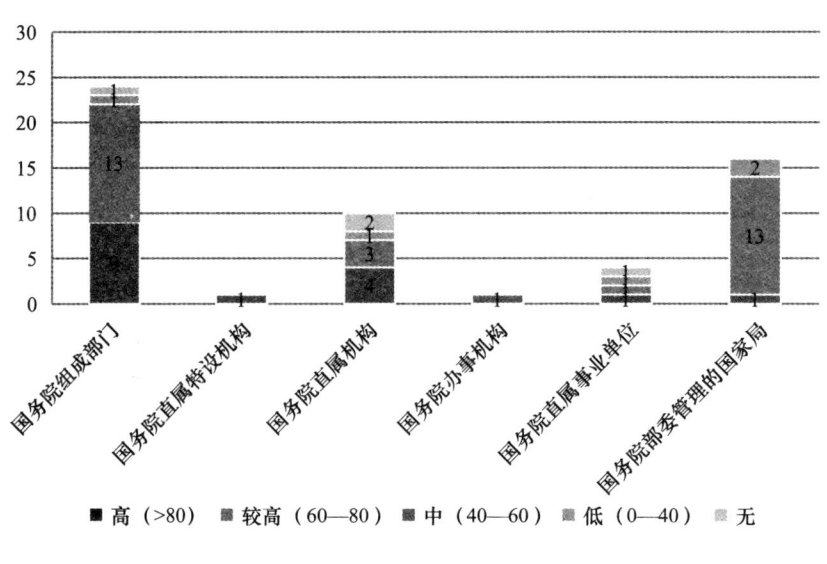

图 6-2 部委网站服务能力指数分布

■高（>80） ■较高（60—80） ■中（40—60） ■低（0—40） ■无

从部委网站服务能力的区间分布来看，各部委网站服务能力整体较低。国务院国有资产监督管理委员会、海关总署等16个部委处于较高水平，占比28.57%，指数均值为68.87。文化和旅游部、公安部等31个部委则处于中等水平，占比55.36%，指数均值为51.12。应急管理部、国家知识产权局等5个部委处于低水平，占比 8.93%，指数均值为 36.49。国家医保局、退役军人部等 4 个部委尚未成立官方网站，占比 7.14%。

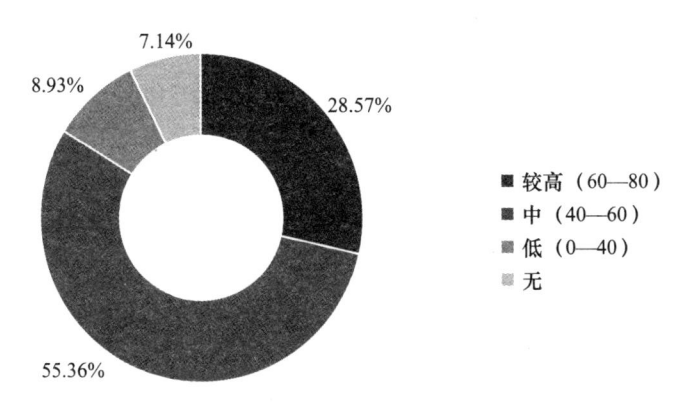

图 6-3 部委网站服务能力指数区间分布

总体来说，与 2018 版相比，部委网站服务能力指数变化不大。从部委网站服务能力的组成维度来看，仅信息服务能力、事务服务能力和服务提供能力略有提高，服务创新能力和参与服务能力仍有不足，需加以重视与发展。

三 国务院部委微博服务能力指数

（一）国务院部委微博服务能力指数

表 6-2   部委微博服务能力指数

排名	部委简称	指数	排名	部委简称	指数
1	教育部	92.67	7	国务院国有资产监督管理委员会	84.76
2	中国气象局	89.12	8	中国证券监督管理委员会	82.93
3	外交部	88.95	9	国家林业和草原局	81.97
4	商务部	86.88	10	海关总署	81.87
5	公安部	86.77	11	国家税务总局	79.85
6	国家卫生健康委员会	85.98	12	工业和信息化部	79.57

续表

排名	部委简称	指数	排名	部委简称	指数
13	司法部	79.45	21	生态环境部	66.47
14	中国民用航空局	79.19	22	国家文物局	65.94
15	国家统计局	78.25	23	应急管理部	65.16
16	民政部	78.24	24	国家邮政局	62.31
17	中国人民银行	77.39	25	国家铁路局	62.03
18	国家发展和改革委员会	76.40	26	国家粮食和物资储备局	59.05
19	科技部	74.15	27	文化和旅游部	44.71
20	国家外汇管理局	68.29	28	自然资源部	43.01

注：未列出无渠道服务的样本，下同。

（二）整体概况

在部委微博服务能力指数中，教育部位列第一，中国气象局、外交部、商务部、公安部分列第2—5名。这五个部委的微博开通时间较早，且能保持较高的活跃度，以多元的形式（包括图片、视频、音乐、链接等）及时发布各类资讯。排名靠后的部委中，有28个尚未开通政务微博，另一些得分较低的部委微博也都是新开账号，在影响力和活跃度上相对滞后。总体而言，各部委的微博服务能力指数均值为37.52，整体服务能力不高，平均值较低的原因主要是有近半数的部委没有开通微博。所有开通微博的部委微博指数平均值为75.05，开通微博的部委总体服务水平还是较高的。

从部委微博服务能力的组成维度来看，部委微博的信息服务能力非常优秀，指数均值为97.16；服务创新能力也相对较强，指数均值为84.71；服务提供能力、微博影响力相对较弱，指数均值分别为53.57、60.56，有较大提升空间。

从部委微博服务能力的机构分布来看，国务院办事机构和国务院直属特设机构参与测评的都只有一个部委，这两个部委中前者无微博，后者微博服务能力处于高水平，国务院直属事业单位共有四个部委参与测评，其中50%的部委微博服务能力属于高水平，另外50%没有微博，国务院组成部门中微博服务能力处于高水平及较高水平的占54.17%、国务院部委管理的国家局中微博服务能力处于高水平及较高水平的占37.5%，国务院直属机构中微博服务能力处于高水平及较高水平的占30%。

服务提供能力 53.57

服务创新能力 84.71

微博影响力 60.56

信息服务能力 97.16

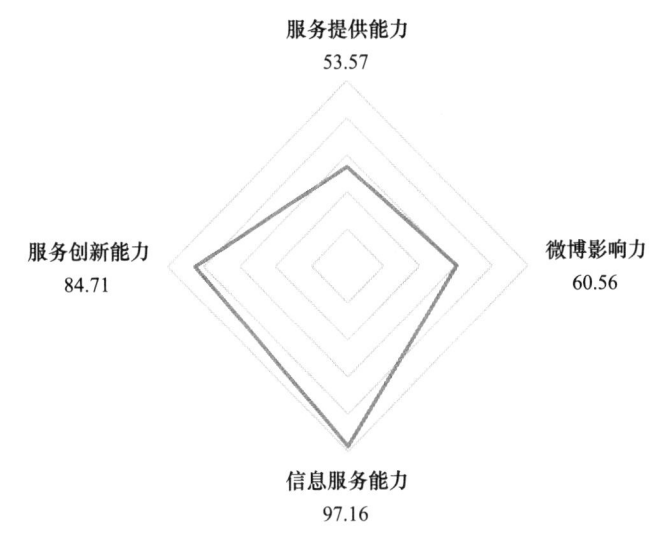

图6-4 部委微博服务能力总体指数

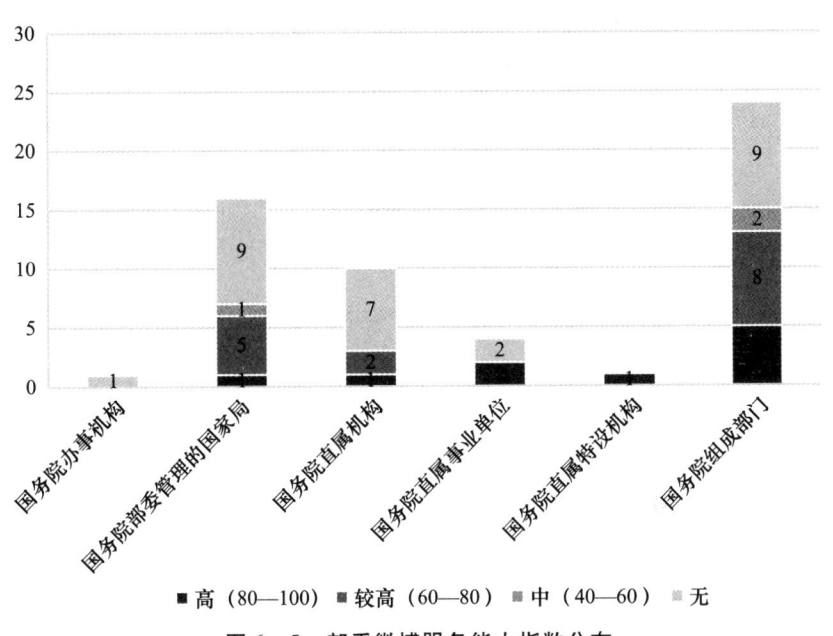

图6-5 部委微博服务能力指数分布

从部委微博服务能力的区间分布来看，有10个部委的政务微博服务能力处于高水平，占比为17.86%，指数均值为86.19。有15个部委政务微博服务能力处于较高水平，占比为26.78%，指数均值为72.85。有3个部委政务微博服务能力处于中等水平，占比为5.36%，指数均值为43.01。由于28个部委尚未开通政务微博，因而导致各部委微博服务能力指数均值整体偏低，仅为37.52，说明当前各部委对于微博渠道的重视度和利用度存在较大差距。

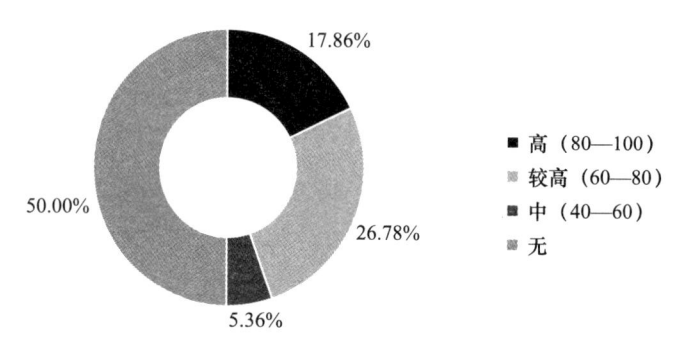

图6-6 部委微博服务能力指数区间分布

与2018版相比，微博服务能力高分的部委数量几乎没变，但排名略有变动。部委有部分新增或合并的部门，因此测评部委名称会有一些变化，教育部仍然是第一名，但后续排名稍有变化，但波动不大。没有政务微博的部委数量仍有28个，仅比去年减少一个。

四 国务院部委微信服务能力指数

（一）国务院部委微信服务能力指数

表6-3 部委微信服务能力指数

排名	部委简称	指数	排名	部委简称	指数
1	财政部	77.65	3	国家税务总局	72.11
2	司法部	72.85	4	海关总署	69.94

续表

排名	部委简称	指数	排名	部委简称	指数
5	国家中医药管理局	69.23	25	国家粮食和物资储备局	51.54
6	国家林业和草原局	66.97	26	国家卫生健康委员会	49.90
7	市场监管总局	65.61	27	商务部	48.72
8	人力资源和社会保障部	65.04	28	国家民族事务委员会	48.64
9	审计署	63.25	29	国家药品监督管理局	48.25
10	国家信访局	62.23	30	公安部	47.43
11	科技部	61.47	31	国家新闻出版广电总局	46.67
12	国家发展和改革委员会	60.65	32	中国民用航空局	43.92
13	民政部	60.14	33	教育部	43.67
14	中国气象局	60.12	34	国防科工局	41.26
15	水利部	60.01	35	文化和旅游部	40.35
16	国家能源局	59.83	36	机关事务管理局	38.94
17	交通运输部	58.94	37	中国证券监督管理委员会	38.72
18	国家邮政局	58.93	38	中国人民银行	36.09
19	国家统计局	58.70	39	应急管理部	36.07
20	外交部	54.80	40	国家文物局	34.81
21	国家知识产权局	54.57	41	国家体育总局	33.33
22	生态环境部	53.66	42	自然资源部	32.78
23	国务院国有资产监督管理委员会	51.77	43	国家国际发展合作署	31.86
24	工业和信息化部	51.74	44	国家外汇管理局	27.72

(二) 整体概况

在部委微信服务能力指数中,财政部位列第一,司法部、国家税务总局、海关总署、国家中医药管理局分列第2—5名。这五个部委的政务微信在信息服务能力、事务服务能力与微信影响力上都有着相对突出的表现,信息时效性强、办事流程清晰，且受众规模较大。排名靠后的部委政务微信目前仍处在信息发布阶段，事务服务能力与参与服务能力严重滞后，微信影响力也明显不足。

从部委微信服务能力的组成维度来看，各部委微信的信息服务能力整体达到较高水平，指数均值为74.34；而微信影响力、服务提供能力、事务服务能力和参与服务能力整体处于较低水平，指数均值分别为35.02、26.79、36.79、28.57。各部委微信目前仍以信息发布为主，尚未充分利用微信渠道的特性完善其他政务服务，这也与部委不是公众办事的直接受理者的特征有关。

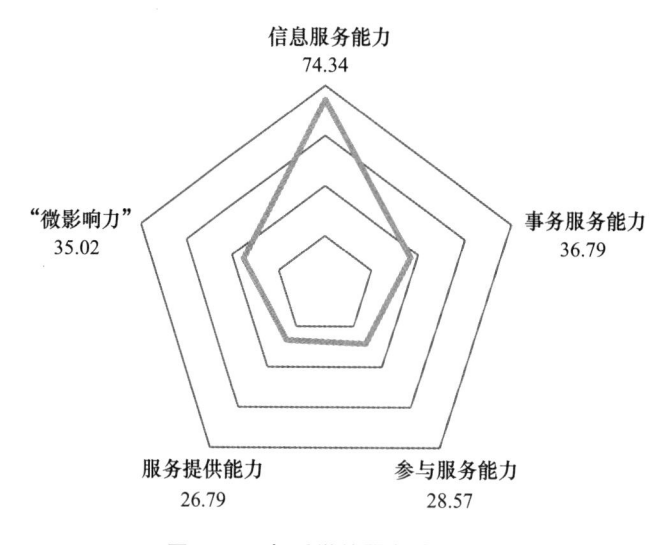

图6-7 部委微信服务能力指数

从微信服务能力的机构分布来看，目前国务院组成部门24个部委中有8个微信服务能力达到较高水平，国务院部委管理的国家局和国务院直属机构中各有3个部委达到较高水平，国务院直属事业单位中仅中国气象局达到较高水平。其余机构类型中开通微信的部委多处于中等或较低水平。另外，共有12个部委未开通政务微信。

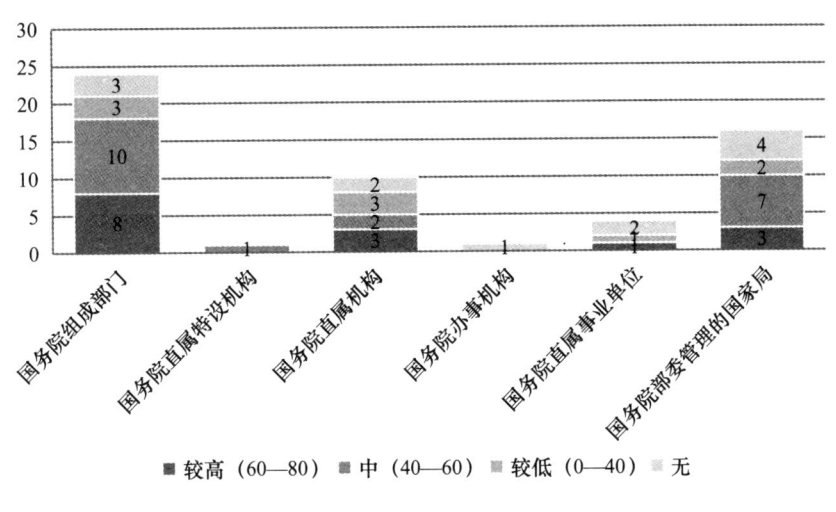

图 6-8 部委政府微信服务能力指数分布

从部委微信服务能力的区间分布来看，财政部、司法部、国家税务总局等 15 个政务微信服务能力处于较高水平，指数均值为 65.82；20 个部委政务微信服务能力处于中等水平，指数均值为 50.66；9 个部委政务微信服务能力处于较低水平，指数均值为 34.48；另外，12 个部委尚未开通政务微信服务渠道。

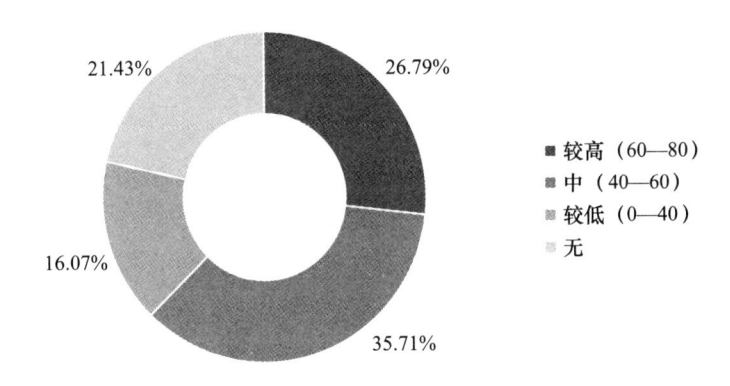

图 6-9 国务院部委政府微信服务能力指数区间分布

总体而言，各部委的微信服务能力指数均值为 41.26，整体服务能力达到中等水平，其中 33 个部委服务能力超过平均水平，占比 58.93%；15 个部委服务能力达到较高水平，占比 26.79%。

与 2018 版相比，得分较高的部委数目明显增加。2018 版国家信访局和财政局分列第一、二名，得分分别为 71.76 和 71.34。2019 版排名前两位的分别是财政部和司法部，得分分别为 77.65 和 72.85，另外国家税务总局 2019 版的得分（72.11）也超过了 70 分；分数中等（40—60）的部委数量与 2018 年相比稳中有降；一些部委进行了合并，一些部委被取消，一些部委为新增部委，各部委的微信服务指数较 2018 年（35.65）增长了近 5 分；得分低于 40 分或未开设微信服务平台的部委数量首次降至参与测评的部委机构总数的一半以下。

五 国务院部委 APP 服务能力指数

（一）国务院部委 APP 服务能力指数

表 6-4　　　　　　　　部委 APP 服务能力指数

排名	部委简称	APP 指数	排名	部委简称	APP 指数
1	中国民用航空局	76.27	12	外交部	46.89
2	财政部	65.39	13	民政部	45.50
3	司法部	62.31	14	国家林业和草原局	43.26
4	国家税务总局	57.30	15	国家药品监督管理局	41.83
5	中央广电总台	57.06	16	中国气象局	40.46
6	国家新闻出版广电总局	56.85	17	人力资源和社会保障部	40.14
7	国家体育总局	56.43	18	国家发展和改革委员会	38.78
8	商务部	55.28	19	生态环境部	38.33
9	自然资源部	53.67	20	国家信访局	36.84
10	交通运输部	50.70	21	教育部	36.46
11	国家知识产权局	47.45	22	国家统计局	26.75

注：未列出无渠道服务的样本，下同。

(二) 整体概况

在部委 APP 服务能力中，民航局位列第一，财政部、司法部、国家税务总局、中央广电总台分列第 2—5 名。这五个政务 APP 在服务提供能力、信息服务能力、事务服务能力及参与服务能力上都有着相对突出的表现，其服务覆盖面广、信息时效性强且参与反馈及时。排名靠后的 APP 各项服务能力较弱，信息的时效性和及时的参与反馈难以得到保证。由于仍有 34 个部委尚未建设 APP，各部委的 APP 服务能力指数均值仅为 19.18。总体而言，部委政务 APP 仍处于起步阶段，综合考虑部委职能特性和 APP 的开发成本，这一渠道的发展方向还需进一步讨论。

从部委 APP 服务能力的组成维度来看，各部委的四项服务维度能力整体不足，服务提供能力、信息服务能力、事务服务能力、参与服务能力均处于低水平，这可能与部委的职能特征及 APP 的开发成本有一定关系。

服务提供能力 26.68
参与服务能力 2.84
信息服务能力 29.76
事务服务能力 13.93

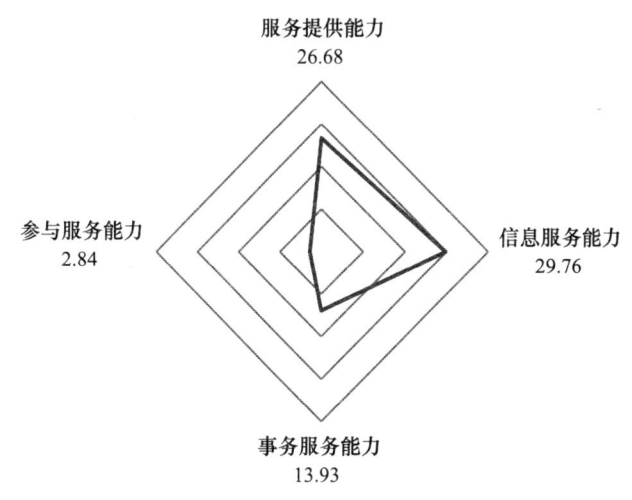

图 6-10 部委 APP 服务能力指数

从部委 APP 服务能力的机构分布来看，仅有来自国务院部委管理的国家局的民航局达到较高水平；国务院部委管理的国家局和国务院组成部门的部委 APP 服务能力水平呈现梯次分布，但整体水平偏低；而其余机构类型的绝大多数部委尚未建设相应的 APP。

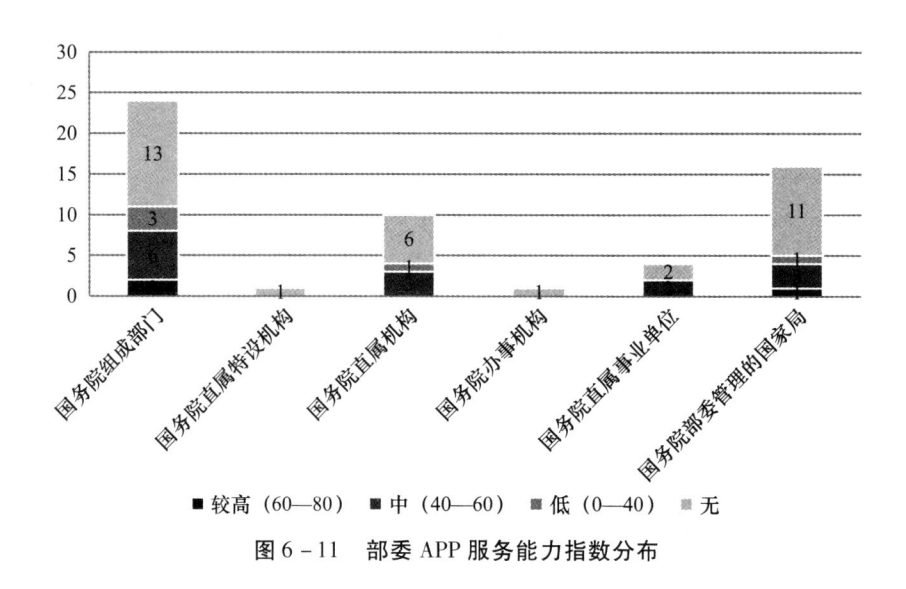

图 6-11 部委 APP 服务能力指数分布

从部委 APP 服务能力的区间分布来看，民航局、财政部以及司法部 3 个部委的 APP 服务能力处于较高水平，指数均值为 67.99；14 个部委政务 APP 服务能力处于中等水平，指数均值为 49.49；5 个部委政务 APP 服务能力处于低水平，指数均值为 35.43。此外，仍有 34 个部委尚未建成政务 APP，相比其他渠道，我国部委政务 APP 的发展严重滞后。

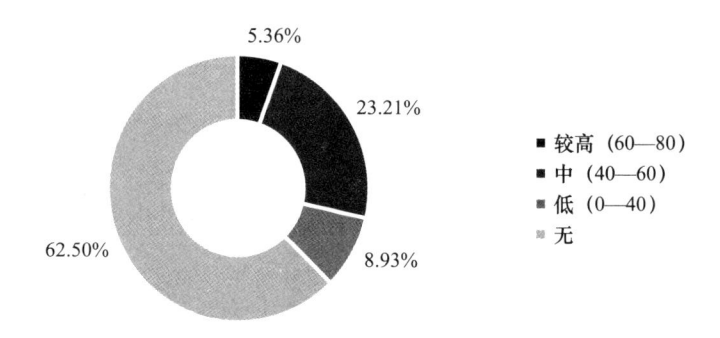

图 6-12 部委 APP 服务能力指数分布

部委 APP 服务能力与 2018 版相比，得分较高的部委数目有所增加。2018 版商务部和国家体育总局分列第一、二名，得分分别为 60.49 和 53.27，2019 版排名前两位的分别是民航局和财政部，得分分别为 76.27 和 65.39，依然有超过半数的部委机构没有符合标准的政务 APP。

第七章 国务院部委电子服务能力综合指数

一 国务院部委电子服务能力综合指数

(一) 国务院部委电子服务能力综合指数说明

综合指数是部委网站、"两微一端"四个渠道服务能力的综合测评指标，用以更加全面、客观地评价现阶段中国电子政务服务渠道的建设水平，计算公式如下：

$$EGSAI_C = \sum_{i=1}^{4} \sigma_i EGSCI_i$$

其中，$EGSAI_C$ 为部委电子政务服务能力综合指数，σ_i 指权重，$EGSCI_i$ 为部委电子政务服务渠道指数，i = 1，2，3，4 分别代表各渠道指数（见第二章）。

(二) 国务院部委电子服务能力综合指数

1. 国务院部委电子服务能力综合指数

表 7-1　　　　　　　部委电子服务能力综合指数

排名	部委简称	指数	排名	部委简称	指数
1	中国民用航空局	69.11	4	民政部	62.79
2	国家税务总局	67.97	5	国家林业和草原局	58.32
3	司法部	66.65	6	商务部	57.85

续表

排名	部委简称	指数	排名	部委简称	指数
7	生态环境部	57.69	31	国家知识产权局	39.25
8	海关总署	55.43	32	国家文物局	38.33
9	国家发展和改革委员会	55.31	33	文化和旅游部	37.32
10	外交部	54.25	34	国家药品监督管理局	36.94
11	中国气象局	53.69	35	国家机关事务管理局	34.24
12	财政部	53.60	36	市场监管总局	33.78
13	国家新闻出版广电总局	52.91	37	国家中医药管理局	32.22
14	国务院国有资产监督管理委员会	52.67	38	国家外汇管理局	31.29
15	教育部	50.78	39	应急管理部	31.25
16	国家卫生健康委员会	48.68	40	审计署	31.10
17	国家统计局	48.59	41	国家国防科工局	29.56
18	自然资源部	48.35	42	国家铁路局	28.10
19	人力资源和社会保障部	46.59	43	国家民族事务委员会	27.47
20	科技部	46.26	44	国家能源局	27.37
21	工业和信息化部	44.88	45	农业农村部	25.79
22	国家体育总局	44.61	46	住房和城乡建设部	21.20
23	公安部	44.12	47	国务院港澳事务办公室	20.92
24	中国证券监督管理委员会	43.72	48	国家烟草专卖局	19.27
25	交通运输部	42.21	49	移民管理局	17.27
26	国家信访局	42.10	50	国家煤矿安全监察局	16.87
27	中国人民银行	41.71	51	中央广电总台	15.42
28	国家粮食和物资储备局	40.61	52	国务院参事室	12.83
29	水利部	40.39	53	中国银行保险监督管理委员会	12.50
30	国家邮政局	40.29	54	国家国际发展合作署	6.89

注：未列出无服务渠道的样本，下同。

2. 整体概况

在部委渠道综合指数中，民航局位列第一，国家税务总局、司法部、民政部和国家林业和草原局分列第2—5名。这五个部委在电子政务服务的渠道建设上均有较好的表现，其中民航局与各方用户的互动频繁，国家税务总局在信息发布和传播分享上表现突出；司法部、民政部和国家林业和草原局则注重网站和"两微一端"的多渠道同步建设。排名靠后的部委普遍缺乏新媒体渠道的建设，其电子服务渠道仍以门户网站为主。总体而言，各部委电子服务渠道综合指数的均值为39.99，处于较低水平，共有30个部委超过平均水平，占比55.56%。

从部委渠道综合指数的区间分布来看，中国部委电子服务综合能力建设水平梯次分布明显，整体水平偏低。民航局、国家税务总局、司法部和民政部处于高等水平，占比7.41%，指数均值为66.63。国家林业和草原局、商务部等26个部委处于中等水平，占比48.15%，指数均值为48.68。国家知识产权局、国家文物局等24个部委处于低水平，占比44.44%，指数均值为26.13。

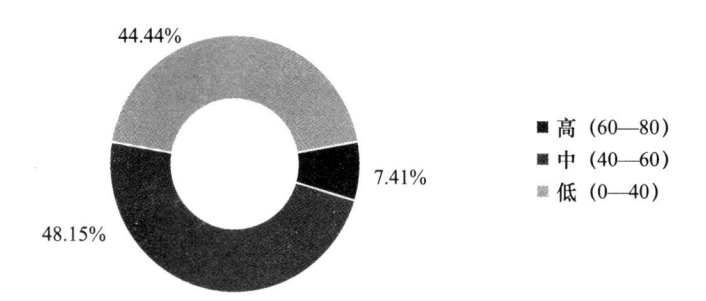

图7-1 部委电子服务能力综合指数区间分布

表7-2 部委电子服务能力综合指数区间分布

高 (60—80)	中 (40—60)			低 (0—40)		
中国民用航空局	国家林业和草原局	国家邮政局	国家体育总局	国家知识产权局	审计署	国家烟草专卖局
国家税务总局	商务部	国务院国有资产监督管理委员会	公安部	国家文物局	国家国防科技工业局	国家移民管理局
司法部	生态环境部	教育部	中国证券监督管理委员会	文化和旅游部	国家铁路局	国家煤矿安全监察局

续表

高 (60—80)	中 (40—60)			低 (0—40)		
民政部	海关总署	国家卫生健康委员会	交通运输部	国家药品监督管理局	国家民族事务委员会	中央广电总台
	国家发展和改革委员会	国家统计局	国家信访局	国家机关事务管理局	国家能源局	国务院参事室
	外交部	自然资源部	中国人民银行	市场监管总局	农业农村部	中国银行保险监督管理委员会
	中国气象局	人力资源和社会保障部	国家粮食和物资储备局	国家外汇管理局	住房和城乡建设部	国家国际发展合作署
	财政部	科技部	水利部	应急管理部	国务院港澳事务办公室	国家中医药管理局
	国家新闻出版广电总局	工业和信息化部				

从部委渠道综合指数的组成维度来看，网站建设总体优于其他三个渠道，各部委网站的指数均值为 53.13，仍处于较低水平；微博同处于较低水平，各部委指数均值为 38.91，微信和 APP 建设水平较低，指数均值分别为 42.79 和 19.89，部委的 APP 缺失比较严重，究其原因，可能是由于部委职能不同，其所需开放的服务存在差异，因此并不是所有部委都适合或都需要使用 APP 来提供政务服务。

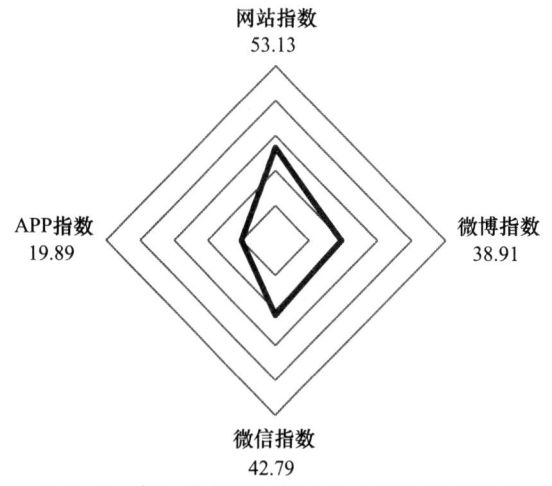

图 7-2 部委电子服务能力综合指数渠道维度

2019 版排名前三位的是民航局、国家税务总局和司法部,得分分别为69.11、67.97 和66.65。2018 版部委综合指数中仅有3 个部委得分超过60 分,分别是商务部、国家林业局和教育部,得分分别为66.53、61.11 和60.42。因较多部委开设了微信服务平台,各部委的微信服务指数较2018 版(35.65)增长了7 分,APP 指数也略有增长(2018 年为16.50),网站指数与2018 年(53.11)相比基本持平,微博较2018 版(40.56)略有下降。但各部委电子服务能力综合指数平均值呈现增长趋势,并且综合指数得分低于40 部委个数比2018 版有所减少。

二 国务院部委电子服务能力"双微"指数

(一)国务院部委电子服务能力"双微"指数说明

"双微"指数是部委官方微信、微博两个渠道服务能力的综合测评指标,用以客观和全面地评价现阶段中国电子政务服务的"双微"建设情况。其计算公式如下:

$$EGSAI_{dw} = \sum_{i=2}^{3} \sigma_i EGSCI_i$$

其中,$EGSAI_{dw}$ 为部委电子服务能力"双微"指数,σ_i 指权重,$EGSCI_i$ 为部委电子服务能力指数,i = 2,3。

(二)国务院部委电子服务能力"双微"指数

1. 国务院部委电子服务能力"双微"指数

表7-3　　　　　　　部委电子服务能力"双微"指数

排名	部委简称	指数	排名	部委简称	指数
1	司法部	75.39	4	国家林业和草原局	72.74
2	国家税务总局	75.08	5	中国气象局	71.27
3	海关总署	74.52	6	外交部	67.93

续表

排名	部委简称	指数	排名	部委简称	指数
7	民政部	67.10	27	国家中医药管理局	42.60
8	国家发展和改革委员会	66.71	28	文化和旅游部	42.03
9	科技部	66.35	29	市场监管总局	40.38
10	国家统计局	66.22	30	人力资源和社会保障部	40.03
11	国务院国有资产监督管理委员会	64.46	31	审计署	38.92
12	国家卫生健康委员会	63.77	32	国家信访局	38.30
13	商务部	63.39	33	水利部	36.93
14	公安部	62.56	34	国家能源局	36.82
15	教育部	62.51	35	自然资源部	36.72
16	工业和信息化部	62.44	36	交通运输部	36.27
17	国家邮政局	60.23	37	国家知识产权局	33.58
18	生态环境部	58.59	38	国家民族事务委员会	29.93
19	中国民用航空局	57.49	39	国家药品监督管理局	29.69
20	中国证券监督管理委员会	55.72	40	国家新闻出版广电总局	28.72
21	国家粮食和物资储备局	54.43	41	国家国防科技工业局	25.39
22	中国人民银行	51.97	42	国家机关事务管理局	23.96
23	财政部	47.79	43	国家铁路局	23.85
24	应急管理部	47.26	44	国家体育总局	20.51
25	国家文物局	46.78	45	国家国际发展合作署	19.61
26	国家外汇管理局	43.32			

注：未列出无渠道服务的样本，下同。

2. 整体概况

在部委"双微"服务能力指数中，司法部位列第一，国家税务总局、海关总署、国家林业和草原局和中国气象局分列第2—5名。这五个部委在电子政务服务的"双微"渠道建设上表现突出，能够积极利用"双微"渠道的传播特性，面向公众进行信息发布和互动交流。排名靠后的部委大多"双微"渠道中仅开通了一个服务渠道，不够重视社交平台的网络舆情态势。总体而言，各部委电子服务能力"双微"指数的均值为37.54，处于较低水平。

从部委"双微"指数的区间分布来看，中国部委电子服务"双微"建设水平呈现高低分化，整体水平较低。其中，没有"双微"指数高于80的部委，有17个部委的"双微"服务能力处于较高水平，占比19.44%，指数均值为60.23。有14个部委的"双微"服务能力处于中等水平，占比30.56%，指数均值为40.03。有15个部委的"双微"服务能力较低，占比38.89%，指数均值为19.61。有11个部委微信及微博服务渠道均未开通，占比11.11%。

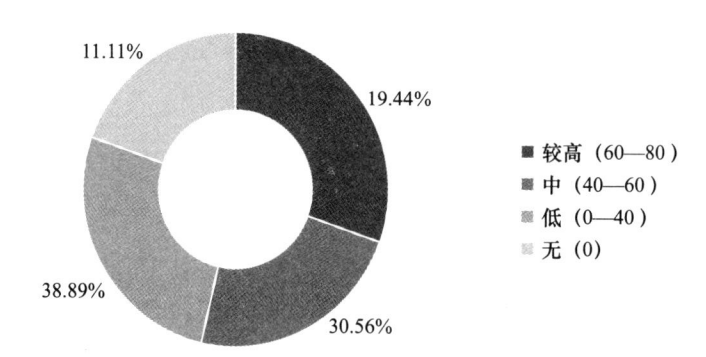

图7-3 部委电子服务能力"双微"指数分布

表7-4　　　　　　部委电子服务能力"双微"指数区间分布

高 (80—100)	较高 (60—80)	中 (40—60)	低 (0—40)	无
	司法部	生态环境部	审计署	国家煤矿安全监察局
	国家税务总局	中国民用航空局	国家信访局	国家烟草专卖局
	海关总署	中国证券监督管理委员会	水利部	国家医保局
	国家林业和草原局	国家粮食和物资储备局	国家能源局	国家移民管理局
	中国气象局	中国人民银行	自然资源部	国务院参事室
	外交部	财政部	交通运输部	国务院港澳事务办公室
	民政部	应急管理部	国家知识产权局	农业农村部
	国家发展和改革委员会	国家文物局	国家民族事务委员会	退役军人部

续表

高 (80—100)	较高 (60—80)	中 (40—60)	低 (0—40)	无
	科技部	国家外汇管理局	国家药品监督管理局	中国银行保险监督管理委员会
	国家统计局	国家中医药管理局	国家新闻出版广电总局	中央广电总台
	国务院国有资产监督管理委员会	文化和旅游部	国家国防科技工业局	住房和城乡建设部
	国家卫生健康委员会	市场监管总局	国家机关事务管理局	
	商务部	人力资源和社会保障部	国家铁路局	
	公安部		国家体育总局	
	教育部		国家国际发展合作署	
	工业和信息化部			
	国家邮政局			

总的来说，与2018版相比，部委电子政务服务"双微"指数总体略有提高，服务能力水平较高的部委数量有一定增长，但"双微"指数较低的部委发展仍然滞后、缓慢，需要继续对电子政务服务的发展加以重视。

三 国务院部委电子服务能力"新媒体"指数

（一）国务院部委电子服务能力"新媒体"指数说明

"新媒体"指数是部委官方微信、官方微博和APP三个渠道服务能力的综合测评指标，用以测评政府电子服务的"两微一端"建设情况。其计算公式如下：

$$EGSAI_{nm} = \sum_{i=2}^{4} \sigma_i EGSCI_i$$

其中，$EGSAI_{nm}$为电子政务服务能力"新媒体"指数，σ_i指权重，$EGSCI_i$为电子政务服务渠道指数，i=2，3，4分别代表微博、微信和APP政务服务能力指数（见第二章）。

（二）国务院部委电子服务"新媒体"指数
1. 国务院部委电子服务"新媒体"指数

表 7-5　　　　　　　　部委电子服务能力"新媒体"指数

排名	部委简称	指数	排名	部委简称	指数
1	司法部	69.69	24	国家卫生健康委员会	36.04
2	国家税务总局	67.34	25	公安部	35.35
3	中国民用航空局	65.65	26	工业和信息化部	35.28
4	国家林业和草原局	59.91	27	国家药品监督管理局	34.97
5	商务部	59.86	28	国家邮政局	34.04
6	外交部	58.77	29	中国证券监督管理委员会	31.49
7	中国气象局	57.87	30	国家粮食和物资储备局	30.76
8	民政部	57.70	31	中国人民银行	29.37
9	财政部	55.44	32	应急管理部	26.71
10	国家发展和改革委员会	54.56	33	国家文物局	26.43
11	教育部	51.18	34	中央广电总台	24.81
12	生态环境部	49.77	35	国家外汇管理局	24.48
13	国家统计局	49.05	36	国家中医药管理局	24.08
14	自然资源部	44.08	37	文化和旅游部	23.75
15	交通运输部	42.54	38	市场监管总局	22.82
16	海关总署	42.11	39	审计署	22.00
17	国家新闻出版广电总局	40.95	40	水利部	20.87
18	人力资源和社会保障部	40.07	41	国家能源局	20.81
19	国家知识产权局	39.61	42	国家民族事务委员会	16.92
20	国家信访局	37.66	43	国家国防科技工业局	14.35
21	科技部	37.49	44	国家机关事务管理局	13.54
22	国务院国有资产监督管理委员会	36.42	45	国家铁路局	13.48
23	国家体育总局	36.13	46	国家国际发展合作署	11.08

注：未列出无渠道服务的样本，下同。

2. 整体概况

在部委新媒体服务能力指数中,司法部位列第一,国家税务总局、民航局、国家林业和草原局、商务部分列第2—5名。这五个部委在电子政务服务的"两微一端"建设上表现突出。排名靠后的部委在"两微一端"渠道的使用和建设上明显不足,APP渠道的缺失影响了部委政务服务的质量。总体而言,各部委电子服务能力"新媒体"指数的均值为30.84,处于较低水平。

从部委"新媒体"指数的区间分布来看,各部委电子服务"两微一端"建设水平参差不齐,整体水平偏低。其中,司法部、国家税务总局和民航局的"新媒体"服务能力达到较高水平,占比5.36%,指数均值为67.56。国家林业和草原局等15个部委"新媒体"服务能力处于中等水平,占比26.78%,指数均值为50.92。国家知识产权局等28个部委"新媒体"服务能力处于低水平阶段,占比50.00%,指数均值为27.17。住房和城乡建设部等10个部委无"新媒体"渠道服务,占比17.86%。

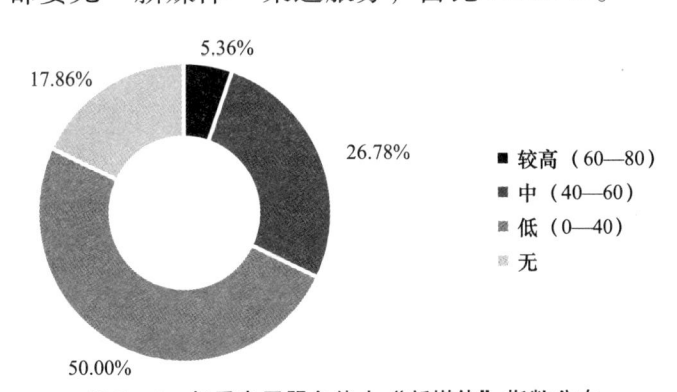

图7-4 部委电子服务能力"新媒体"指数分布

表7-6 部委电子服务能力"新媒体"指数区间分布

较高 (60—80)	中 (40—60)	低 (0—40)		无
司法部	国家林业和草原局	国家知识产权局	中央广电总台	住房和城乡建设部
国家税务总局	商务部	国家信访局	国家外汇管理局	农业农村部

续表

较高 (60—80)	中 (40—60)	低 (0—40)	无
中国民用航空局	外交部	科技部	国家中医药管理局	退役军人部
	中国气象局	国务院国有资产监督管理委员会	文化和旅游部	国家医保局
	民政部	国家体育总局	市场监管总局	国务院参事室
	财政部	国家卫生健康委员会	审计署	国务院港澳事务办公室
	国家发展和改革委员会	公安部	水利部	中国银行保险监督管理委员会
	教育部	工业和信息化部	国家能源局	国家烟草专卖局
	生态环境部	国家药品监督管理局	国家民族事务委员会	国家煤矿安全监察局
	国家统计局	国家邮政局	国家国防科技工业局	国家移民管理局
	自然资源部	中国证券监督管理委员会	国家机关事务管理局	
	交通运输部	国家粮食和物资储备局	国家铁路局	
	海关总署	中国人民银行	国家国际发展合作署	
	国家新闻出版广电总局	应急管理部		
	人力资源和社会保障部	国家文物局		

总的来说，与2018版相比，部委电子政务服务"新媒体"指数总体略有提高，指数低于40的部委数量大幅减少，中等分段（40—60）的部委数量无明显变化，中高分段（大于60）部委数量增加一个。但是2019版中开通"新媒体"服务渠道的部委数量有大幅减少，可能与国务院部委调整有关。

第八章　国务院部委电子服务最佳实践

一　国务院部委电子服务最佳实践说明

随着科技发展，社会公众日益增长的电子政务服务需求供给不足、质量不高的问题逐渐显现，各部委服务供给水平参差不齐，如何缩小部委间差距，保证群众在各个部门的电子政务渠道都能便捷办事，是目前电子政务服务持续发展的迫切需要。本次项目组甄选了部委中若干优秀案例，希望对各部委电子服务建设起到启发性的作用。

这里的最佳实践是根据测评项目组对"两微一端"及部委网站进行测评所得的各项渠道指数进行排名，并选取指数排名最高的部委及其相对应的电子服务渠道作为部委的最佳实践。

本次测评项目组在政务网站、政务微博、政务微信和政务APP四个渠道中各选取一个部委的最佳实践，分别是"中华人民共和国海关总署"（海关总署网站）、教育部（微博）、财政部（微信）和"民航局网站"（民航局APP）。

二　国务院部委政务网站最佳实践

"中华人民共和国海关总署"（海关总署网站）在部委网站服务能力指数中位列第二，在各个服务维度上均有良好表现。信息服务方面，该网站的版块类目清晰，界面简洁；不仅能及时发布海关总署的各项动态和相关政策，还为公众提供海关法规、海关拍卖信息等相关资讯。

图 8-1　中华人民共和国海关总署网站首页

信息服务方面，该网站能够及时发布海关总署重要新闻，面向公众发布疫情信息、口岸公共卫生服务信息等卫生检疫信息以及动植物检验检疫的警示信息和企业名单等实用信息。

图 8-2　中华人民共和国海关总署信息服务页面

事务服务方面，该网站已基本实现了部分事项全程在线办理，针对有特殊要求且必须到实地服务机构办理的事项也提供了清晰的办事指南，以便用户提前准备所需材料，提高办事效率。此外，该网站查询功能齐全，提供通关流转状态、税率查询、个人邮包查询、进出口税则查询等信息查询服务，为公众查询相关信息提供了便利。

图 8-3 海关总署信息查询界面

三 国务院部委政务微博最佳实践

"微言教育"是教育部的官方政务微博，目前拥有七百多万粉丝，在部委中处于较高水平，说明民众对教育的关注度普遍较高，但因为其2012年才开通微博，因此在服务提供能力上得分不是很高。但在微博影响力、信息服务能力、服务创新能力方面都很优秀。"微言教育"因为是教育部的官方微博，发布内容基本都是围绕教育，包括婴幼儿到中老年各个年龄层的教育信息，发布的信息都很实用，并且与粉丝互动很多，这些特点在微博截图（见图8-4）就可以体现出来，此外教育部的很多微博都有较高的转发、评论以及点赞量。"微言教育"在发布信息时经常使用图片、视频等多媒体形式，服务创新能力很强，微博所发布的信息实用性、权威性和时效性都很强，因此其信息服务能力也很优秀。

图 8-4　教育部微博"微言教育"推文

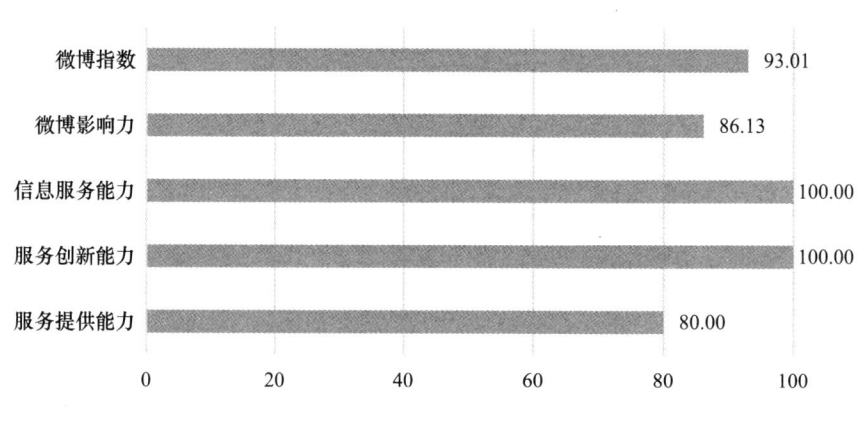

图 8-5　"微言教育"各维度电子服务能力

四 国务院部委政务微信最佳实践

财政部在部委微信服务能力指数中连续两年排名前二，在各个服务维度上均有良好表现。

图8-6 财政部微信日常推送

信息服务方面，每日平均发布7条图文消息，其推送内容覆盖面广，既有国家最新财政政策解读，又有全国各地的财政要闻、政策实践。此外，财政部在受众规模上也表现出色，每日推送都有较大的阅读量和点赞量，并且所有推送内容都属于按照政府信息公开条例产生的第一手资料或其他来源明确的官方资料，且时效性较强。

图 8-7 财政部微信服务界面

事务服务方面，该公众号具有简明清晰的一级快捷菜单栏，分为"考试报名""热点专栏""政务服务"。用户通过"考试报名"入口可以直接跳转中高级会计师考试、注册会计师考试和资产评估师考试的官方网站首页。"热点专栏"汇集了四个方面的内容，分别是学贯十九大精神、全国财政收支情况、会计实施准则和放管服改革专栏，满足了不同群体的热点需求。而"政务服务"入口则提供了办事指南、在线申报、在线查询及下载中心等各类参与服务的网站入口，用户可以通过自助式快捷菜单获取自己需要的相关服务。

五 国务院部委政务 APP 最佳实践

"民航局网站"（民航局）在部委 APP 服务能力指数中排名

第一，在各个服务维度上均有不俗表现。

信息服务方面，该 APP 能在第一时间权威发布民航局的重大新闻，面向公众发布航班信息、政策发布与解读以及民航统计数据等实用信息。事务服务方面，提供飞行标准类、航空器适航审定类、空中交通管理类、机场建设管理类、运输市场管理类以及综合类的办事指南查询，并且根据部委服务属性，专门开设了"出行"版块，提供国内航班查询、电子客票验真、航旅指南、网上值机、航空天气预报以及抵离港信息查询多项在线服务，为公民提供便利。在参与服务方面，开设了公众留言互动窗口，为公民参政议政提供渠道。

图 8-8　民航局 APP 首页及出行查询界面

第九章 问题与反馈

一 测评过程说明

报告整个测评过程流程如图9-1所示。

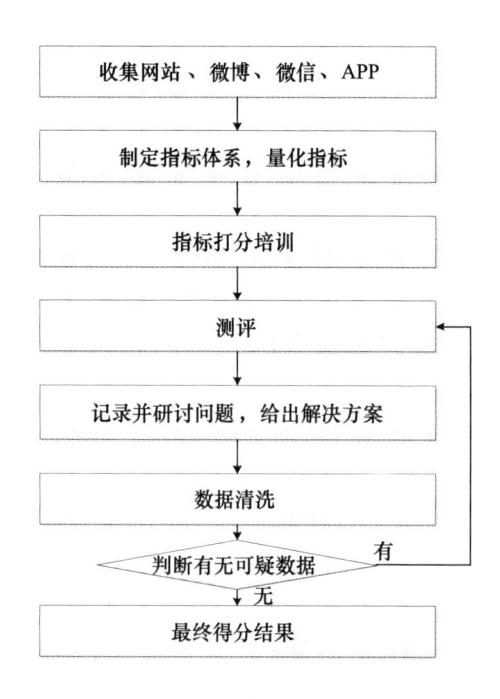

图9-1 测评过程流程

测评过程可概括为:
(1) 数据收集。通过网页、微信、微博检索,确定符合数据采集对象标准的各级政府的官方网站的网址、政务微博和政务微信的 ID、政务 APP 的下载地址。将渠道信息汇总后进行复核，确定各测评对象严格符合制定的标准。

（2）指标体系的建立。通过文献调研、专家访问、小组研讨制定出评价待测评对象的指标体系，并对所有指标进行量化处理。

（3）测评原则贯彻与技巧培训。进行测评前的统一培训，使项目组成员熟练掌握测评原则和标准，最大限度降低个体评价差异。

（4）全面测评。根据记录的各政府的门户网站网址、官方微博账号、官方微信公众号和官方 APP 下载地址，分小组正式开展测评。

（5）记录测评问题。项目组成员记录并反馈在测评过程中遇到的问题，全员共同商讨统一测评标准并制订解决方案。

（6）数据清洗。第一轮全面测评后，依据原测者重测为主、组长重测为辅的原则对可疑数据进行重测，并对测评结果进行抽样重测，对数据进行清洗。

二 特殊情况处理

（1）样本在测评期间开通相应渠道，均需更新相关信息，予以测评。

（2）依据已有给分原则无法判定评分即遇"特殊情况"时，及时告知团队负责人，制定补充新标准统一解决此类问题。

（3）测评数据可疑的样本，原测评人应给予重测，如仍有疑点，数据清洗小组负责核查。

（4）缺乏相应政务渠道或部分政务服务维度，则统一将该项政务服务计为 0 分。

三 局限与不足

1. 评测时间具有先后性

本次测评历时两个月,不同渠道、不同政府测评时间存在先后,即存在时间差,而信息服务能力相关指标敏感度强、精确性高,以至于不同时间节点评测的得分可能有所差异,测评结果受到一定影响。

2. 成员评分尺度具有差异性

由于待测评样本数量庞大,为保证进度,需要团队成员单独针对某一研究对象进行测评,虽然贯彻了测评原则并统一了测评给分尺度,但成员间认知层面不同,给分尺度难以保证完全一致,特别是对部分指标的感性认识。例如政府网站测评,参与服务能力维度的"参与反馈"指标是根据"省长信箱"和"市长信箱"的反馈结果来给分,各成员对反馈结果认知并非完全相同,给分可能存在差异。

3. 参照标准具有局限性

测评过程中对于部分测评指标难以具体化和标准化,我们选定了参照标准作为评分依据,这具有一定的随机性,影响该项指标评比结果。例如政府网站测评,其事务服务能力维度下"公众(个人)办事"指标,约定以"婚姻登记"为例,如果将"婚姻登记"改为"护照办理"时,该项指标评分可能会变动,其随机性影响了最终结果。

4. 测评工具具有差异性

团队使用电脑测评官方网站,使用手机测评官方微博、官方微信公众号和官方APP。而成员所使用的电脑和手机的型号、操作系统未必相同,性能也存在差异。例如政务APP测评,服务提供能力的"稳定可靠"指标,规定根据使用过程中出现的闪退或卡顿等异常情况来打分,部分成员测评出现这种异常情况，可能是使用的手机性能不佳等因素所致，不能完全归咎于政务 APP 渠道服务能力不足。

四　版权说明

版权所有，不可侵犯。如需引用、刊发或转载本报告，请注明出处。不得对本报告进行任何有悖原意的删节和修改。

五　交流反馈

您的意见与反馈将是项目组提高电子政务测评报告质量的重要动力和提升方向，将有助于更好地推进中国电子政务的发展进程。您的意见我们将及时给予反馈，谢谢您的支持与合作！

反馈联系方式：cesai2019@163.com。

附录1 省市政府电子服务能力测评指标

附表1-1　　政务网站服务能力测评指标

一级指标	二级指标	三级指标
政务网站服务能力（权重：0.3784）	1. 信息服务能力（ISC）（权重：0.2059）	1. 有用实用
		2. 来源权威
		3. 时间效度
		4. 易得可得
	2. 事务服务能力（ASC）（权重：0.2549）	1. 公众（个人）办事
		2. 企业（法人）办事
		3. 全程办理率
	3. 参与服务能力（PSC）（权重：0.1765）	1. 参与管理
		2. 参与回应
		3. 参与反馈
	4. 服务提供能力（SDC）（权重：0.2353）	1. 便捷易用
		2. 公平
		3. 稳定可靠
	5. 服务创新能力（SIC）（权重：0.1275）	1. 意见与建议吸纳能力
		2. 分享传播能力

附表1-2　　　　　　　　政务微博服务能力测评指标

一级指标	二级指标	三级指标
政务微博服务能力（权重：0.1351）	1. 信息服务能力（ISC）（权重：0.3418）	1. 有用实用
		2. 来源权威
		3. 时间效度
		4. 易得可得
	2. 微博影响力（WI）（权重：0.2911）	1. 受众规模
		2. 信息规模
		3. 活跃度
		4. 交互性
	3. 服务提供能力（SDC）（权重：0.1646）	1. 发布时长
	4. 服务创新能力（SIC）（权重：0.2025）	1. 采纳能力
		2. 吸收能力

附表1-3　　　　　　　　政务微信服务能力测评指标

一级指标	二级指标	三级指标
政务微信服务能力（权重：0.2162）	1. 信息服务能力（ISC）（权重：0.2252）	1. 有用实用
		2. 来源权威
		3. 时间效度
		4. 易得可得
	2. 事务服务能力（ASC）（权重：0.1622）	1. 效率效果
	3. 参与服务能力（PSC）（权重：0.2072）	1. 参与渠道
	4. 微信影响力（WI）（权重：0.2162）	1. 受众规模
		2. 信息规模
	5. 服务提供能力（SDC）（权重：0.1892）	1. 便捷易用

附表1-4　　　　　　　　政务APP服务能力测评指标

一级指标	二级指标	三级指标
政务APP服务能力（权重：0.2703）	1. 信息服务能力（ISC）（权重：0.2529）	1. 有用实用
		2. 来源权威
		3. 时间效度
		4. 易得可得
	2. 事务服务能力（ASC）（权重：0.2414）	1. 效率效果
	3. 参与服务能力（PSC）（权重：0.2184）	1. 参与管理
		2. 参与回应
		3. 参与反馈
	4. 服务提供能力（SDC）（权重：0.2874）	1. 渠道面
		2. 覆盖面
		3. 易得性
		4. 稳定可靠
		5. 易用性
		6. 使用反馈
		7. 社交性

附录 2　省市政府电子服务能力测评标准

附表 2-1　　　　　　　　　　政务网站测评标准

	信息服务能力
1. 有用实用	(1) 机构职能介绍完整、清晰，有完整的职能简介、负责人、联系方式、地址信息等，得 5 分；缺一项扣 2 分。(2) 环境保护或医疗卫生方面发布的官方报告，题目与内容相吻合、有结论、有数据佐证、有参考价值，得 5 分；缺一项扣 2 分。计算公式：取 (1)(2) 均分
2. 来源权威	在政府网站首页任选 10 条发布的"信息"，统计"信息"来源于"官方第一手资料"或者"标明转载出处"的信息数目 n（多个栏目，随机抽取样本）。计算公式 n/2
3. 时间效度	选择政府网站主页"今日要闻""热点动态""要闻动态"等能代表新闻类栏目。打分方法：信息发布的最新日期为当天或昨天的得 5 分，最新日期为前天的得 4 分，依次，3 天为 3 分，4—7 天为 2 分，7—14 天为 1 分，14 天及以上均为 0 分。只计算工作日时间
4. 易得可得	在政府网站首页任选 10 条发布的信息，统计可以正确打开，并看到完整内容的链接数目 n。计算公式 n/2
	事务服务能力
1. 公众（个人）办事	在政府网站"公众办事""便民服务"（或类似栏目）选择一个办事项目，有清晰办事流程说明、能完成整个服务全程办理。具体测评：以"不动产登记"为例，若办事指南、信息录入、预约、支付、查询均可线上完成，得 5 分；实现一项，得 1 分。需要注册的步骤可视为实现

续表

2. 企业（法人）办事	在政府网站"企业办事"（或类似栏目）选择一个办事项目，有清晰办事流程说明、能完成整个服务的全程办理。具体测评：以"企业或者公司设立登记"办理为例，若办事指南、预约、申请、支付、查询均可线上完成，得5分；少一项，扣1分
3. 全程办理率	在政府网站"公众办事""法人办事"（或类似栏目）任选10个办事项目，统计能完成全程办理的服务的数量。说明：引导至登录、注册界面，可视为可全程办理，有特殊要求必须到现场办理、又提供清晰"办事指南"的视为可全程办理。计算公式 n/2
参与服务能力	
1. 参与管理	通过"省长信箱""市长信箱"进行咨询，有（1）省长、市长职责介绍、（2）写信须知（注意事项）、（3）注册协议、（4）写信界面、（5）查询或公开等功能。以上功能实现一项得1分，功能合并的按总分计算
2. 参与回应	对上题中的信箱进行咨询，24小时内收到回复的得5分，24—48小时内回复的得4分，48—72小时内回复的得3分，72—96小时内回复的得2分，96—168小时回复的得1分，超过168个小时（7天）仍未得到回复的得0分。只计算工作日时间
3. 参与反馈	对上例反馈结果进行分析，给予正面、充分回应的得5分，推至其他职能部门或人的得1分，未收到回应的得0分；基于正面回应的程度判定得3分或4分
服务提供能力	
1. 便捷易用	政府网站（1）有明确的导航条或导航栏；（2）按用户类型对服务事项进行了划分，比如分为个人与法人，公众与企业；（3）二级类目按事项类型进行归类，比如"个人服务"中按教育、就业、社保等进行了分类整理，"法人服务"按资质认定、经营纳税等进行了分类整理。以上功能实现一项得1分，实现两项得3分，实现3项得5分
2. 公平	政府网站功能上支持（1）多种语言，如繁体、英文、日文等；（2）辅助老人、盲人使用，支持语音、读屏功能；（3）对硬软件性能无特别要求（主要考虑低收入人群的使用）；（4）帮助功能简单易用、流程清楚。以上功能只实现一项得2分，每多一项加1分
3. 稳定可靠	访问政府网站的时候（1）网址3次访问均能打开；（2）首页各类内容、元素均能正常显示；（3）相应2级页面3次测试均能打开；（4）外部链接3次测试均能打开；（5）多语言版本、搜索功能等辅助功能均能使用。以上功能实现一项得1分

续表

服务创新能力	
1. 意见与建议吸纳能力	政府网站有（1）联系我们、（2）网站纠错、（3）网站评价等类似功能，测试并给出回应。测试周期为1周，给予正面、充分回应的得5分，未收到回应的得0分；基于正面回应的程度判定得2—4分（统一设计咨询内容）
2. 分享传播能力	是否有分享到社交平台功能？在首页从不同栏目中随机打开5条信息，统计具备分享到社交平台功能的信息数目。无此功能0分

附表 2-2　　　　　　　　　　政务微博测评标准

服务提供能力	
发布时长	是否有政务微博？如无，0分；如有，2015年开通得1分；2014年开通得2分；2013年开通得3分，2012年开通得4分，2011年及更早得5分
微博影响力	
1. 受众规模	政务微博粉丝数排名（前10%得5分；排名前20%得4分；排名前30%得3分；排名前50%得2分；其余得1分）
2. 信息规模	政务微博日均微博数（排名前10%得5分；排名前20%得4分；排名前30%得3分；排名前50%得2分；其余得1分）
3. 活跃度	政务微博原创微博率（排名前10%得5分；排名前20%得4分；排名前30%得3分；排名前50%得2分；其余得1分）
4. 交互性	人均点赞数通过排名给予得分、转发数通过排名给予得分、评论排名给予得分的均值
信息服务能力	
1. 实用	选择近10条微博，统计其中转/赞/评均不为0的微博数与非"鸡汤"类、感叹类的微博数n，计算公式 n/4
2. 权威	选择近10条事实类（"鸡汤"类、常识类除外）微博，统计有信息来源（来源可能出现在文字或图片中，方式有：@某账号、正文标明来源、图片标明来源等）的微博数（原创微博可认为是权威的），计算公式 n/2

续表

3. 时效	进入官方微博主页,选择"全部"微博,查看最近一条微博日期,计算与最近工作日的差额天数。计算方法:如果差额为0得分为5,差额为1得分为4,差额为2(48—72小时)得分为3,差额为3—4得分为2,差额5天以上得分为1。只计算工作日时间
4. 易得	进入官方微博主页,任意点击10个超链接,统计可以正确打开并看到完整内容的链接数目n。计算公式n/2
创新能力	
1. 采纳能力	微博内容包括图片、视频、音乐、链接等元素(在高级搜索中进行勾选即可查看),计分方法:有一个得1分,4个得5分
2. 吸收能力	进入主页,搜索"微信",查看政务微信的推广或功能介绍(不局限于微博高级搜索,有微信推广内容就得分)。计分方法:若没有,得0分;若有对政府官方微信的推广或功能介绍,加3分;有职能部门(如公安、交警、医疗等)微信的推广或功能介绍,加2分

附表2-3　　　　　　　　政务微信测评标准

信息服务能力	
1. 有用实用	政务微信推送的信息中有企业、公众所需的、密切关注的内容吗?有,5分;无,0分
2. 权威准确	计算——政务微信推送的信息内容都属于按照政府信息公开条例产生的第一手资料或其他来源明确的官方资料吗?选10条推送信息,统计有明确权威来源的推文数目。计算公式n/2
3. 时效	政务微信推送的信息都是在信息有效期内第一时间向社会发布的吗?查看政务微信历史消息,信息发布的最新日期为当天的得5分,最新日期为昨日(2天)的得4分,依次3天为3分,4—5天为2分,6—14天为1分,14天及以上为0分。只计算工作日时间
4. 易得可得	通过政务微信查询相关信息的成功率高吗?测试所有快捷菜单(包括子菜单),是否可以正确打开并有相应内容(如无菜单,则任选10条历史信息,是否可以正确打开并看到完整内容)?统计无效的菜单或者链接数目,1条0.5分,10条以上0分。后采用计算公式(10-n)/2

	事务服务能力
效率与效果	使用政务微信是否可以快速找到事务服务入口？是否有清晰的办事流程？是否可以全程网上办理？是否可以获知事务处理进度？（1）通过自动回复提示可以进入服务入口得1分或通过快捷菜单可以进入服务入口得1分；（2）有清晰的办事流程说明得1分；（3）可以全程网上办理得2分；（4）可以获知事务处理进度得1分。计算总得分，功能合并的按总分计算（尽量测试全部事务服务内容，有一项服务符合以上事项即可得分）
	参与服务能力
参与服务渠道	（1）有无市长信箱；（2）有无意见征集；（3）有无网上调查；（4）有无互动留言；（5）有无12345热线；（6）有无其他（如有，注明该栏目名称）。满分6分，进行5分制转化
	服务提供能力
便捷易用	（1）有快捷菜单；（2）快捷菜单有二级菜单；（3）有有用的自动回复（有助于指导用户完成相关事项）；（4）有人工回复。以上功能实现一项计1分，实现两项计2分，实现三项计3分，实现三项以上计5分
	微信影响力
1. 受众规模	分别统计政务微信历史消息中第三期推送第一、二、三条推文的点赞量与阅读数之和，分别根据排名给出得分X与Y（排名前10%得5分；排名前20%得4分；排名前30%得3分；排名前50%得2分；其余得1分），取平均（可顺延）（X+Y）/2
2. 信息规模	政务微信最近3期的推文总数，根据得分给予排名（排名前10%得5分；排名前20%得4分；排名前30%得3分；排名前50%得2分；其余得1分）

附表2-4　　　　　　　　　**政务APP测评标准**

	服务提供能力
1. 渠道面	是否有APP？如无，得0分，本项调查结束；有，但只有Android或iOS版中的一种，得2分；有，且Android和iOS版都有，得5分
2. 覆盖面	纯信息服务，得1分；除信息服务外，有政府官方网站上部分事务服务、参与服务功能，但不全，得2—4分；与政府官方网站功能基本一致，可提供信息服务、事务服务、参与服务等，得5分

续表

3. 易得性	是否容易下载到？官网首页有下载提示（链接、二维码均可）且可正常下载，得3分；可在主流电子市场（Android：应用宝、360手机助手、小米、华为、百度手机助手、91、豌豆荚、安智、历趣、沃商店；iOS：APP store）任一个下载到，加2分，满分5分
4. 稳定可靠	判断是否可以正常使用。满分5分。无法打开，得0分；出现闪退或卡顿2次及以上，扣2分；无法打开部分栏目、内容，或点击按钮等操作无响应，根据严重情况，扣1—2分；屏幕分辨率适配度，如显示严重异常，扣1分
5. 易用性	是否可以方便地找到并浏览信息？界面符合用户对APP的使用习惯，无学习门槛，加1分；有搜索功能，加1分；有收藏功能，加1分；有字体大小自适应调节功能，加1分；有四项可满分5分
6. 使用反馈	有无对APP使用意见反馈功能：5/0
7. 社交性	是否有分享到社交平台功能？如有分享本APP到社交平台功能，加2分；如有分享信息、资讯到社交平台功能加3分
信息服务能力	
1. 有用实用	机构职能介绍完整、清晰：有完整的职能简介、负责人、联系方式、地址信息，得5分；缺1项扣2分；无此项目0分
2. 权威度	政府官方APP发布的信息内容都属于第一手资料或其他来源明确的官方资料。在政府官方APP首页任选10条发布的信息，统计信息来源于"官方第一手资料"或者"标明转载出处"的信息数目n。计算公式n/2
3. 时效	信息都是在信息有效期内第一时间向社会发布吗？选择政府官方APP主页"今日要闻""热点动态""要闻动态"等能代表"工作日"当天信息的栏目。计算方法：如果有当天发布的信息的得5分，2天4分，3天3分，4天为2分，5天及以上为1分。只计算工作日时间
4. 可得	政府官方APP任选10条发布的信息，统计可以正确打开，并看到完整内容的链接数目n。计算公式n/2
事务服务能力	
效率效果	政府官方APP"公众办事"（选择"不动产登记"类似事项）、"法人办事"（选择"企业或者公司设立登记"或类似事项），有清晰办事流程说明、能全程网上办理为测评标准。（1）如有办事指南信息，得2分。（2）如有任一项目可以实现全流程在线办理，得5分。如无此项服务能力，得0分

续表

参与服务能力	
1. 参与的管理	通过"省长信箱""市长信箱""政府热线""12345"等进行咨询，有（1）职责介绍、（2）写信须知（注意事项）、（3）注册协议、（4）写信界面、（5）查询或公开等功能。以上功能实现一项得 1 分，功能合并的按总分计算。如无此项服务能力，本主题下各指标均得 0 分
2. 参与的响应	通过"省长信箱""市长信箱"进行咨询，24 小时内回复的得 5 分，24—48 小时内回复的得 4 分，48—72 小时内回复的得 3 分，72—96 小时回复的得 2 分，96—168 小时回复的得 1 分，超过 168 个小时仍未得到回复的得 0 分。只计算工作日时间
3. 参与的反馈	对上例反馈结果进行分析，给予正面、充分回应的得 5 分，推至其他职能部门或人的得 1 分，未收到回应的得 0 分；基于正面回应的程度判定得 2—4 分

附录3 省市政府电子服务能力样本来源

附表3-1　　　　　　　　省（区、市）政务网站来源

省级	采集数据源（网址）	省级	采集数据源（网址）
北京市	http://www.beijing.gov.cn/	辽宁省	http://www.ln.gov.cn/
天津市	http://www.tj.gov.cn/	四川省	http://www.sc.gov.cn/
上海市	http://www.shanghai.gov.cn/	云南省	http://www.yn.gov.cn/
重庆市	http://www.cq.gov.cn/	青海省	http://www.qh.gov.cn/
广东省	http://www.gd.gov.cn/	山东省	http://www.shandong.gov.cn/
甘肃省	http://www.gansu.gov.cn/	山西省	http://www.shanxi.gov.cn/
贵州省	http://www.gzgov.gov.cn/	陕西省	http://www.shaanxi.gov.cn/
海南省	http://www.hainan.gov.cn/	福建省	http://www.fujian.gov.cn/
河北省	http://www.hebei.gov.cn/	浙江省	http://www.zj.gov.cn/
河南省	http://www.henan.gov.cn/	安徽省	http://www.ah.gov.cn/
黑龙江省	http://www.hlj.gov.cn/	内蒙古自治区	http://www.nmg.gov.cn/
湖北省	http://www.hubei.gov.cn/	新疆维吾尔自治区	http://www.xj.gov.cn
湖南省	http://www.hunan.gov.cn/		http://www.xinjiang.gov.cn
吉林省	http://www.jl.gov.cn/	宁夏回族自治区	http://www.nx.gov.cn/
江苏省	http://www.jiangsu.gov.cn/	广西壮族自治区	http://www.gxzf.gov.cn/
江西省	http://www.jiangxi.gov.cn/	西藏自治区	http://www.xizang.gov.cn/

附表3-2　　　　　　　　　　地市政务网站来源

地级市	采集数据源（网址）	地级市	采集数据源（网址）
河北省石家庄市	http://www.sjz.gov.cn/	湖北省随州市	http://www.suizhou.gov.cn/
河北省张家口市	http://www.zjk.gov.cn/	湖北省荆门市	http://www.jingmen.gov.cn/
河北省承德市	http://www.chengde.gov.cn/	湖北省孝感市	http://www.xiaogan.gov.cn/
河北省唐山市	http://www.tangshan.gov.cn/	湖北省宜昌市	http://www.yichang.gov.cn/
河北省秦皇岛市	http://www.qhd.gov.cn/	湖北省黄冈市	http://www.hg.gov.cn/
河北省廊坊市	http://www.lf.gov.cn/	湖北省鄂州市	http://www.ezhou.gov.cn/
河北省保定市	http://www.bd.gov.cn/	湖北省荆州市	http://www.jingzhou.gov.cn/
河北省沧州市	http://www.cangzhou.gov.cn/	湖北省黄石市	http://www.huangshi.gov.cn/
河北省衡水市	http://www.hengshui.gov.cn/	湖北省咸宁市	http://www.xianning.gov.cn/
河北省邢台市	http://www.xingtai.gov.cn/	湖北省恩施	http://www.enshi.gov.cn/
河北省邯郸市	http://www.hd.gov.cn/	湖南省长沙市	http://www.changsha.gov.cn/
山西省太原市	http://www.taiyuan.gov.cn/	湖南省岳阳市	http://www.yueyang.gov.cn/
山西省大同市	http://www.sxdt.gov.cn/	湖南省张家界市	http://www.zjj.gov.cn/
山西省朔州市	http://www.shuozhou.gov.cn/	湖南省常德市	http://www.changde.gov.cn/
山西省忻州市	http://www.sxxz.gov.cn/	湖南省益阳市	http://www.yiyang.gov.cn/
山西省阳泉市	http://www.yq.gov.cn/	湖南省湘潭市	http://www.xiangtan.gov.cn/

续表

地级市	采集数据源（网址）	地级市	采集数据源（网址）
山西省晋中市	http：//www.sxjz.gov.cn/	湖南省株洲市	http：//www.zhuzhou.gov.cn/
山西省吕梁市	http：//www.lvliang.gov.cn/	湖南省娄底市	http：//www.hnloudi.gov.cn/
山西省长治市	http：//www.changzhi.gov.cn/	湖南省怀化市	http：//www.huaihua.gov.cn/
山西省临汾市	http：//www.linfen.gov.cn/	湖南省邵阳市	http：//www.shaoyang.gov.cn/
山西省晋城市	http：//www.jconline.cn/	湖南省衡阳市	http：//www.hengyang.gov.cn/
山西省运城市	http：//www.yuncheng.gov.cn/	湖南省永州市	http：//www.yzcity.gov.cn/
内蒙古自治区呼和浩特市	http：//www.huhhot.gov.cn/	湖南省郴州市	http：//www.czs.gov.cn/
内蒙古自治区呼伦贝尔市	http：//www.hlbe.gov.cn/	湖南省湘西	http：//www.xxz.gov.cn/
内蒙古自治区通辽市	http：//www.tongliao.gov.cn/	广东省广州市	http：//www.gz.gov.cn/
内蒙古自治区赤峰市	http：//www.chifeng.gov.cn/	广东省韶关市	http：//www.sg.gov.cn/
内蒙古自治区巴彦淖尔市	http：//www.bynr.gov.cn/	广东省梅州市	http：//www.meizhou.gov.cn/
内蒙古自治区乌兰察布市	http：//www.wulanchabu.gov.cn/	广东省河源市	http：//www.heyuan.gov.cn/web/
内蒙古自治区包头市	http：//www.baotou.gov.cn/	广东省清远市	http：//www.gdqy.gov.cn/
内蒙古自治区鄂尔多斯市	http：//www.ordos.gov.cn/	广东省潮州市	http：//wscz.chaozhou.gov.cn/

续表

地级市	采集数据源（网址）	地级市	采集数据源（网址）
内蒙古自治区乌海市	http：//www.wuhai.gov.cn/	广东省揭阳市	http：//www.jieyang.gd.cn/
内蒙古自治区兴安盟	http：//www.xam.gov.cn/	广东省汕头市	http：//www.shantou.gov.cn/
内蒙古自治区锡林郭勒盟	http：//www.xlgl.gov.cn/	广东省肇庆市	http：//www.zhaoqing.gov.cn/
内蒙古自治区阿拉善盟	http：//new.als.gov.cn/	广东省惠州市	http：//www.huizhou.gov.cn/
黑龙江省哈尔滨	http：//www.harbin.gov.cn/	广东省佛山市	http：//www.foshan.gov.cn/
黑龙江省黑河市	http：//www.heihe.gov.cn/	广东省东莞市	http：//www.dg.gov.cn/
黑龙江省伊春市	http：//www.yc.gov.cn/	广东省云浮市	http：//www.yunfu.gov.cn/
黑龙江省齐齐哈尔市	http：//www.qqhr.gov.cn/	广东省汕尾市	http：//www.shanwei.gov.cn/
黑龙江省鹤岗市	http：//www.hegang.gov.cn/	广东省江门市	http：//www.jiangmen.gov.cn/
黑龙江省佳木斯市	http：//www.jms.gov.cn/	广东省中山市	http：//www.zs.gov.cn
黑龙江省双鸭山市	http：//www.shuangyashan.gov.cn/	广东省深圳市	http：//www.sz.gov.cn/cn/
黑龙江省绥化市	http：//www.suihua.gov.cn/	广东省珠海市	http：//www.zhuhai.gov.cn/
黑龙江省大庆市	http：//www.daqing.gov.cn/	广东省阳江市	http：//www.yangjiang.gov.cn/
黑龙江省七台河市	http：//www.qth.gov.cn/	广东省茂名市	http：//www.maoming.gov.cn/
黑龙江省鸡西市	http：//www.jixi.gov.cn/	广东省湛江市	http：//www.zhanjiang.gov.cn/

续表

地级市	采集数据源（网址）	地级市	采集数据源（网址）
黑龙江省牡丹江市	http://www.mdj.gov.cn/	广西壮族自治区南宁市	http://www.nanning.gov.cn/
黑龙江省大兴安岭市	http://www.dxal.gov.cn/	广西壮族自治区桂林市	http://www.guilin.gov.cn/
辽宁省沈阳市	http://www.shenyang.gov.cn/	广西壮族自治区河池市	http://www.gxhc.gov.cn/
辽宁省铁岭市	http://www.tieling.gov.cn/	广西壮族自治区贺州市	http://www.gxhz.gov.cn/
辽宁省阜新市	http://www.fuxin.gov.cn/	广西壮族自治区柳州市	http://www.liuzhou.gov.cn/
辽宁省抚顺市	http://www.fushun.gov.cn/	广西壮族自治区百色市	http://www.baise.gov.cn/
辽宁省朝阳市	http://www.zgcy.gov.cn/	广西壮族自治区来宾市	http://www.laibin.gov.cn/
辽宁省本溪市	http://www.benxi.gov.cn/	广西壮族自治区梧州市	http://www.wuzhou.gov.cn/
辽宁省辽阳市	http://www.liaoyang.gov.cn/	广西壮族自治区贵港市	http://www.gxgg.gov.cn/
辽宁省鞍山市	http://www.anshan.gov.cn/	广西壮族自治区玉林市	http://www.yulin.gov.cn/
辽宁省盘锦市	http://www.panjin.gov.cn	广西壮族自治区崇左市	http://www.chongzuo.gov.cn/
辽宁省锦州市	http://www.jz.gov.cn/	广西壮族自治区钦州市	http://www.qinzhou.gov.cn/
辽宁省葫芦岛市	http://www.hld.gov.cn/	广西壮族自治区防城港市	http://www.fcgs.gov.cn/
辽宁省营口市	http://www.yingkou.gov.cn/	广西壮族自治区北海市	http://www.beihai.gov.cn/
辽宁省丹东市	http://www.dandong.gov.cn/	海南省海口市	http://www.haikou.gov.cn/
辽宁省大连市	http://www.dl.gov.cn/gov/	海南省三亚市	http://www.sanya.gov.cn/

续表

地级市	采集数据源（网址）	地级市	采集数据源（网址）
吉林省长春市	http：//www.changchun.gov.cn/	海南省儋州市	http：//www.danzhou.gov.cn/
吉林省白城市	http：//www.jlbc.gov.cn/	海南省三沙市	http：//www.sansha.gov.cn/
吉林省松原市	http：//www.jlsy.gov.cn/	四川省成都市	http：//www.chengdu.gov.cn/
吉林省吉林市	http：//www.jlcity.gov.cn/	四川省广元市	http：//www.cngy.gov.cn/
吉林省四平市	http：//www.siping.gov.cn/	四川省巴中市	http：//www.cnbz.gov.cn/
吉林省辽源市	http：//www.liaoyuan.gov.cn/	四川省绵阳市	http：//www.my.gov.cn/
吉林省白山市	http：//www.cbs.gov.cn/	四川省德阳市	http：//www.deyang.gov.cn/
吉林省通化市	http：//www.tonghua.gov.cn/	四川省达州市	http：//www.dazhou.gov.cn/
吉林省延边州	http：//www.yanbian.gov.cn/	四川省南充市	http：//www.nanchong.gov.cn/
江苏省南京市	http：//www.nanjing.gov.cn/	四川省遂宁市	http：//www.scsn.gov.cn/
江苏省连云港市	http：//www.lyg.gov.cn/	四川省广安市	http：//www.guang-an.gov.cn/
江苏省徐州市	http：//www.xz.gov.cn/	四川省资阳市	http：//www.ziyang.gov.cn/
江苏省宿迁市	http：//www.suqian.gov.cn/	四川省眉山市	http：//www.ms.gov.cn/
江苏省淮安市	http：//www.huaian.gov.cn/	四川省雅安市	http：//www.yaan.gov.cn/
江苏省盐城市	http：//www.yancheng.gov.cn/	四川省内江市	http：//www.neijiang.gov.cn/
江苏省泰州市	http：//www.taizhou.gov.cn/	四川省乐山市	http：//www.leshan.gov.cn/

续表

地级市	采集数据源（网址）	地级市	采集数据源（网址）
江苏省扬州市	http：//www.yangzhou.gov.cn/	四川省自贡市	http：//www.zg.gov.cn/
江苏省镇江市	http：//www.zhenjiang.gov.cn/	四川省泸州市	http：//www.luzhou.gov.cn/
江苏省南通市	http：//www.nantong.gov.cn/	四川省宜宾市	http：//www.yb.gov.cn/
江苏省常州市	http：//www.changzhou.gov.cn/	四川省攀枝花市	http：//panzhihua.gov.cn/
江苏省无锡市	http：//www.wuxi.gov.cn/	四川省阿坝自治州	http：//www.abazhou.gov.cn/
江苏省苏州市	http：//www.suzhou.gov.cn/	四川省甘孜自治州	http：//www.gzz.gov.cn/
浙江省杭州市	http：//www.hangzhou.gov.cn/	四川省凉山自治州	http：//www.lsz.gov.cn/
浙江省湖州市	http：//huz.zj.gov.cn/	贵州省贵阳市	http：//www.gygov.gov.cn/
浙江省嘉兴市	http：//www.jiaxing.gov.cn/	贵州省遵义市	http：//www.zunyi.gov.cn/
浙江省绍兴市	http：//www.sx.gov.cn/	贵州省六盘水市	http：//www.gzlps.gov.cn/
浙江省舟山市	http：//www.zhoushan.gov.cn/	贵州省安顺市	http：//www.anshun.gov.cn/
浙江省宁波市	http：//www.ningbo.gov.cn/	贵州省铜仁市	http：//www.trs.gov.cn/
浙江省金华市	http：//www.jinhua.gov.cn/	贵州省毕节市	http：//www.bijie.gov.cn/
浙江省衢州市	http：//www.qz.gov.cn/	贵州省黔西南	http：//www.qxn.gov.cn/
浙江省台州市	http：//www.zjtz.gov.cn/	贵州省黔东南	http：//www.qdn.gov.cn/
浙江省丽水市	http：//www.lishui.gov.cn/	贵州省黔南	http：//www.qiannan.gov.cn/

续表

地级市	采集数据源（网址）	地级市	采集数据源（网址）
浙江省温州市	http：//wz.zj.gov.cn/	云南省昆明市	http：//www.km.gov.cn/
安徽省合肥市	http：//www.hefei.gov.cn/	云南省昭通市	http：//www.zt.gov.cn/
安徽省淮北市	http：//www.huaibei.gov.cn/	云南省丽江市	http：//www.lijiang.gov.cn/
安徽省亳州市	http：//www.bozhou.gov.cn/	云南省曲靖市	http：//www.qj.gov.cn/
安徽省宿州市	http：//www.ahsz.gov.cn/	云南省保山市	http：//www.baoshan.gov.cn/
安徽省蚌埠市	http：//www.bengbu.gov.cn/	云南省玉溪市	http：//www.yuxi.gov.cn/
安徽省阜阳市	http：//www.fy.gov.cn/	云南省临沧市	http：//www.lincang.gov.cn/
安徽省淮南市	http：//www.huainan.gov.cn/	云南省普洱市	http：//www.puershi.gov.cn/
安徽省滁州市	http：//www.chuzhou.gov.cn/	云南省楚雄	http：//www.cxz.gov.cn/
安徽省六安市	http：//www.luan.gov.cn/	云南省红河	http：//www.hh.gov.cn/
安徽省马鞍山市	http：//www.mas.gov.cn/	云南省文山	http：//www.ynws.gov.cn/
安徽省芜湖市	http：//www.wuhu.gov.cn/	云南省西双版纳	http：//www.xsbn.gov.cn/
安徽省宣城市	http：//www.xuancheng.gov.cn/	云南省大理	http：//www.dali.gov.cn
安徽省铜陵市	http：//www.tl.gov.cn/	云南省德宏	http：//www.dh.gov.cn
安徽省池州市	http：//www.chizhou.gov.cn/	云南省怒江	http：//www.nj.yn.gov.cn
安徽省安庆市	http：//www.anqing.gov.cn/	云南省迪庆	http：//www.diqing.gov.cn/

续表

地级市	采集数据源（网址）	地级市	采集数据源（网址）
安徽省黄山市	http://www.huangshan.gov.cn/	西藏自治区拉萨市	http://www.lasa.gov.cn/
福建省福州市	http://www.fuzhou.gov.cn/	西藏自治区昌都市	http://www.changdu.gov.cn/
福建省宁德市	http://www.ningde.gov.cn/	西藏自治区日喀则市	http://www.rkzw.cn/
福建省南平市	http://www.np.gov.cn/	西藏自治区林芝市	http://www.linzhi.gov.cn/
福建省三明市	http://www.sm.gov.cn/	西藏自治区山南市	http://www.xzsnw.com/
福建省莆田市	http://www.putian.gov.cn/	西藏自治区那曲地区	http://www.xznq.gov.cn
福建省龙岩市	http://www.longyan.gov.cn/	西藏自治区阿里地区	http://www.xzali.gov.cn/
福建省泉州市	http://www.fjqz.gov.cn/	陕西省西安市	http://www.xa.gov.cn/
福建省漳州市	http://www.zhangzhou.gov.cn/	陕西省榆林市	http://www.yl.gov.cn/
福建省厦门市	http://www.xm.gov.cn/	陕西省延安市	http://www.yanan.gov.cn/
江西省南昌市	http://www.nc.gov.cn/	陕西省铜川市	http://www.tongchuan.gov.cn/
江西省九江市	http://www.jiujiang.gov.cn/	陕西省渭南市	http://www.weinan.gov.cn/
江西省景德镇市	http://www.jdz.gov.cn/	陕西省宝鸡市	http://www.baoji.gov.cn/
江西省上饶市	http://www.zgsr.gov.cn/	陕西省咸阳市	http://www.xianyang.gov.cn/
江西省鹰潭市	http://www.yingtan.gov.cn/	陕西省商洛市	http://www.shangluo.gov.cn/
江西省抚州市	http://www.jxfz.gov.cn/	陕西省汉中市	http://www.hanzhong.gov.cn/

续表

地级市	采集数据源（网址）	地级市	采集数据源（网址）
江西省新余市	http://www.xinyu.gov.cn/	陕西省安康市	http://www.ak.gov.cn/
江西省宜春市	http://www.yichun.gov.cn/	甘肃省兰州市	http://www.lanzhou.gov.cn/
江西省萍乡市	http://www.pingxiang.gov.cn/	甘肃省嘉峪关市	http://www.jyg.gansu.gov.cn
江西省吉安市	http://www.jian.gov.cn/	甘肃省酒泉市	http://www.jiuquan.gov.cn/
江西省赣州市	http://www.ganzhou.gov.cn/	甘肃省张掖市	http://www.zhangye.gov.cn
山东省济南市	http://www.jinan.gov.cn/	甘肃省金昌市	http://www.jc.gansu.gov.cn/
山东省德州市	http://www.dezhou.gov.cn/	甘肃省武威市	http://www.ww.gansu.gov.cn/
山东省滨州市	http://www.binzhou.gov.cn/	甘肃省白银市	http://www.baiyin.gov.cn/
山东省东营市	http://www.dongying.gov.cn/	甘肃省庆阳市	http://www.zgqingyang.gov.cn/
山东省烟台市	http://www.yantai.gov.cn/	甘肃省平凉市	http://www.pingliang.gov.cn/
山东省威海市	http://www.weihai.gov.cn/	甘肃省定西市	http://www.dingxi.gov.cn/
山东省淄博市	http://www.zibo.gov.cn/	甘肃省天水市	http://www.tianshui.gov.cn/
山东省潍坊市	http://www.weifang.gov.cn/	甘肃省陇南市	http://www.longnan.gov.cn/
山东省聊城市	http://www.liaocheng.gov.cn/	甘肃省临夏	http://www.linxia.gov.cn/
山东省泰安市	http://www.taian.gov.cn/	甘肃省甘南	http://www.gn.gansu.gov.cn/
山东省莱芜市	http://www.laiwu.gov.cn/	青海省西宁市	http://www.xining.gov.cn/

续表

地级市	采集数据源（网址）	地级市	采集数据源（网址）
山东省青岛市	http：//www.qingdao.gov.cn/	青海省海东市	http：//www.haidong.gov.cn/
山东省日照市	http：//www.rizhao.gov.cn/	青海省海北	http：//www.qhhb.gov.cn/
山东省济宁市	http：//www.jining.gov.cn/	青海省黄南	http：//www.huangnan.gov.cn/
山东省菏泽市	http：//www.heze.gov.cn/	青海省海南	http：//www.qhhn.gov.cn/
山东省临沂市	http：//www.linyi.gov.cn/	青海省果洛	http：//www.guoluo.gov.cn/
山东省枣庄市	http：//www.zaozhuang.gov.cn/	青海省玉树	http：//www.qhys.gov.cn/
河南省郑州市	http：//www.zhengzhou.gov.cn/	青海省海西	http：//www.haixi.gov.cn/
河南省安阳市	http：//www.anyang.gov.cn/	宁夏回族自治区银川市	http：//www.yinchuan.gov.cn/
河南省鹤壁市	http：//www.hebi.gov.cn/	宁夏回族自治区石嘴山市	http：//www.nxszs.gov.cn/
河南省濮阳市	http：//www.puyang.gov.cn/	宁夏回族自治区吴忠市	http：//www.wuzhong.gov.cn/
河南省新乡市	http：//www.xinxiang.gov.cn/	宁夏回族自治区中卫市	http：//www.nxzw.gov.cn/
河南省焦作市	http：//www.jiaozuo.gov.cn/	宁夏回族自治区固原市	http：//www.nxgy.gov.cn/
河南省三门峡市	http：//www.smx.gov.cn/	新疆维吾尔自治区乌鲁木齐市	http：//www.urumqi.gov.cn/
河南省开封市	http：//www.kaifeng.gov.cn/	新疆维吾尔自治区克拉玛依市	http：//www.klmyq.gov.cn/
河南省洛阳市	http：//www.ly.gov.cn/	新疆维吾尔自治区吐鲁番市	http：//www.tlf.gov.cn/

续表

地级市	采集数据源（网址）	地级市	采集数据源（网址）
河南省商丘市	http：//www.shangqiu.gov.cn/	新疆维吾尔自治区哈密市	http：//www.hami.gov.cn/
河南省许昌市	http：//www.xuchang.gov.cn/	新疆维吾尔自治区昌吉州	http：//www.cj.gov.cn/
河南省平顶山市	http：//www.pds.gov.cn/	新疆维吾尔自治区博尔塔拉州	http：//www.xjboz.gov.cn/
河南省周口市	http：//www.hazhoukou.gov.cn/	新疆维吾尔自治区巴音郭楞州	http：//www.xjbz.gov.cn/
河南省漯河市	http：//www.luohe.gov.cn/	新疆维吾尔自治区阿克苏地区	http：//www.aksu.gov.cn/
河南省南阳市	http：//www.nanyang.gov.cn/	新疆维吾尔自治区克孜勒苏州	http：//www.xjkz.gov.cn/
河南省驻马店市	http：//www.zhumadian.gov.cn/	新疆维吾尔自治区喀什地区	http：//www.xjks.gov.cn/
河南省信阳市	http：//www.xinyang.gov.cn/	新疆维吾尔自治区和田地区	http：//www.hts.gov.cn/
湖北省武汉市	http：//www.wuhan.gov.cn/	新疆维吾尔自治区伊犁州	http：//www.xjyl.gov.cn/
湖北省十堰市	http：//www.shiyan.gov.cn/	新疆维吾尔自治区塔城地区	http：//www.xjtc.gov.cn/
湖北省襄樊市	http：//www.xf.gov.cn/	新疆维吾尔自治区阿勒泰地区	http：//www.xjalt.gov.cn/

附表3-3　　　　　　　　省（区、市）政务微博来源

省级	采集数据源（名称）	省级	采集数据源（名称）
北京市	北京发布	辽宁省	辽宁发布
天津市	天津发布	四川省	四川发布
上海市	上海发布	云南省	微博云南
重庆市	重庆微发布	青海省	青海政务
广东省	广东省人民政府门户网站	山东省	山东发布
甘肃省	甘肃发布	山西省	山西省人民政府
贵州省	黔办之声	陕西省	陕西发布
海南省	海南省人民政府网站	福建省	清新福建
河北省	河北发布	浙江省	浙江发布
河南省	河南政府网	安徽省	安徽省人民政府发布
黑龙江省	黑龙江发布	内蒙古自治区	活力内蒙古
湖北省	湖北省政府门户网站	新疆维吾尔自治区	新疆发布
湖南省	湖南省政府门户网站	宁夏回族自治区	宁夏政务发布
吉林省	吉林发布	广西壮族自治区	中国广西政府网
江苏省	微博江苏	西藏自治区	西藏发布
江西省	江西发布		

附表3-4　　　　　　　　地市政务微博来源

地级市	采集数据源（名称）	地级市	采集数据源（名称）
河北省石家庄市	石家庄发布	湖北省随州市	随州市政府门户网站
河北省张家口市	张家口市政务服务中心	湖北省荆门市	荆门市政府新闻办
河北省承德市	承德发布	湖北省孝感市	孝感发布
河北省唐山市	唐山发布	湖北省宜昌市	宜昌发布
河北省秦皇岛市	秦皇岛发布	湖北省黄冈市	黄冈政府门户网

续表

地级市	采集数据源（名称）	地级市	采集数据源（名称）
河北省廊坊市	廊坊发布	湖北省鄂州市	湖北鄂州微博
河北省保定市	微博保定	湖北省荆州市	荆州发布
河北省沧州市	微博沧州	湖北省黄石市	黄石发布
河北省衡水市	衡水政务	湖北省咸宁市	咸宁发布
河北省邢台市	邢台政务大厅	湖北省恩施土家族苗族自治州	恩施发布
河北省邯郸市	聚焦邯郸	湖南省长沙市	中国—长沙
山西省太原市	太原发布	湖南省岳阳市	岳阳市政府门户网站
山西省大同市	大同市12345政府服务热线	湖南省张家界市	无
山西省朔州市	朔州市政府网	湖南省常德市	常德市人民政府
山西省忻州市	忻州发布	湖南省益阳市	中国益阳门户网站
山西省阳泉市	无	湖南省湘潭市	湘潭发布
山西省晋中市	晋中发布	湖南省株洲市	株洲政府门户网站
山西省吕梁市	吕梁发布	湖南省娄底市	无
山西省长治市	中国长治政府网站官方微博	湖南省怀化市	无
山西省临汾市	无	湖南省邵阳市	无
山西省晋城市	晋城发布	湖南省衡阳市	衡阳发布
山西省运城市	运城发布	湖南省永州市	永州政府网站
内蒙古自治区呼和浩特市	呼和浩特发布	湖南省郴州市	郴州市政府门户网站
内蒙古自治区呼伦贝尔市	呼伦贝尔政府门户网站	湖南省湘西土家族苗族自治州	湘西州政府门户网站
内蒙古自治区通辽市	通辽市委外宣办	广东省广州市	中国广州发布
内蒙古自治区赤峰市	活力赤峰	广东省韶关市	韶关发布
内蒙古自治区巴彦淖尔市	巴彦淖尔发布	广东省梅州市	梅州发布

续表

地级市	采集数据源（名称）	地级市	采集数据源（名称）
内蒙古自治区乌兰察布市	活力乌兰察布	广东省河源市	河源发布
内蒙古自治区包头市	包头发布	广东省清远市	清远发布
内蒙古自治区鄂尔多斯市	鄂尔多斯发布	广东省潮州市	潮州发布
内蒙古自治区乌海市	乌海政务	广东省揭阳市	揭阳发布
内蒙古自治区兴安盟	魅力兴安盟	广东省汕头市	汕头市政府应急办
内蒙古自治区锡林郭勒盟	无	广东省肇庆市	美丽肇庆
内蒙古自治区阿拉善盟	阿拉善发布	广东省惠州市	惠州发布
黑龙江省哈尔滨市	哈尔滨市政府网	广东省佛山市	佛山发布
黑龙江省黑河市	幸福黑河	广东省东莞市	莞香花开
黑龙江省伊春市	伊春发布	广东省云浮市	云浮市人民政府（腾讯）
黑龙江省齐齐哈尔市	鹤城政务	广东省汕尾市	汕尾发布
黑龙江省鹤岗市	鹤岗网讯	广东省江门市	中国侨都—江门发布
黑龙江省佳木斯市	无	广东省中山市	中山发布
黑龙江省双鸭山市	双鸭山发布政务微博	广东省深圳市	深圳微博发布厅
黑龙江省绥化市	无	广东省珠海市	珠海发布
黑龙江省大庆市	中国大庆发布	广东省阳江市	广东阳江发布
黑龙江省七台河市	七台河发布	广东省茂名市	茂名发布
黑龙江省鸡西市	鸡西发布	广东省湛江市	湛江发布

续表

地级市	采集数据源（名称）	地级市	采集数据源（名称）
黑龙江省牡丹江市	无	广西壮族自治区南宁市	南宁发布
黑龙江省大兴安岭地区	无	广西壮族自治区桂林市	无
辽宁省沈阳市	沈阳政务	广西壮族自治区河池市	河池发布
辽宁省铁岭市	无	广西壮族自治区贺州市	长寿贺州
辽宁省阜新市	无	广西壮族自治区柳州市	我爱柳州
辽宁省抚顺市	抚顺发布	广西壮族自治区百色市	无
辽宁省朝阳市	无	广西壮族自治区来宾市	来宾发布
辽宁省本溪市	本溪发布厅	广西壮族自治区梧州市	绿城水都
辽宁省辽阳市	无	广西壮族自治区贵港市	贵港宣传
辽宁省鞍山市	无	广西壮族自治区玉林市	玉林发布
辽宁省盘锦市	无	广西壮族自治区崇左市	无
辽宁省锦州市	共青团锦州市委	广西壮族自治区钦州市	无
辽宁省葫芦岛市	无	广西壮族自治区防城港市	防城港发布
辽宁省营口市	无	广西壮族自治区北海市	北海发布
辽宁省丹东市	丹东发布	海南省海口市	海口发布
辽宁省大连市	无	海南省三亚市	三亚政务
吉林省长春市	长春发布	海南省儋州市	儋州政务微博
吉林省白城市	白城发布	海南省三沙市	无

续表

地级市	采集数据源（名称）	地级市	采集数据源（名称）
吉林省松原市	松原发布	四川省成都市	成都市政府门户网站
吉林省吉林市	无	四川省广元市	凤之城广元
吉林省四平市	四平发布	四川省巴中市	巴中发布
吉林省辽源市	辽源发布	四川省绵阳市	今日绵阳（党委）
吉林省白山市	白山发布	四川省德阳市	微博德阳
吉林省通化市	通化发布	四川省达州市	达州发布
吉林省延边州	延边发布	四川省南充市	南充播报
江苏省南京市	南京政务服务	四川省遂宁市	遂宁发布
江苏省连云港市	连云港发布	四川省广安市	广安播报
江苏省徐州市	徐州发布	四川省资阳市	资阳之声
江苏省宿迁市	宿迁之声	四川省眉山市	眉山发布
江苏省淮安市	淮安政务	四川省雅安市	生态雅安
江苏省盐城市	盐城发布	四川省内江市	微内江
江苏省泰州市	泰州发布	四川省乐山市	乐山发布
江苏省扬州市	扬州发布	四川省自贡市	自贡市政务服务中心
江苏省镇江市	无	四川省泸州市	中国酒城—醉美泸州
江苏省南通市	南通发布	四川省宜宾市	宜宾发布
江苏省常州市	微常州	四川省攀枝花市	微攀枝花
江苏省无锡市	无锡发布	四川省阿坝藏族羌族自治州	阿坝州人民政府官方网站
江苏省苏州市	苏州发布	四川省甘孜藏族自治州	微甘孜
浙江省杭州市	杭州发布	四川省凉山彝族自治州	微凉山
浙江省湖州市	湖州发布	贵州省贵阳市	筑之声
浙江省嘉兴市	嘉兴发布	贵州省遵义市	微遵义（腾讯）
浙江省绍兴市	绍兴发布	贵州省六盘水市	六盘水政务微博
浙江省舟山市	舟山发布	贵州省安顺市	安顺发布
浙江省宁波市	宁波发布	贵州省铜仁市	铜仁发布

续表

地级市	采集数据源（名称）	地级市	采集数据源（名称）
浙江省金华市	金华市政府网	贵州省毕节市	无
浙江省衢州市	衢州发布	贵州省黔西南自治州	黔西南政务
浙江省台州市	台州发布	贵州省黔东南苗族侗族自治州	黔东南政务微博
浙江省丽水市	丽水发布	贵州省黔南布依族苗族自治州	中国黔南
浙江省温州市	温州发布	云南省昆明市	昆明发布
安徽省合肥市	合肥发布	云南省昭通市	微昭通
安徽省淮北市	淮北发布	云南省丽江市	丽江新闻办
安徽省亳州市	亳州发布	云南省曲靖市	微博曲靖
安徽省宿州市	宿州发布	云南省保山市	无
安徽省蚌埠市	蚌埠市人民政府发布	云南省玉溪市	玉溪发布厅
安徽省阜阳市	阜阳政府网	云南省临沧市	无
安徽省淮南市	淮南市人民政府发布	云南省普洱市	普洱发布
安徽省滁州市	滁州市人民政府发布	云南省楚雄彝族自治州	楚雄发布
安徽省六安市	六安市人民政府发布	云南省红河哈尼族彝族自治州	红河州官微
安徽省马鞍山市	马鞍山政府网	云南省文山壮族苗族自治州	无
安徽省芜湖市	芜湖政府网	云南省西双版纳傣族自治州	西双版纳发布
安徽省宣城市	宣城发布	云南省大理白族自治州	大理发布
安徽省铜陵市	铜陵发布	云南省德宏傣族景颇族自治州	美丽德宏
安徽省池州市	池州发布	云南省怒江傈僳族自治州	无
安徽省安庆市	安庆发布	云南省迪庆藏族自治州	你好迪庆

续表

地级市	采集数据源（名称）	地级市	采集数据源（名称）
安徽省黄山市	黄山发布	西藏自治区拉萨市	拉萨发布
福建省福州市	福州发布	西藏自治区昌都市	无
福建省宁德市	清新宁德	西藏自治区日喀则市	日喀则发布
福建省南平市	南平市政府门户网站	西藏自治区林芝市	无
福建省三明市	三明市政府网编辑部	西藏自治区山南市	山南发布
福建省莆田市	莆田网新闻	西藏自治区那曲地区	无
福建省龙岩市	生态龙岩	西藏自治区阿里地区	无
福建省泉州市	泉州市政	陕西省西安市	西安发布
福建省漳州市	无	陕西省榆林市	榆林发布
福建省厦门市	厦门发布	陕西省延安市	延安政府门户网站
江西省南昌市	南昌发布	陕西省铜川市	铜川发布
江西省九江市	九江发布	陕西省渭南市	渭南发布
江西省景德镇市	景德镇发布	陕西省宝鸡市	宝鸡发布
江西省上饶市	上饶发布	陕西省咸阳市	智慧咸阳
江西省鹰潭市	鹰潭发布	陕西省商洛市	商洛发布
江西省抚州市	抚州发布	陕西省汉中市	汉中发布
江西省新余市	新余发布	陕西省安康市	安康发布
江西省宜春市	宜春发布	甘肃省兰州市	兰州发布
江西省萍乡市	萍乡发布	甘肃省嘉峪关市	嘉峪关政府网
江西省吉安市	吉安发布	甘肃省酒泉市	酒泉发布
江西省赣州市	赣州发布	甘肃省张掖市	张掖发布
山东省济南市	微博济南	甘肃省金昌市	金昌发布
山东省德州市	德州发布	甘肃省武威市	武威发布

续表

地级市	采集数据源（名称）	地级市	采集数据源（名称）
山东省滨州市	阳光滨州	甘肃省白银市	白银发布（市委）
山东省东营市	东营政务	甘肃省庆阳市	无
山东省烟台市	烟台发布	甘肃省平凉市	平凉发布
山东省威海市	威海发布	甘肃省定西市	定西党政微博
山东省淄博市	淄博发布	甘肃省天水市	天水发布
山东省潍坊市	潍坊发布	甘肃省陇南市	陇南政务
山东省聊城市	聊城发布	甘肃省临夏回族自治州	临夏发布
山东省泰安市	泰安发布	甘肃省甘南藏族自治州	无
山东省莱芜市	莱芜发布	青海省西宁市	夏都西宁
山东省青岛市	青岛发布	青海省海东市	海东市政府网
山东省日照市	日照发布	青海省海北藏族自治州	无
山东省济宁市	济宁发布	青海省黄南藏族自治州	黄南政务
山东省菏泽市	菏泽发布	青海省海南藏族自治州	无
山东省临沂市	临沂发布	青海省果洛藏族自治州	无
山东省枣庄市	枣庄发布	青海省玉树藏族自治州	新—玉—树
河南省郑州市	郑州市门户网站	青海省海西蒙古族藏族自治州	中国柴达木
河南省安阳市	安阳政府网	宁夏回族自治区银川市	微博银川
河南省鹤壁市	无	宁夏回族自治区石嘴山市	石嘴山发布
河南省濮阳市	濮阳发布	宁夏回族自治区吴忠市	无
河南省新乡市	新乡发布	宁夏回族自治区中卫市	无

续表

地级市	采集数据源（名称）	地级市	采集数据源（名称）
河南省焦作市	焦作政府网	宁夏回族自治区固原市	固原发布
河南省三门峡市	三门峡发布	新疆维吾尔自治区乌鲁木齐市	乌鲁木齐政务
河南省开封市	魅力开封	新疆维吾尔自治区克拉玛依市	克拉玛依发布
河南省洛阳市	微博洛阳	新疆维吾尔自治区吐鲁番市	吐鲁番地区政府网
河南省商丘市	微博商丘	新疆维吾尔自治区哈密市	哈密政府网
河南省许昌市	许昌政府网	新疆维吾尔自治区昌吉州	昌吉发布
河南省平顶山市	平顶山市人民政府	新疆维吾尔自治区博尔塔拉州	博州发布
河南省周口市	无	新疆维吾尔自治区巴音郭楞州	无
河南省漯河市	无	新疆维吾尔自治区阿克苏地区	阿克苏发布
河南省南阳市	南阳市门户网站	新疆维吾尔自治区克孜勒苏州	克州政府网
河南省驻马店市	无	新疆维吾尔自治区喀什地区	无
河南省信阳市	无	新疆维吾尔自治区和田地区	和田发布
湖北省武汉市	武汉发布	新疆维吾尔自治区伊犁州	伊犁政府网
湖北省十堰市	十堰政府网	新疆维吾尔自治区塔城地区	塔城地区政务微博
湖北省襄樊市	中国襄阳政府网	新疆维吾尔自治区阿勒泰地区	阿勒泰地区政府网

附表3-5　　　　　　　省（区、市）政务微信来源

省级	采集数据源（名称）	省级	采集数据源（名称）
北京市	首都之窗	辽宁省	辽宁发布
天津市	天津政府网	四川省	四川发布
上海市	中国上海	云南省	云南省人民政府网
重庆市	重庆发布	青海省	青海政务
广东省	广东省人民政府门户网站	山东省	山东发布
甘肃省	甘肃政务	山西省	山西省人民政府
贵州省	贵州省人民政府网	陕西省	陕西发布
海南省	海南省政府网	福建省	中国福建
河北省	河北发布	浙江省	浙江政务服务
河南省	河南发布	安徽省	安徽省人民政府发布
黑龙江省	黑龙江政务	内蒙古自治区	内蒙古自治区人民政府发布
湖北省	湖北发布	新疆维吾尔自治区	新疆政务网
湖南省	湖南省政府门户网	宁夏回族自治区	宁夏政府网
吉林省	吉林发布	广西壮族自治区	中国广西政府网
江苏省	微讯江苏	西藏自治区	西藏发布
江西省	江西发布		

附表3-6　　　　　　　地级市政务微信来源

地级市	采集数据源（名称）	地级市	采集数据源（名称）
河北省石家庄市	石家庄发布	湖北省随州市	中国随州
河北省张家口市	张家口发布	湖北省荆门市	荆门政府网
河北省承德市	承德发布	湖北省孝感市	微孝天下
河北省唐山市	中国唐山	湖北省宜昌市	宜昌发布
河北省秦皇岛市	秦皇岛发布	湖北省黄冈市	黄冈发布
河北省廊坊市	廊坊发布	湖北省鄂州市	鄂州发布

续表

地级市	采集数据源（名称）	地级市	采集数据源（名称）
河北省保定市	保定微讯	湖北省荆州市	荆州发布
河北省沧州市	沧州发布	湖北省黄石市	黄石发布
河北省衡水市	衡水微讯	湖北省咸宁市	咸宁发布
河北省邢台市	邢台发布	湖北省恩施土家族苗族自治州	恩施发布
河北省邯郸市	邯郸发布	湖南省长沙市	中国长沙
山西省太原市	我的太原服务号	湖南省岳阳市	岳阳市政府网
山西省大同市	大同12345	湖南省张家界市	张家界市政府门户网
山西省朔州市	朔州市政府网	湖南省常德市	常德市人民政府
山西省忻州市	忻州你好	湖南省益阳市	中国益阳门户网
山西省阳泉市	阳泉政府网	湖南省湘潭市	湘潭12345市长热线
山西省晋中市	晋中发布	湖南省株洲市	株洲市政府门户网站
山西省吕梁市	吕梁发布	湖南省娄底市	娄底市政府门户网
山西省长治市	中国长治	湖南省怀化市	无
山西省临汾市	临汾市人民政府	湖南省邵阳市	邵阳发布
山西省晋城市	晋城政务	湖南省衡阳市	中国衡阳党政门户网
山西省运城市	运城发布	湖南省永州市	永州发布
内蒙古自治区呼和浩特市	呼和浩特发布	湖南省郴州市	郴州市政府门户网站
内蒙古自治区呼伦贝尔市	呼伦贝尔市人民政府官方网站发布	湖南省湘西土家族苗族自治州	湘西州人民政府门户网站
内蒙古自治区通辽市	通辽政务信息	广东省广州市	中国广州发布
内蒙古自治区赤峰市	赤峰市人民政府发布	广东省韶关市	韶关发布
内蒙古自治区巴彦淖尔市	巴彦淖尔发布	广东省梅州市	梅州发布
内蒙古自治区乌兰察布市	活力乌兰察布	广东省河源市	河源发布
内蒙古自治区包头市	包头发布	广东省清远市	清远发布

续表

地级市	采集数据源（名称）	地级市	采集数据源（名称）
内蒙古自治区鄂尔多斯市	鄂尔多斯政务	广东省潮州市	中国潮州
内蒙古自治区乌海市	乌海政府信息网	广东省揭阳市	揭阳市政府网
内蒙古自治区兴安盟	平安兴安盟	广东省汕头市	汕头政府网
内蒙古自治区锡林郭勒盟	锡林郭勒盟政务门户网	广东省肇庆市	肇庆市政府门户网站
内蒙古自治区阿拉善盟	阿拉善发布	广东省惠州市	惠州发布
黑龙江省哈尔滨市	哈尔滨市政府网	广东省佛山市	佛山发布
黑龙江省黑河市	黑河政务	广东省东莞市	莞香花开
黑龙江省伊春市	伊春市人民政府	广东省云浮市	云浮市民网
黑龙江省齐齐哈尔市	微鹤城	广东省汕尾市	汕尾市人民政府网站
黑龙江省鹤岗市	鹤岗发布	广东省江门市	江门发布
黑龙江省佳木斯市	佳木斯政务	广东省中山市	中山发布
黑龙江省双鸭山市	双鸭山政务	广东省深圳市	深圳发布
黑龙江省绥化市	绥化网信	广东省珠海市	珠海发布
黑龙江省大庆市	微大庆	广东省阳江市	广东阳江发布
黑龙江省七台河市	七台河发布	广东省茂名市	茂名市人民政府
黑龙江省鸡西市	美丽鸡西	广东省湛江市	湛江政府网
黑龙江省牡丹江市	牡丹江发布	广西壮族自治区南宁市	南宁发布
黑龙江省大兴安岭地区	大兴安岭政务	广西壮族自治区桂林市	无
辽宁省沈阳市	沈阳政务	广西壮族自治区河池市	河池发布

续表

地级市	采集数据源（名称）	地级市	采集数据源（名称）
辽宁省铁岭市	铁岭民生	广西壮族自治区贺州市	贺州发布
辽宁省阜新市	阜新12345	广西壮族自治区柳州市	柳州发布
辽宁省抚顺市	抚顺政务	广西壮族自治区百色市	百色政法
辽宁省朝阳市	无	广西壮族自治区来宾市	来宾发布
辽宁省本溪市	本溪发布厅	广西壮族自治区梧州市	梧州发布
辽宁省辽阳市	辽阳新闻网	广西壮族自治区贵港市	贵港宣传
辽宁省鞍山市	微鞍山	广西壮族自治区玉林市	玉林新闻
辽宁省盘锦市	微盘锦	广西壮族自治区崇左市	崇左政府发布
辽宁省锦州市	锦州发布	广西壮族自治区钦州市	钦州发布
辽宁省葫芦岛市	葫芦岛党建	广西壮族自治区防城港市	防城港发布
辽宁省营口市	营口发布	广西壮族自治区北海市	遇见北海
辽宁省丹东市	丹东发布	海南省海口市	海口发布
辽宁省大连市	无	海南省三亚市	三亚政务
吉林省长春市	长春政事儿	海南省儋州市	儋州市政府
吉林省白城市	白城发布	海南省三沙市	无
吉林省松原市	松原发布	四川省成都市	成都服务
吉林省吉林市	吉林市发布	四川省广元市	广元政务
吉林省四平市	四平市人民政府网	四川省巴中市	巴中市人民政府政务服务中心
吉林省辽源市	辽源之声	四川省绵阳市	绵阳政事

续表

地级市	采集数据源（名称）	地级市	采集数据源（名称）
吉林省白山市	白山市人民政府政务服务中心	四川省德阳市	德阳发布
吉林省通化市	通化发布	四川省达州市	达州发布
吉林省延边州	延边发布	四川省南充市	南充发布
江苏省南京市	中国南京	四川省遂宁市	遂宁发布
江苏省连云港市	连云港发布	四川省广安市	广安发布
江苏省徐州市	徐州发布	四川省资阳市	资阳微政务
江苏省宿迁市	宿迁之声	四川省眉山市	微眉山
江苏省淮安市	中国淮安政府门户网站	四川省雅安市	四川雅安
江苏省盐城市	盐城发布	四川省内江市	最内江
江苏省泰州市	泰州发布	四川省乐山市	乐山发布
江苏省扬州市	扬州政务服务	四川省自贡市	微自贡
江苏省镇江市	镇江发布	四川省泸州市	泸州发布
江苏省南通市	南通市政府	四川省宜宾市	宜宾发布
江苏省常州市	常州政府网站	四川省攀枝花市	攀枝花发布
江苏省无锡市	无锡发布	四川省阿坝藏族羌族自治州	微阿坝
江苏省苏州市	苏州发布	四川省甘孜藏族自治州	中国甘孜
浙江省杭州市	杭州发布	四川省凉山彝族自治州	凉山政务
浙江省湖州市	湖州发布	贵州省贵阳市	筑之声
浙江省嘉兴市	嘉兴发布	贵州省遵义市	遵义发布
浙江省绍兴市	绍兴发布	贵州省六盘水市	六盘水市人民政府网
浙江省舟山市	舟山发布	贵州省安顺市	安顺市人民政府网
浙江省宁波市	宁波政务	贵州省铜仁市	铜仁市人民政府网
浙江省金华市	金华市政府网	贵州省毕节市	毕节市人民政府网
浙江省衢州市	衢州政务	贵州省黔西南布依族苗族自治州	黔西南州人民政府网

续表

地级市	采集数据源（名称）	地级市	采集数据源（名称）
浙江省台州市	台州市府办微平台	贵州省黔东南苗族侗族自治州	黔东南州政府
浙江省丽水市	丽水发布	贵州省黔南布依族苗族自治州	黔南州人民政府网
浙江省温州市	温州发布	云南省昆明市	昆明发布
安徽省合肥市	合肥发布	云南省昭通市	昭通市人民政府
安徽省淮北市	淮北市人民政府发布	云南省丽江市	丽江政务网
安徽省亳州市	亳州发布	云南省曲靖市	微曲靖
安徽省宿州市	宿州发布	云南省保山市	保山市人民政府办公室
安徽省蚌埠市	蚌埠市人民政府发布	云南省玉溪市	玉溪发布
安徽省阜阳市	阜阳市人民政府发布	云南省临沧市	临沧市政务服务管理局
安徽省淮南市	淮南市人民政府发布	云南省普洱市	普洱发布
安徽省滁州市	滁州市人民政府发布	云南省楚雄彝族自治州	云南楚雄网
安徽省六安市	六安市人民政府发布	云南省红河哈尼族彝族自治州	红河政务服务
安徽省马鞍山市	马鞍山政务服务	云南省文山壮族苗族自治州	文山市政府
安徽省芜湖市	芜湖市人民政府发布	云南省西双版纳傣族自治州	西双版纳发布
安徽省宣城市	宣城市委政府发布	云南省大理白族自治州	大理宣传
安徽省铜陵市	铜陵发布	云南省德宏傣族景颇族自治州	美丽德宏
安徽省池州市	池州市人民政府发布	云南省怒江傈僳族自治州	怒江州人民政府网
安徽省安庆市	安庆市人民政府发布	云南省迪庆藏族自治州	无
安徽省黄山市	黄山发布	西藏自治区拉萨市	拉萨发布

续表

地级市	采集数据源（名称）	地级市	采集数据源（名称）
福建省福州市	e福州	西藏自治区昌都市	网信昌都
福建省宁德市	宁德市人民政府公报	西藏自治区日喀则市	日喀则发布
福建省南平市	南平微门户	西藏自治区林芝市	微林芝
福建省三明市	中国三明	西藏自治区山南市	微山南官方
福建省莆田市	莆田发布	西藏自治区那曲地区	那曲发布
福建省龙岩市	龙岩市人民政府网	西藏自治区阿里地区	天上阿里
福建省泉州市	中国泉州政府门户网站	陕西省西安市	西安发布
福建省漳州市	漳州新闻网	陕西省榆林市	榆林微讯市委
福建省厦门市	厦门发布	陕西省延安市	延安发布
江西省南昌市	南昌发布	陕西省铜川市	铜川政府网
江西省九江市	九江发布	陕西省渭南市	渭南发布
江西省景德镇市	瓷都政务	陕西省宝鸡市	宝鸡发布
江西省上饶市	上饶市政府行政服务中心管委会	陕西省咸阳市	智慧咸阳
江西省鹰潭市	鹰潭发布	陕西省商洛市	看商洛
江西省抚州市	抚州发布	陕西省汉中市	汉中发布
江西省新余市	新余政务	陕西省安康市	安康发布
江西省宜春市	宜春发布	甘肃省兰州市	兰州市政务服务中心
江西省萍乡市	萍乡发布	甘肃省嘉峪关市	嘉峪关政府网
江西省吉安市	吉安市人民政府网	甘肃省酒泉市	酒泉市人民政府
江西省赣州市	赣州发布	甘肃省张掖市	张掖发布
山东省济南市	济南政务	甘肃省金昌市	金昌发布
山东省德州市	德州政府网	甘肃省武威市	武威发布

续表

地级市	采集数据源（名称）	地级市	采集数据源（名称）
山东省滨州市	滨州政务	甘肃省白银市	白银发布
山东省东营市	东营市政务服务中心	甘肃省庆阳市	庆阳政府网
山东省烟台市	烟台政府网	甘肃省平凉市	平凉发布
山东省威海市	威海发布	甘肃省定西市	定西党政网
山东省淄博市	淄博发布	甘肃省天水市	天水发布
山东省潍坊市	山东潍坊	甘肃省陇南市	陇南政务
山东省聊城市	聊城发布	甘肃省临夏回族自治州	临夏回族自治州人民政府网
山东省泰安市	泰安发布	甘肃省甘南藏族自治州	甘南头条
山东省莱芜市	莱芜政务服务	青海省西宁市	西宁发布
山东省青岛市	青岛发布	青海省海东市	海东市政府网
山东省日照市	日照发布	青海省海北藏族自治州	海北政务
山东省济宁市	济宁政务	青海省黄南藏族自治州	黄南政务
山东省菏泽市	菏泽发布	青海省海南藏族自治州	海南州政务
山东省临沂市	临沂政府网	青海省果洛藏族自治州	果洛政务
山东省枣庄市	枣庄发布	青海省玉树藏族自治州	玉树发布州委
河南省郑州市	郑州发布	青海省海西蒙古族藏族自治州	海西发布州委
河南省安阳市	安阳市政府网	宁夏回族自治区银川市	银川发布
河南省鹤壁市	中国鹤壁	宁夏回族自治区石嘴山市	石嘴山发布
河南省濮阳市	濮阳发布	宁夏回族自治区吴忠市	吴忠日报
河南省新乡市	新乡政务服务	宁夏回族自治区中卫市	中卫政府网

续表

地级市	采集数据源（名称）	地级市	采集数据源（名称）
河南省焦作市	焦作市政务公开与政务服务	宁夏回族自治区固原市	固原阳光政务
河南省三门峡市	三门峡党建	新疆维吾尔自治区乌鲁木齐市	乌鲁木齐零距离
河南省开封市	开封智慧政务	新疆维吾尔自治区克拉玛依市	克拉玛依零距离
河南省洛阳市	精彩洛阳	新疆维吾尔自治区吐鲁番市	吐鲁番政府网
河南省商丘市	商丘市政府网	新疆维吾尔自治区哈密市	哈密政府网
河南省许昌市	许昌市人民政府	新疆维吾尔自治区昌吉州	昌吉零距离
河南省平顶山市	中国平顶山	新疆维吾尔自治区博尔塔拉州	博州零距离
河南省周口市	周口发布	新疆维吾尔自治区巴音郭楞州	巴州零距离
河南省漯河市	漯河政务	新疆维吾尔自治区阿克苏地区	阿克苏政府网
河南省南阳市	南阳发布	新疆维吾尔自治区克孜勒苏州	克州政府网
河南省驻马店市	中国驻马店	新疆维吾尔自治区喀什地区	古城喀什
河南省信阳市	信阳发布	新疆维吾尔自治区和田地区	和田政务在线
湖北省武汉市	武汉发布	新疆维吾尔自治区伊犁州	伊犁政府网
湖北省十堰市	十堰发布	新疆维吾尔自治区塔城地区	塔城地区政府网
湖北省襄樊市	襄阳政府网	新疆维吾尔自治区阿勒泰地区	阿勒泰新闻网/阿勒泰零距离

附表3-7　　　　　　　　省（区、市）政务APP来源

省级	采集数据源（名称）	省级	采集数据源（名称）
北京市	北京服务您	辽宁省	辽宁政务通
天津市	无	四川省	中国四川/四川中国
上海市	中国上海	云南省	云南通
重庆市	重庆市政府	青海省	无
广东省	广东省网上办事大厅	山东省	中国山东
甘肃省	中国·甘肃	山西省	山西省政府
贵州省	贵州省人民政府	陕西省	无
海南省	海南政府网/海南省政府网	福建省	中国福建
河北省	中国河北	浙江省	浙江政务服务
河南省	河南政务	安徽省	中国安徽
黑龙江省	无	内蒙古自治区	内蒙古自治区政府
湖北省	湖北省政府	新疆维吾尔自治区	新疆政务
湖南省	湖南省政府门户网站	宁夏回族自治区	无
吉林省	吉林省政府	广西壮族自治区	广西政府
江苏省	江苏省政府	西藏自治区	西藏自治区
江西省	江西政务服务		

附表3-8　　　　　　　　地级市政务APP来源

地级市	采集数据源（名称）	地级市	采集数据源（名称）
河北省石家庄市	无	湖北省随州市	云上随州
河北省张家口市	大好河山	湖北省荆门市	中国荆门
河北省承德市	无	湖北省孝感市	云上孝感
河北省唐山市	无	湖北省宜昌市	市民e家
河北省秦皇岛市	秦皇岛市民网	湖北省黄冈市	云上黄冈
河北省廊坊市	无	湖北省鄂州市	云上鄂州
河北省保定市	中国保定	湖北省荆州市	云上荆州

续表

地级市	采集数据源（名称）	地级市	采集数据源（名称）
河北省沧州市	无	湖北省黄石市	云上黄石
河北省衡水市	无	湖北省咸宁市	无
河北省邢台市	掌上邢台	湖北省恩施土家族苗族自治州	云上恩施
河北省邯郸市	无	湖南省长沙市	中国长沙
山西省太原市	我的太原	湖南省岳阳市	岳阳政府网
山西省大同市	无	湖南省张家界市	无
山西省朔州市	朔州政府网	湖南省常德市	中国常德
山西省忻州市	无	湖南省益阳市	益阳市政府门户网站
山西省阳泉市	无	湖南省湘潭市	无
山西省晋中市	无	湖南省株洲市	掌上株洲
山西省吕梁市	无	湖南省娄底市	娄底市人民政府
山西省长治市	无	湖南省怀化市	怀化发布/智慧怀化
山西省临汾市	无	湖南省邵阳市	无
山西省晋城市	无	湖南省衡阳市	中国衡阳
山西省运城市	无	湖南省永州市	今日永州
内蒙古自治区呼和浩特市	呼和浩特发布	湖南省郴州市	掌上郴州
内蒙古自治区呼伦贝尔市	呼伦贝尔新闻/呼伦贝尔发布	湖南省湘西土家族苗族自治州	无
内蒙古自治区通辽市	今日通辽	广东省广州市	广州政务通
内蒙古自治区赤峰市	活力赤峰	广东省韶关市	韶关发布
内蒙古自治区巴彦淖尔市	额吉塔拉新闻	广东省梅州市	梅州市人民政府
内蒙古自治区乌兰察布市	乌兰察布人民政府	广东省河源市	无
内蒙古自治区包头市	无	广东省清远市	清远12345

续表

地级市	采集数据源（名称）	地级市	采集数据源（名称）
内蒙古自治区鄂尔多斯市	印象鄂尔多斯	广东省潮州市	无
内蒙古自治区乌海市	乌海新闻	广东省揭阳市	智慧揭阳
内蒙古自治区兴安盟	兴安盟发布	广东省汕头市	中国汕头
内蒙古自治区锡林郭勒盟	锡林郭勒盟行署	广东省肇庆市	肇庆市人民政府
内蒙古自治区阿拉善盟	阿拉善发布	广东省惠州市	惠州网上办事大厅
黑龙江省哈尔滨市	哈尔滨政府网	广东省佛山市	佛山市民
黑龙江省黑河市	无	广东省东莞市	无
黑龙江省伊春市	绿色伊春	广东省云浮市	智慧云浮
黑龙江省齐齐哈尔市	无	广东省汕尾市	无
黑龙江省鹤岗市	无	广东省江门市	江门市移动政务
黑龙江省佳木斯市	佳木斯	广东省中山市	中山掌厅
黑龙江省双鸭山市	掌上双鸭山	广东省深圳市	无
黑龙江省绥化市	绥化政务通	广东省珠海市	中国珠海
黑龙江省大庆市	无	广东省阳江市	无
黑龙江省七台河市	无	广东省茂名市	无
黑龙江省鸡西市	掌上服务大厅	广东省湛江市	湛江一掌通
黑龙江省牡丹江市	掌上牡丹江	广西壮族自治区南宁市	爱南宁
黑龙江省大兴安岭地区	无	广西壮族自治区桂林市	中国桂林/桂林市政府
辽宁省沈阳市	我的沈阳	广西壮族自治区河池市	无

续表

地级市	采集数据源（名称）	地级市	采集数据源（名称）
辽宁省铁岭市	无	广西壮族自治区贺州市	无
辽宁省阜新市	无	广西壮族自治区柳州市	爱柳州，HUI生活
辽宁省抚顺市	无	广西壮族自治区百色市	无
辽宁省朝阳市	无	广西壮族自治区来宾市	无
辽宁省本溪市	本溪市民网	广西壮族自治区梧州市	无
辽宁省辽阳市	无	广西壮族自治区贵港市	中国贵港
辽宁省鞍山市	中国鞍山	广西壮族自治区玉林市	无
辽宁省盘锦市	无	广西壮族自治区崇左市	无
辽宁省锦州市	锦州发布	广西壮族自治区钦州市	中国钦州
辽宁省葫芦岛市	无	广西壮族自治区防城港市	无
辽宁省营口市	无	广西壮族自治区北海市	无
辽宁省丹东市	无	海南省海口市	中国海口
辽宁省大连市	无	海南省三亚市	无
吉林省长春市	无	海南省儋州市	海南儋州
吉林省白城市	无	海南省三沙市	中国三沙
吉林省松原市	无	四川省成都市	蓉慧通
吉林省吉林市	无	四川省广元市	广元市政府
吉林省四平市	四平市政府	四川省巴中市	中国巴中
吉林省辽源市	中国辽源	四川省绵阳市	无
吉林省白山市	无	四川省德阳市	中国德阳

续表

地级市	采集数据源（名称）	地级市	采集数据源（名称）
吉林省通化市	无	四川省达州市	无
吉林省延边州	延边发布	四川省南充市	中国南充
江苏省南京市	我的南京	四川省遂宁市	12345 政府热线—智慧遂宁
江苏省连云港市	连云港发布	四川省广安市	中国广安
江苏省徐州市	中国徐州	四川省资阳市	资阳市
江苏省宿迁市	无	四川省眉山市	无
江苏省淮安市	中国淮安	四川省雅安市	中国雅安
江苏省盐城市	无	四川省内江市	中国内江
江苏省泰州市	中国泰州	四川省乐山市	乐山市政府
江苏省扬州市	中国扬州	四川省自贡市	看度自贡
江苏省镇江市	今日镇江	四川省泸州市	无
江苏省南通市	南通发布	四川省宜宾市	宜宾门户/中国宜宾
江苏省常州市	常州政府网站	四川省攀枝花市	中国攀枝花
江苏省无锡市	中国无锡	四川省阿坝藏族羌族自治州	无
江苏省苏州市	苏州市政府	四川省甘孜藏族自治州	无
浙江省杭州市	无	四川省凉山彝族自治州	中国凉山
浙江省湖州市	湖州发布	贵州省贵阳市	无
浙江省嘉兴市	无	贵州省遵义市	中国遵义
浙江省绍兴市	无	贵州省六盘水市	LIUPANSHUI CHINA
浙江省舟山市	无	贵州省安顺市	中国安顺
浙江省宁波市	宁波政务	贵州省铜仁市	无
浙江省金华市	中国金华	贵州省毕节市	活力毕节
浙江省衢州市	无	贵州省黔西南布依族苗族自治州	黔西南州人民政府
浙江省台州市	中国台州	贵州省黔东南苗族侗族自治州	无

续表

地级市	采集数据源（名称）	地级市	采集数据源（名称）
浙江省丽水市	无	贵州省黔南布依族苗族自治州	中国黔南
浙江省温州市	中国温州	云南省昆明市	云南通·昆明市
安徽省合肥市	无	云南省昭通市	云南通·昭通市
安徽省淮北市	无	云南省丽江市	云南通·丽江市
安徽省亳州市	我家亳州	云南省曲靖市	云南通·曲靖市
安徽省宿州市	掌上宿州	云南省保山市	云南通·保山市
安徽省蚌埠市	珠陈蚌埠	云南省玉溪市	云南通·玉溪市
安徽省阜阳市	无	云南省临沧市	云南通·临沧市
安徽省淮南市	魅力淮南	云南省普洱市	云南通·普洱市
安徽省滁州市	中国滁州	云南省楚雄彝族自治州	云南通·楚雄市
安徽省六安市	六安市政府	云南省红河哈尼族彝族自治州	云南通·红河市
安徽省马鞍山市	中国马鞍山	云南省文山壮族苗族自治州	云南通·文山市
安徽省芜湖市	无	云南省西双版纳傣族自治州	云南通·西双版纳市
安徽省宣城市	无	云南省大理白族自治州	云南通·大理市
安徽省铜陵市	中国铜陵	云南省德宏傣族景颇族自治州	云南通·德宏州市
安徽省池州市	池州政府网	云南省怒江傈僳族自治州	云南通·怒江市
安徽省安庆市	中国安庆	云南省迪庆藏族自治州	云南通·迪庆市
安徽省黄山市	中国黄山	西藏自治区拉萨市	拉萨市政府
福建省福州市	e福州	西藏自治区昌都市	无
福建省宁德市	中国宁德	西藏自治区日喀则市	无

续表

地级市	采集数据源（名称）	地级市	采集数据源（名称）
福建省南平市	中国南平	西藏自治区林芝市	无
福建省三明市	中国三明	西藏自治区山南市	无
福建省莆田市	中国莆田	西藏自治区那曲地区	那曲发布
福建省龙岩市	e龙岩	西藏自治区阿里地区	无
福建省泉州市	中国泉州	陕西省西安市	无
福建省漳州市	漳州市人民政府	陕西省榆林市	榆林日报
福建省厦门市	厦门市人民政府	陕西省延安市	无
江西省南昌市	无	陕西省铜川市	新华铜川
江西省九江市	无	陕西省渭南市	无
江西省景德镇市	中国景德镇	陕西省宝鸡市	无
江西省上饶市	中国上饶	陕西省咸阳市	咸阳
江西省鹰潭市	无	陕西省商洛市	无
江西省抚州市	魅力抚州	陕西省汉中市	中国汉中
江西省新余市	无	陕西省安康市	无
江西省宜春市	中国·宜春	甘肃省兰州市	三维城市
江西省萍乡市	无	甘肃省嘉峪关市	嘉峪关市政府
江西省吉安市	吉安发布	甘肃省酒泉市	无
江西省赣州市	赣州市人民政府	甘肃省张掖市	无
山东省济南市	泉城政务	甘肃省金昌市	无
山东省德州市	德州市政府网	甘肃省武威市	无
山东省滨州市	中国滨州	甘肃省白银市	无
山东省东营市	中国东营	甘肃省庆阳市	掌上庆阳
山东省烟台市	无	甘肃省平凉市	无
山东省威海市	威海市政府	甘肃省定西市	无
山东省淄博市	淄博市人民政府	甘肃省天水市	无

续表

地级市	采集数据源（名称）	地级市	采集数据源（名称）
山东省潍坊市	潍V	甘肃省陇南市	无
山东省聊城市	掌中聊城	甘肃省临夏回族自治州	无
山东省泰安市	山东泰安	甘肃省甘南藏族自治州	无
山东省莱芜市	无	青海省西宁市	无
山东省青岛市	青岛政务网	青海省海东市	无
山东省日照市	无	青海省海北藏族自治州	无
山东省济宁市	无	青海省黄南藏族自治州	无
山东省菏泽市	菏泽政务服务	青海省海南藏族自治州	无
山东省临沂市	无	青海省果洛藏族自治州	云上果洛
山东省枣庄市	无	青海省玉树藏族自治州	无
河南省郑州市	无	青海省海西蒙古族藏族自治州	无
河南省安阳市	安阳市政府网站	宁夏回族自治区银川市	银川发布
河南省鹤壁市	无	宁夏回族自治区石嘴山市	智慧石嘴山
河南省濮阳市	濮阳政府网	宁夏回族自治区吴忠市	无
河南省新乡市	微门户	宁夏回族自治区中卫市	云端中卫
河南省焦作市	无线焦作/焦作手机台	宁夏回族自治区固原市	无
河南省三门峡市	无	新疆维吾尔自治区乌鲁木齐市	无

续表

地级市	采集数据源（名称）	地级市	采集数据源（名称）
河南省开封市	中国·开封公众信息网	新疆维吾尔自治区克拉玛依市	克拉玛依区
河南省洛阳市	洛阳市政府网	新疆维吾尔自治区吐鲁番市	吐鲁番政府
河南省商丘市	商丘便民网	新疆维吾尔自治区哈密市	无
河南省许昌市	许昌微门户	新疆维吾尔自治区昌吉州	昌吉州政府
河南省平顶山市	中国·平顶山	新疆维吾尔自治区博尔塔拉州	无
河南省周口市	无	新疆维吾尔自治区巴音郭楞州	无
河南省漯河市	漯河市政府网站	新疆维吾尔自治区阿克苏地区	无
河南省南阳市	无	新疆维吾尔自治区克孜勒苏州	克州州政府
河南省驻马店市	无	新疆维吾尔自治区喀什地区	喀什24小时
河南省信阳市	无	新疆维吾尔自治区和田地区	无
湖北省武汉市	云端武汉·政务	新疆维吾尔自治区伊犁州	无
湖北省十堰市	云上十堰	新疆维吾尔自治区塔城地区	无
湖北省襄樊市	云上襄阳	新疆维吾尔自治区阿勒泰地区	无

附录4 地市级政府电子服务能力指数

附表4-1　　　　　地级市政务网站服务能力指数

排名	地市	指数	排名	地市	指数	排名	地市	指数
1	咸宁市	89.39	18	阜阳市	82.67	35	岳阳市	80.89
2	宁波市	89.33	19	三明市	82.59	36	随州市	80.74
3	孝感市	88.59	20	金华市	82.58	37	南平市	80.63
4	汕头市	86.34	21	龙岩市	82.51	38	绵阳市	80.58
5	广州市	86.07	22	临沧市	82.34	39	儋州市	80.50
6	长春市	85.33	23	庆阳市	82.25	40	芜湖市	80.39
7	湖州市	85.05	24	贵阳市	82.07	41	宿迁市	80.27
8	黄山市	84.93	25	广元市	82.04	42	赣州市	80.27
9	拉萨市	84.82	26	长沙市	81.92	43	丽水市	80.18
10	十堰市	84.51	27	阳江市	81.88	44	南京市	79.97
11	池州市	84.33	28	济南市	81.79	45	亳州市	79.97
12	六盘水市	84.32	29	蚌埠市	81.66	46	黔西南布依族苗族自治州	79.85
13	南阳市	84.08	30	莱芜市	81.46	47	内江市	79.79
14	聊城市	83.56	31	六安市	81.34	48	云浮市	79.75
15	莆田市	83.53	32	镇江市	81.31	49	北海市	79.52
16	衢州市	83.43	33	杭州市	81.04	50	防城港市	79.08
17	南宁市	82.68	34	成都市	80.99	51	舟山市	79.02

续表

排名	地市	指数	排名	地市	指数	排名	地市	指数
52	苏州市	78.99	78	信阳市	75.79	104	牡丹江市	73.60
53	绍兴市	78.79	79	湘潭市	75.62	105	滁州市	73.56
54	河源市	78.76	80	惠州市	75.62	106	濮阳市	73.39
55	邵阳市	78.69	81	永州市	75.57	107	宜昌市	73.39
56	昆明市	78.63	82	株洲市	75.27	108	潍坊市	73.28
57	武汉市	78.56	83	呼伦贝尔市	75.24	109	宁德市	73.22
58	常州市	78.56	84	韶关市	75.19	110	福州市	73.14
59	台州市	78.51	85	梅州市	75.14	111	郴州市	73.09
60	铜仁市	78.51	86	深圳市	75.04	112	汉中市	73.07
61	厦门市	78.42	87	荆州市	74.86	113	东营市	73.00
62	黔南布依族苗族自治州	78.38	88	平凉市	74.82	114	德阳市	72.59
63	温州市	78.19	89	潮州市	74.79	115	通辽市	72.21
64	江门市	78.00	90	银川市	74.69	116	茂名市	72.19
65	漳州市	77.87	91	资阳市	74.61	117	襄樊市	72.04
66	徐州市	77.59	92	威海市	74.60	118	南通市	71.83
67	宿州市	77.39	93	宣城市	74.58	119	怀化市	71.83
68	许昌市	77.16	94	丽江市	74.45	120	贵港市	71.70
69	凉山彝族自治州	76.86	95	郑州市	74.41	121	滨州市	71.56
70	钦州市	76.69	96	济宁市	74.38	122	保定市	71.55
71	合肥市	76.64	97	驻马店市	74.31	123	包头市	71.41
72	赤峰市	76.59	98	马鞍山市	74.20	124	肇庆市	71.17
73	泰州市	76.48	99	湘西土家族苗族自治州	73.83	125	沈阳市	71.16
74	柳州市	76.45	100	广安市	73.83	126	荆门市	71.12
75	淮南市	76.27	101	楚雄彝族自治州	73.73	127	常德市	71.12
76	连云港市	76.23	102	陇南市	73.73	128	湛江市	70.99
77	延安市	75.82	103	嘉兴市	73.64	129	唐山市	70.73

续表

排名	地市	指数	排名	地市	指数	排名	地市	指数
130	揭阳市	70.62	154	安庆市	68.44	178	普洱市	66.71
131	淮安市	70.51	155	固原市	68.13	179	临沂市	66.68
132	西安市	70.45	156	鄂州市	68.01	180	衡水市	66.63
133	中山市	70.41	157	巴中市	67.93	181	桂林市	66.40
134	通化市	70.38	158	松原市	67.81	182	锡林郭勒盟	66.25
135	周口市	70.35	159	甘孜藏族自治州	67.80	183	白城市	66.21
136	来宾市	70.32	160	东莞市	67.66	184	定西市	66.19
137	毕节市	70.32	161	益阳市	67.61	185	晋中市	66.16
138	淮北市	70.06	162	铜川市	67.57	186	宜春市	66.07
139	攀枝花市	69.97	163	衡阳市	67.57	187	大庆市	66.06
140	汕尾市	69.53	164	泉州市	67.48	188	兴安盟	66.01
141	铜陵市	69.52	165	酒泉市	67.46	189	遂宁市	65.90
142	百色市	69.41	166	清远市	67.28	190	吉林市	65.83
143	金昌市	69.37	167	张掖市	67.24	191	呼和浩特市	65.78
144	石家庄市	69.18	168	阳泉市	67.20	192	上饶市	65.62
145	张家界市	69.17	169	营口市	67.05	193	临夏回族自治州	65.62
146	忻州市	69.17	170	南昌市	66.88	194	日喀则市	65.53
147	石嘴山市	69.01	171	无锡市	66.88	195	安康市	65.53
148	三门峡市	68.92	172	菏泽市	66.88	196	邯郸市	65.39
149	黄冈市	68.77	173	昭通市	66.87	197	伊春市	65.39
150	文山壮族苗族自治州	68.61	174	哈尔滨市	66.84	198	黄南藏族自治州	65.27
151	朔州市	68.57	175	萍乡市	66.79	199	恩施土家族苗族自治州	65.20
152	自贡市	68.52	176	临汾市	66.76	200	黄石市	65.19
153	西宁市	68.49	177	阿坝藏族羌族自治州	66.73	201	宜宾市	65.06

续表

排名	地市	指数	排名	地市	指数	排名	地市	指数
202	廊坊市	65.04	226	安阳市	63.18	250	巴音郭楞州	61.04
203	吉安市	64.95	227	承德市	62.96	251	克孜勒苏州	61.04
204	玉溪市	64.87	228	张家口市	62.79	252	黔东南苗族侗族自治州	61.00
205	晋城市	64.74	229	红河哈尼族彝族自治州	62.70	253	延边州	60.97
206	三亚市	64.61	230	阿勒泰地区	62.69	254	佳木斯市	60.95
207	焦作市	64.60	231	保山市	62.50	255	哈密市	60.87
208	甘南藏族自治州	64.48	232	淄博市	62.47	256	邢台市	60.84
209	阿克苏地区	64.42	233	眉山市	62.44	257	咸阳市	60.57
210	崇左市	64.23	234	吴忠市	62.28	258	泰安市	60.52
211	白山市	64.23	235	白银市	62.04	259	达州市	60.49
212	梧州市	64.21	236	鹤壁市	62.02	260	长治市	60.38
213	日照市	64.07	237	新乡市	62.02	261	曲靖市	60.31
214	烟台市	63.96	238	安顺市	61.95	262	渭南市	60.28
215	河池市	63.95	239	盐城市	61.89	263	和田地区	60.26
216	四平市	63.87	240	珠海市	61.76	264	扬州市	60.22
217	青岛市	63.78	241	本溪市	61.75	265	铁岭市	59.83
218	平顶山市	63.73	242	娄底市	61.52	266	大理白族自治州	59.60
219	秦皇岛市	63.71	243	新余市	61.51	267	嘉峪关市	59.60
220	枣庄市	63.55	244	商丘市	61.47	268	海西蒙古族藏族自治州	59.39
221	海口市	63.43	245	塔城地区	61.44	269	泸州市	59.19
222	德州市	63.36	246	昌吉州	61.40	270	巴彦淖尔市	59.03
223	玉林市	63.31	247	雅安市	61.39	271	七台河市	58.96
224	乌鲁木齐市	63.25	248	盘锦市	61.37	272	天水市	58.93
225	武威市	63.19	249	鞍山市	61.04	273	沧州市	58.21

续表

排名	地市	指数	排名	地市	指数	排名	地市	指数
274	鹰潭市	58.18	295	海南藏族自治州	55.25	316	宝鸡市	49.20
275	德宏傣族景颇族自治州	58.05	296	太原市	54.49	317	鄂尔多斯市	49.01
276	中卫市	57.63	297	黑河市	54.45	318	阿拉善盟	48.28
277	佛山市	57.57	298	乌兰察布市	54.12	319	运城市	47.32
278	洛阳市	57.35	299	吐鲁番市	54.00	320	抚州市	47.20
279	大同市	57.33	300	辽源市	53.83	321	怒江傈僳族自治州	46.98
280	克拉玛依市	57.10	301	阜新市	53.57	322	博尔塔拉州	46.18
281	海东市	56.94	302	南充市	53.34	323	绥化市	45.48
282	九江市	56.88	303	漯河市	53.20	324	辽阳市	45.33
283	鹤岗市	56.80	304	昌都市	53.07	325	鸡西市	42.62
284	乌海市	56.67	305	大兴安岭地区	52.88	326	兰州市	41.97
285	锦州市	56.62	306	朝阳市	52.65	327	玉树藏族自治州	41.89
286	齐齐哈尔市	56.51	307	西双版纳傣族自治州	52.14	328	伊犁州	40.75
287	景德镇市	56.49	308	果洛藏族自治州	52.05	329	那曲地区	38.56
288	遵义市	56.43	309	乐山市	51.31	330	喀什地区	36.71
289	双鸭山市	56.26	310	海北藏族自治州	50.62	331	林芝市	36.38
290	吕梁市	56.20	311	榆林市	50.35	332	三沙市	35.71
291	开封市	55.93	312	葫芦岛市	50.30	333	山南市	35.19
292	迪庆藏族自治州	55.88	313	抚顺市	50.22	334	阿里地区	31.69
293	大连市	55.85	314	丹东市	49.81			
294	贺州市	55.29	315	商洛市	49.31			

注：不列示无相应服务渠道的数据，省级自治区采用简称，下同。

附表4-2　　　　　地级市政府微博服务能力指数

排名	地市	指数	排名	地市	指数	排名	地市	指数
1	宿迁市	93.01	28	西安市	81.54	55	达州市	76.39
2	广州市	91.18	29	杭州市	81.50	56	雅安市	76.24
3	宁波市	88.48	30	巴中市	81.40	57	贵港市	76.06
4	无锡市	87.53	31	成都市	81.34	58	衡阳市	75.87
5	内江市	86.75	32	佛山市	81.20	59	鸡西市	75.67
6	深圳市	85.83	33	德宏傣族景颇族自治州	81.17	60	清远市	75.48
7	南昌市	85.75	34	德阳市	80.55	61	昭通市	75.43
8	石家庄市	85.47	35	徐州市	80.15	62	南通市	75.38
9	苏州市	85.31	36	鄂尔多斯市	80.07	63	郴州市	75.36
10	青岛市	84.91	37	常州市	80.03	64	湖州市	75.34
11	东莞市	84.91	38	遂宁市	79.98	65	枣庄市	75.30
12	哈尔滨市	84.61	39	天水市	79.21	66	济南市	75.12
13	南宁市	84.30	40	威海市	79.17	67	昆明市	75.07
14	洛阳市	84.11	41	柳州市	78.81	68	齐齐哈尔市	74.96
15	武汉市	83.88	42	唐山市	78.52	69	马鞍山市	74.70
16	宜昌市	83.68	43	宜春市	78.40	70	温州市	74.65
17	曲靖市	83.62	44	舟山市	78.14	71	萍乡市	74.49
18	广元市	83.60	45	博尔塔拉州	77.93	72	镇江市	74.43
19	泸州市	83.47	46	北海市	77.80	73	宜宾市	74.41
20	南充市	83.11	47	乐山市	77.77	74	长春市	74.32
21	汕头市	83.04	48	孝感市	77.73	75	伊春市	74.32
22	福州市	83.02	49	抚州市	77.62	76	菏泽市	74.14
23	合肥市	82.85	50	钦州市	77.50	77	铜陵市	74.10
24	安庆市	82.27	51	兰州市	77.25	78	乌兰察布市	74.07
25	秦皇岛市	82.19	52	烟台市	76.86	79	呼伦贝尔市	73.88
26	宿州市	81.66	53	惠州市	76.73	80	白银市	73.70
27	新余市	81.62	54	扬州市	76.70	81	松原市	73.56

续表

排名	地市	指数	排名	地市	指数	排名	地市	指数
82	资阳市	73.56	109	亳州市	71.33	136	丹东市	69.22
83	赣州市	73.46	110	泰州市	71.29	137	济宁市	69.19
84	中山市	73.44	111	抚顺市	71.21	138	绍兴市	69.16
85	潍坊市	73.22	112	芜湖市	71.01	139	大同市	69.16
86	景德镇市	73.14	113	泉州市	70.97	140	荆州市	69.15
87	鹰潭市	73.09	114	汕尾市	70.92	141	滁州市	69.10
88	日照市	73.04	115	承德市	70.88	142	肇庆市	68.98
89	凉山彝族自治州	72.98	116	鄂州市	70.82	143	汉中市	68.97
90	普洱市	72.95	117	吕梁市	70.80	144	延安市	68.92
91	沧州市	72.93	118	渭南市	70.75	145	三明市	68.92
92	邯郸市	72.82	119	岳阳市	70.69	146	丽水市	68.77
93	连云港市	72.68	120	莆田市	70.56	147	茂名市	68.77
94	邢台市	72.56	121	哈密市	70.55	148	江门市	68.29
95	三门峡市	72.52	122	绵阳市	70.51	149	晋中市	68.16
96	七台河市	72.25	123	保定市	70.33	150	西宁市	68.13
97	南京市	72.25	124	红河哈尼族彝族自治州	70.27	151	益阳市	68.04
98	四平市	72.20	125	廊坊市	70.25	152	晋城市	68.04
99	九江市	72.12	126	铜川市	69.96	153	开封市	67.90
100	阿拉善盟	72.08	127	本溪市	69.90	154	平凉市	67.71
101	梅州市	72.08	128	襄阳市	69.83	155	辽源市	67.55
102	银川市	72.08	129	六安市	69.74	156	黄山市	67.53
103	德州市	72.05	130	长沙市	69.66	157	克拉玛依市	67.40
104	聊城市	72.02	131	伊犁州	69.64	158	嘉兴市	67.24
105	临沧市	71.90	132	三亚市	69.59	159	兴安盟	67.09
106	眉山市	71.71	133	濮阳市	69.34	160	池州市	66.93
107	衢州市	71.60	134	吉安市	69.31	161	淮安市	66.59
108	常德市	71.42	135	攀枝花市	69.23	162	安康市	66.45

续表

排名	地市	指数	排名	地市	指数	排名	地市	指数
163	上饶市	66.44	186	巴彦淖尔市	64.75	209	吐鲁番市	62.48
164	大庆市	66.42	187	阳江	64.73	210	黑河市	62.47
165	淄博市	66.39	188	白山市	64.70	211	衡水市	62.34
166	陇南市	66.35	189	梧州市	64.62	212	阜阳市	62.17
167	河源市	66.31	190	十堰市	64.59	213	永州市	61.97
168	包头市	66.27	191	运城市	64.55	214	朔州市	61.90
169	西双版纳傣族自治州	66.26	192	防城港市	64.54	215	丽江市	61.90
170	珠海市	66.06	193	铜仁市	64.50	216	咸宁市	61.84
171	荆门市	65.90	194	商洛市	64.08	217	咸阳市	61.54
172	郑州市	65.86	195	滨州市	64.07	218	定西市	61.45
173	固原市	65.79	196	恩施土家族苗族自治州	63.94	219	黔西南布依族苗族自治州	60.96
174	黔东南苗族侗族自治州	65.74	197	玉林市	63.84	220	通辽市	60.94
175	玉溪市	65.63	198	潮州市	63.84	221	呼和浩特市	60.73
176	双鸭山市	65.63	199	榆林市	63.77	222	淮北市	60.57
177	宝鸡市	65.61	200	广安市	63.59	223	拉萨市	60.31
178	宣城市	65.48	201	湛江市	63.59	224	锦州市	60.22
179	延边州	65.46	202	和田地区	63.54	225	许昌市	59.68
180	黄石市	65.43	203	六盘水市	63.48	226	海口市	59.54
181	临沂市	65.26	204	南平市	63.45	227	忻州市	59.42
182	台州市	65.25	205	石嘴山市	63.41	228	白城市	59.41
183	酒泉市	65.08	206	太原市	63.40	229	淮南市	59.33
184	玉树藏族自治州	65.05	207	乌海市	63.21	230	楚雄彝族自治州	59.14
185	临夏回族自治州	64.77	208	阿坝藏族羌族自治州	62.56	231	克孜勒苏州	58.43

续表

排名	地市	指数	排名	地市	指数	排名	地市	指数
232	新乡市	58.41	250	昌吉州	56.67	268	塔城地区	50.99
233	来宾市	58.31	251	蚌埠市	56.65	269	株洲市	50.31
234	金昌市	58.26	252	营口市	56.51	270	日喀则市	49.48
235	贺州市	58.22	253	商丘市	56.07	271	长治市	49.43
236	武威市	58.20	254	通化市	55.88	272	迪庆藏族自治州	48.88
237	黄冈市	58.17	255	张掖市	55.39	273	湘潭市	48.52
238	金华市	58.03	256	大理白族自治州	55.35	274	儋州市	48.42
239	阿克苏地区	57.90	257	安阳市	55.25	275	甘孜藏族自治州	47.32
240	乌鲁木齐市	57.79	258	泰安市	54.59	276	贵阳市	47.25
241	宁德市	57.66	259	海西蒙古族藏族自治州	54.44	277	云浮市	46.64
242	莱芜市	57.53	260	黔南布依族苗族自治州	53.62	278	南阳市	46.27
243	盐城市	57.47	261	龙岩市	53.60	279	鹤岗市	44.84
244	东营市	57.34	262	嘉峪关市	52.94	280	山南市	39.84
245	自贡市	57.19	263	随州市	51.64	281	遵义市	39.08
246	阿勒泰地区	57.16	264	厦门市	51.56	282	平顶山市	38.13
247	安顺市	56.91	265	焦作市	51.44	283	湘西土家族苗族自治州	37.94
248	沈阳市	56.86	266	娄底市	51.08	284	张家口市	37.18
249	赤峰市	56.86	267	河池市	51.08	285	海东市	34.00

附表4-3　　　　地级市政府微信服务能力指数

排名	地市	指数	排名	地市	指数	排名	地市	指数
1	佛山市	79.97	4	滁州市	76.16	7	西安市	74.84
2	阜阳市	77.46	5	岳阳市	75.90	8	安康市	74.61
3	铜陵市	76.88	6	三亚市	75.50	9	宿迁市	74.58

续表

排名	地市	指数	排名	地市	指数	排名	地市	指数
10	武汉市	74.49	37	潍坊市	67.80	64	拉萨市	64.22
11	滨州市	74.45	38	宣城市	67.68	65	邯郸市	64.13
12	宜昌市	74.19	39	江门市	67.67	66	沈阳市	64.12
13	清远市	73.27	40	常德市	67.43	67	淮南市	64.09
14	六安市	72.28	41	威海市	67.38	68	衡水市	64.08
15	长沙市	72.17	42	呼和浩特市	67.32	69	安庆市	63.99
16	十堰市	71.67	43	绵阳市	67.08	70	眉山市	63.78
17	杭州市	71.48	44	深圳市	66.88	71	衡阳市	63.21
18	咸宁市	71.48	45	长治市	66.57	72	昆明市	63.18
19	秦皇岛市	70.84	46	肇庆市	66.24	73	南京市	63.00
20	湖州市	70.33	47	宿州市	66.23	74	锦州市	62.79
21	广安市	70.20	48	宜宾市	66.22	75	阳泉市	62.79
22	鹤壁市	69.98	49	吉安市	65.94	76	常州市	62.70
23	福州市	69.86	50	潮州市	65.65	77	临汾市	62.25
24	海口市	69.77	51	宁波市	65.23	78	兰州市	62.01
25	三明市	69.69	52	铜仁市	65.18	79	黔西南布依族苗族自治州	61.92
26	濮阳市	69.69	53	西宁市	65.17	80	东莞市	61.59
27	泸州市	69.53	54	丽水市	65.16	81	太原市	61.54
28	连云港市	69.40	55	上饶市	64.79	82	锡林郭勒盟	61.33
29	亳州市	69.13	56	温州市	64.58	83	延边州	61.33
30	黄山市	68.94	57	四平市	64.46	84	宁德市	61.28
31	开封市	68.43	58	蚌埠市	64.46	85	茂名市	61.21
32	佳木斯市	68.33	59	景德镇市	64.46	86	中卫市	61.21
33	邢台市	68.15	60	随州市	64.46	87	龙岩市	61.00
34	东营市	68.15	61	韶关市	64.34	88	厦门市	61.00
35	广州市	68.03	62	沧州市	64.27	89	汕头市	61.00
36	兴安盟	68.03	63	固原市	64.27	90	陇南市	61.00

续表

排名	地市	指数	排名	地市	指数	排名	地市	指数
91	河源市	60.96	116	娄底市	58.18	141	攀枝花市	53.81
92	德州市	60.72	117	南平市	58.09	142	泰州市	53.78
93	吐鲁番市	60.66	118	抚州市	58.09	143	玉林市	53.76
94	淮北市	60.65	119	中山市	57.97	144	乌鲁木齐市	53.55
95	焦作市	60.52	120	石家庄市	57.97	145	安阳市	53.51
96	黔南布依族苗族自治州	60.52	121	新余市	57.84	146	鞍山市	53.39
97	渭南市	60.52	122	果洛藏族自治州	57.76	147	青岛市	53.39
98	永州市	60.48	123	许昌市	57.55	148	包头市	53.39
99	惠州市	60.44	124	吴忠市	57.36	149	阿克苏地区	53.06
100	昌吉州	60.41	125	金华市	56.36	150	庆阳市	52.83
101	池州市	60.30	126	珠海市	56.30	151	自贡市	52.64
102	恩施土家族苗族自治州	60.15	127	和田地区	56.09	152	通辽市	52.54
103	台州市	60.07	128	德阳市	56.05	153	承德市	52.53
104	成都市	59.88	129	凉山彝族自治州	56.03	154	南昌市	52.49
105	荆门市	59.75	130	海东市	55.96	155	赣州市	51.60
106	贵阳市	59.54	131	临夏回族自治州	55.94	156	喀什地区	51.51
107	曲靖市	59.54	132	柳州市	55.17	157	咸阳市	51.48
108	毕节市	59.38	133	内江市	55.17	158	克孜勒苏州	51.45
109	六盘水市	59.33	134	石嘴山市	55.03	159	嘉峪关市	51.39
110	克拉玛依市	59.12	135	大同市	54.75	160	玉树藏族自治州	51.39
111	钦州市	58.75	136	朔州市	54.72	161	大庆市	51.01
112	保定市	58.63	137	海南藏族自治州	54.40	162	哈尔滨市	50.87
113	汉中市	58.54	138	鄂州市	54.30	163	玉溪市	50.51
114	赤峰市	58.49	139	齐齐哈尔市	54.21	164	马鞍山市	50.41
115	南充市	58.26	140	塔城地区	53.96	165	张家口市	50.38

续表

排名	地市	指数	排名	地市	指数	排名	地市	指数
166	南阳市	50.35	191	商洛市	47.82	216	平顶山市	44.36
167	银川市	50.21	192	绍兴市	47.77	217	阿坝藏族羌族自治州	44.22
168	云浮市	50.11	193	无锡市	47.55	218	盐城市	44.01
169	百色市	49.93	194	资阳市	47.32	219	阿里地区	43.94
170	双鸭山市	49.93	195	平凉市	47.28	220	武威市	43.88
171	丹东市	49.81	196	阿拉善盟	47.04	221	昌都市	43.87
172	菏泽市	49.60	197	天水市	46.90	222	漳州市	43.80
173	安顺市	49.60	198	海西蒙古族藏族自治州	46.90	223	伊春市	43.62
174	白山市	49.24	199	驻马店市	46.62	224	株洲市	43.52
175	昭通市	49.22	200	黄南藏族自治州	46.40	225	遵义市	43.50
176	商丘市	49.08	201	芜湖市	46.17	226	通化市	43.49
177	临沧市	49.03	202	辽阳市	46.15	227	宝鸡市	43.49
178	乐山市	48.98	203	宜春市	46.01	228	信阳市	43.39
179	荆州市	48.94	204	黄石市	46.01	229	巴彦淖尔市	43.23
180	铜川市	48.55	205	达州市	46.01	230	淮安市	43.17
181	漯河市	48.37	206	梧州市	45.77	231	合肥市	43.11
182	雅安市	48.35	207	营口市	45.63	232	榆林市	43.11
183	唐山市	48.34	208	邵阳市	45.63	233	阿勒泰地区	42.75
184	博尔塔拉州	48.31	209	南宁市	45.49	234	长春市	42.72
185	聊城市	48.21	210	九江市	45.02	235	廊坊市	42.50
186	甘南藏族自治州	48.18	211	梅州市	44.98	236	巴音郭楞州	42.50
187	苏州市	48.03	212	鹤岗市	44.90	237	忻州市	42.21
188	贵港市	48.03	213	徐州市	44.74	238	松原市	42.20
189	山南市	47.96	214	吕梁市	44.54	239	孝感市	41.72
190	鄂尔多斯市	47.82	215	呼伦贝尔市	44.36	240	林芝市	41.68

续表

排名	地市	指数	排名	地市	指数	排名	地市	指数
241	广元市	41.47	265	济南市	38.42	289	西双版纳傣族自治州	34.08
242	张家界市	41.42	266	阳江市	38.18	290	晋中市	34.03
243	红河哈尼族彝族自治州	41.35	267	运城市	37.88	291	伊犁州	33.61
244	河池市	41.33	268	绥化市	37.88	292	黔东南苗族侗族自治州	33.16
245	文山壮族苗族自治州	41.33	269	大兴安岭地区	37.88	293	日照市	32.93
246	定西市	41.33	270	葫芦岛市	37.88	294	嘉兴市	32.85
247	七台河市	41.24	271	三门峡市	37.88	295	盘锦市	32.81
248	遂宁市	41.22	272	金昌市	37.22	296	阜新市	32.47
249	白银市	40.97	273	楚雄彝族自治州	37.13	297	甘孜藏族自治州	32.18
250	保山市	40.57	274	镇江市	36.63	298	本溪市	32.09
251	鸡西市	40.41	275	鹰潭市	36.63	299	延安市	32.09
252	防城港市	40.41	276	烟台市	36.42	300	白城市	31.85
253	湘潭市	40.05	277	乌兰察布市	36.31	301	扬州市	31.81
254	牡丹江市	39.66	278	湘西土家族苗族自治州	36.26	302	新乡市	31.38
255	襄樊市	39.66	279	德宏傣族景颇族自治州	35.96	303	周口市	31.37
256	郑州市	39.64	280	湛江市	35.90	304	晋城市	30.31
257	来宾市	39.18	281	普洱市	35.90	305	黑河市	30.31
258	萍乡市	39.17	282	儋州市	35.67	306	淄博市	30.31
259	黄冈市	39.17	283	日喀则市	35.36	307	济宁市	30.31
260	大理白族自治州	39.16	284	吉林市	35.27	308	枣庄市	30.31
261	辽源市	39.14	285	莆田市	34.63	309	郴州市	30.31
262	泰安市	39.08	286	北海市	34.39	310	揭阳市	30.31
263	贺州市	38.81	287	舟山市	34.11	311	崇左市	30.31
264	铁岭市	38.44	288	汕尾市	34.09	312	酒泉市	30.00

续表

排名	地市	指数	排名	地市	指数	排名	地市	指数
313	益阳市	29.73	318	张掖市	27.78	323	南通市	25.24
314	抚顺市	29.36	319	怒江傈僳族自治州	27.78	324	临沂市	24.87
315	乌海市	29.04	320	衢州市	26.71	325	哈密市	24.66
316	泉州市	29.04	321	丽江市	26.51	326	海北藏族自治州	22.96
317	那曲地区	28.56	322	莱芜市	26.50	327	巴中市	6.60

注：不列示无相应渠道的数据。

附表4-4　　地级市政府APP服务能力指数

排名	地市	指数	排名	地市	指数	排名	地市	指数
1	淄博市	91.04	18	巴中市	70.05	35	池州市	65.59
2	宁波市	88.54	19	汕头市	69.81	36	苏州市	65.45
3	马鞍山市	87.60	20	六盘水市	69.71	37	遵义市	65.00
4	龙岩市	85.29	21	昌吉州	69.36	38	广元市	64.72
5	扬州市	83.73	22	威海市	68.43	39	娄底市	63.88
6	福州市	82.43	23	恩施土家族苗族自治州	67.69	40	莆田市	63.85
7	淮南市	77.94	24	肇庆市	67.63	41	湛江市	63.77
8	亳州市	77.31	25	广安市	67.50	42	永州市	63.06
9	铜陵市	76.83	26	济南市	67.36	43	泰州市	62.58
10	珠海市	76.75	27	安庆市	67.34	44	四平市	62.48
11	南京市	75.60	28	黄冈市	67.32	45	广州市	62.27
12	三明市	75.58	29	抚州市	66.74	46	上饶市	61.94
13	蚌埠市	73.85	30	潍坊市	66.59	47	黄山市	61.71
14	拉萨市	73.39	31	佛山市	66.54	48	无锡市	61.68
15	梅州市	72.10	32	商丘市	66.16	49	南平市	60.53
16	温州市	71.32	33	鄂州市	65.75	50	辽源市	60.21
17	成都市	70.40	34	许昌市	65.62	51	延边州	60.07

续表

排名	地市	指数	排名	地市	指数	排名	地市	指数
52	宜宾市	59.45	76	柳州市	50.12	100	普洱市	42.85
53	安阳市	58.95	77	雅安市	49.47	101	楚雄彝族自治州	42.85
54	太原市	58.09	78	黔南布依族苗族自治州	49.21	102	红河哈尼族彝族自治州	42.85
55	揭阳市	57.92	79	南宁市	48.18	103	荆门市	42.81
56	十堰市	56.81	80	哈尔滨市	47.80	104	荆州市	42.64
57	乌兰察布市	55.98	81	果洛藏族自治州	47.74	105	银川市	42.27
58	泉州市	55.22	82	株洲市	47.61	106	大理白族自治州	42.23
59	镇江市	55.22	83	汉中市	46.92	107	吉安市	42.19
60	鸡西市	55.04	84	云浮市	46.87	108	韶关市	42.19
61	岳阳市	55.02	85	滁州市	46.12	109	通辽市	41.77
62	武汉市	54.83	86	乌海市	45.36	110	宿州市	41.77
63	绥化市	54.42	87	漯河市	45.01	111	景德镇市	41.66
64	六安市	54.14	88	嘉峪关市	44.56	112	随州市	41.19
65	青岛市	52.98	89	秦皇岛市	44.30	113	中卫市	41.11
66	朔州市	52.86	90	张家口市	44.22	114	双鸭山市	40.61
67	襄樊市	52.42	91	南充市	44.19	115	黄石市	40.53
68	本溪市	52.06	92	金华市	43.69	116	连云港市	40.45
69	宁德市	51.55	93	南通市	43.36	117	丽江市	40.38
70	沈阳市	51.50	94	湖州市	42.85	118	阿拉善盟	40.36
71	桂林市	51.11	95	自贡市	42.85	119	邢台市	40.03
72	怀化市	51.09	96	昆明市	42.85	120	巴彦淖尔市	40.03
73	常德市	50.71	97	昭通市	42.85	121	鄂尔多斯市	40.03
74	孝感市	50.39	98	曲靖市	42.85	122	伊春市	39.54
75	凉山彝族自治州	50.24	99	玉溪市	42.85	123	克孜勒苏州	38.64

续表

排名	地市	指数	排名	地市	指数	排名	地市	指数
124	临沧市	38.62	148	台州市	35.57	172	赣州市	23.13
125	德宏傣族景颇族自治州	38.62	149	德州市	35.28	173	资阳市	22.79
126	郴州市	38.50	150	怒江傈僳族自治州	35.09	174	锡林郭勒盟	22.27
127	三沙市	38.46	151	佳木斯市	33.42	175	淮安市	22.07
128	榆林市	38.38	152	那曲地区	33.18	176	清远市	19.99
129	呼和浩特市	38.29	153	宜春市	32.29	177	菏泽市	19.59
130	东营市	38.29	154	漳州市	32.07	178	牡丹江市	19.27
131	宜昌市	38.25	155	衡阳市	32.07	179	铜川市	8.45
132	濮阳市	38.10	156	安顺市	31.95	180	鞍山市	7.25
133	文山壮族苗族自治州	37.91	157	石嘴山市	31.94	181	厦门市	7.25
134	赤峰市	37.71	158	庆阳市	31.32	182	长沙市	7.25
135	滨州市	37.70	159	乐山市	30.51	183	中山市	7.25
136	聊城市	37.38	160	江门市	29.86	184	贵港市	7.25
137	黔西南布依族苗族自治州	37.34	161	保定市	29.31	185	海口市	7.25
138	洛阳市	37.25	162	常州市	29.29	186	德阳市	7.25
139	西双版纳傣族自治州	37.20	163	内江市	27.50	187	新乡市	6.21
140	迪庆藏族自治州	37.20	164	平顶山市	27.48	188	泰安市	5.84
141	钦州市	37.09	165	焦作市	27.33	189	喀什地区	5.13
142	吐鲁番市	37.02	166	克拉玛依市	27.07	190	毕节市	3.77
143	儋州市	36.79	167	呼伦贝尔市	26.45	191	徐州市	3.73
144	兴安盟	36.13	168	开封市	25.52	192	惠州市	2.90
145	益阳市	35.98	169	兰州市	25.30	193	遂宁市	2.90
146	锦州市	35.80	170	咸阳市	24.15			
147	保山市	35.79	171	攀枝花市	23.28			

注：不列示无相应渠道的数据。

附表4-5　　　　　　　地级市政府电子服务能力综合指数

排名	地市	指数	排名	地市	指数	排名	地市	指数
1	宁波市	83.79	27	湖州市	69.15	53	连云港市	64.60
2	广州市	76.43	28	安庆市	69.05	54	上饶市	64.56
3	福州市	76.28	29	肇庆市	68.85	55	无锡市	64.09
4	三明市	76.06	30	广元市	68.80	56	淄博市	63.77
5	汕头市	75.95	31	佛山市	68.03	57	镇江市	63.67
6	亳州市	75.74	32	南平市	68.00	58	黔南布依族苗族自治州	63.29
7	龙岩市	74.70	33	济南市	67.61	59	金华市	63.08
8	南京市	74.08	34	许昌市	67.44	60	昌吉州	62.70
9	拉萨市	73.97	35	梅州市	67.38	61	宁德市	62.68
10	铜陵市	73.71	36	泰州市	67.12	62	扬州市	62.66
11	成都市	73.61	37	永州市	67.09	63	随州市	62.60
12	温州市	72.91	38	孝感市	66.66	64	濮阳市	62.50
13	黄山市	72.84	39	滁州市	66.10	65	秦皇岛市	62.50
14	马鞍山市	72.75	40	宿州市	65.93	66	沈阳市	62.39
15	蚌埠市	72.45	41	莆田市	65.89	67	汉中市	62.30
16	六盘水市	72.15	42	南宁市	65.53	68	钦州市	62.22
17	威海市	71.99	43	宜昌市	65.45	69	滨州市	62.02
18	武汉市	71.98	44	珠海市	65.21	70	常州市	62.01
19	淮南市	71.80	45	昆明市	65.14	71	黔西南布依族苗族自治州	61.93
20	池州市	71.72	46	宜宾市	65.06	72	临沧市	61.91
21	十堰市	71.56	47	柳州市	65.05	73	聊城市	61.88
22	岳阳市	71.44	48	常德市	64.84	74	青岛市	61.47
23	六安市	70.46	49	鄂州市	64.82	75	江门市	61.44
24	潍坊市	70.28	50	四平市	64.75	76	延边州	61.41
25	广安市	69.95	51	凉山彝族自治州	64.64	77	内江市	61.27
26	苏州市	69.49	52	恩施土家族苗族自治州	64.61	78	台州市	61.13

续表

排名	地市	指数	排名	地市	指数	排名	地市	指数
79	哈尔滨市	60.64	106	咸宁市	57.63	133	辽源市	54.23
80	黄冈市	60.54	107	株洲市	57.55	134	西安市	53.86
81	湛江市	60.45	108	雅安市	57.36	135	本溪市	53.82
82	东营市	60.45	109	保定市	57.17	136	韶关市	53.77
83	朔州市	60.43	110	杭州市	57.13	137	攀枝花市	53.76
84	荆门市	60.30	111	巴中市	57.06	138	红河哈尼族彝族自治州	53.74
85	银川市	60.28	112	清远市	56.90	139	丽水市	53.72
86	娄底市	60.03	113	自贡市	56.62	140	遵义市	53.61
87	云浮市	59.98	114	景德镇市	56.45	141	乌兰察布市	53.47
88	荆州市	59.78	115	阜阳市	56.43	142	丽江市	53.18
89	吉安市	59.60	116	德州市	56.37	143	嘉峪关市	52.86
90	赤峰市	59.50	117	泉州市	56.33	144	惠州市	52.83
91	襄樊市	59.44	118	南充市	55.95	145	锦州市	52.81
92	商丘市	59.33	119	玉溪市	55.92	146	克孜勒苏州	52.56
93	宿迁市	59.07	120	楚雄彝族自治州	55.50	147	铜仁市	52.51
94	抚州市	58.95	121	石嘴山市	55.21	148	德阳市	52.43
95	安阳市	58.88	122	呼伦贝尔市	55.19	149	开封市	52.03
96	曲靖市	58.57	123	伊春市	54.90	150	吐鲁番市	51.99
97	兴安盟	58.52	124	郴州市	54.80	151	河源市	51.94
98	邢台市	58.38	125	儋州市	54.66	152	双鸭山市	51.93
99	通辽市	58.21	126	资阳市	54.56	153	焦作市	51.87
100	太原市	58.19	127	南通市	54.54	154	厦门市	51.79
101	衡阳市	58.15	128	绵阳市	54.52	155	宣城市	51.70
102	呼和浩特市	58.00	129	深圳市	54.45	156	张家口市	51.63
103	长沙市	57.97	130	普洱市	54.44	157	长春市	51.56
104	昭通市	57.72	131	黄石市	54.41	158	菏泽市	51.34
105	赣州市	57.71	132	宜春市	54.27	159	巴彦淖尔市	51.25

续表

排名	地市	指数	排名	地市	指数	排名	地市	指数
160	德宏傣族景颇族自治州	51.15	184	阿拉善盟	49.09	208	衢州市	47.02
161	潮州市	51.12	185	海口市	49.09	209	佳木斯市	46.87
162	中山市	51.06	186	南阳市	48.96	210	新余市	46.81
163	庆阳市	51.01	187	揭阳市	48.93	211	兰州市	46.56
164	淮安市	50.98	188	咸阳市	48.89	212	平顶山市	46.28
165	益阳市	50.93	189	乐山市	48.76	213	中卫市	46.15
166	徐州市	50.87	190	泸州市	48.71	214	西双版纳傣族自治州	46.10
167	克拉玛依市	50.81	191	固原市	48.56	215	沧州市	45.77
168	鄂尔多斯市	50.52	192	乌海市	48.52	216	临夏回族自治州	45.67
169	安顺市	50.49	193	邯郸市	48.45	217	郑州市	45.63
170	东莞市	50.39	194	南昌市	48.24	218	渭南市	45.45
171	贵阳市	50.31	195	北海市	48.04	219	遂宁市	45.44
172	石家庄市	50.26	196	阳江市	47.98	220	文山壮族苗族自治州	45.14
173	三亚市	50.17	197	舟山市	47.83	221	果洛藏族自治州	45.09
174	陇南市	50.05	198	唐山市	47.82	222	大庆市	45.00
175	芜湖市	50.00	199	淮北市	47.81	223	延安市	44.94
176	鸡西市	49.97	200	铜川市	47.80	224	承德市	44.76
177	大理白族自治州	49.91	201	平凉市	47.68	225	松原市	44.72
178	安康市	49.90	202	漳州市	47.60	226	锡林郭勒盟	44.35
179	茂名市	49.84	203	包头市	47.52	227	莱芜市	44.33
180	贵港市	49.75	204	衡水市	47.49	228	玉林市	44.20
181	合肥市	49.51	205	防城港市	47.38	229	三门峡市	44.06
182	绍兴市	49.48	206	榆林市	47.36	230	嘉兴市	44.05
183	西宁市	49.21	207	眉山市	47.10	231	济宁市	44.05

续表

排名	地市	指数	排名	地市	指数	排名	地市	指数
232	长治市	43.92	256	金昌市	42.17	280	鹰潭市	39.81
233	湘潭市	43.83	257	保山市	42.10	281	邵阳市	39.64
234	萍乡市	43.81	258	塔城地区	41.81	282	临沂市	39.42
235	白山市	43.69	259	牡丹江市	41.63	283	黔东南苗族侗族自治州	39.13
236	阿克苏地区	43.67	260	晋中市	41.60	284	日喀则市	39.13
237	通化市	43.59	261	武威市	41.26	285	甘孜藏族自治州	39.01
238	和田地区	43.51	262	日照市	41.23	286	阳泉市	39.00
239	忻州市	43.33	263	九江市	41.00	287	丹东市	38.97
240	乌鲁木齐市	43.32	264	怀化市	40.99	288	桂林市	38.94
241	廊坊市	43.29	265	七台河市	40.99	289	张掖市	38.93
242	阿坝藏族羌族自治州	43.26	266	湘西土家族苗族自治州	40.90	290	临汾市	38.72
243	汕尾市	43.26	267	酒泉市	40.81	291	鹤壁市	38.60
244	齐齐哈尔市	43.23	268	枣庄市	40.77	292	博尔塔拉州	38.45
245	达州市	43.16	269	盐城市	40.70	293	海东市	38.24
246	天水市	43.14	270	阿勒泰地区	40.69	294	驻马店市	38.20
247	洛阳市	43.13	271	毕节市	40.46	295	信阳市	38.06
248	来宾市	42.96	272	吕梁市	40.46	296	哈密市	37.90
249	梧州市	42.92	273	泰安市	40.30	297	迪庆藏族自治州	37.80
250	大同市	42.87	274	晋城市	40.24	298	商洛市	37.65
251	营口市	42.87	275	绥化市	40.11	299	鹤岗市	37.26
252	漯河市	42.75	276	河池市	40.03	300	贺州市	37.18
253	烟台市	42.46	277	海西蒙古族藏族自治州	39.97	301	百色市	37.06
254	白银市	42.29	278	白城市	39.97	302	宝鸡市	36.88
255	定西市	42.28	279	新乡市	39.82	303	鞍山市	36.60

续表

排名	地市	指数	排名	地市	指数	排名	地市	指数
304	吴忠市	35.97	315	吉林市	32.53	326	葫芦岛市	27.22
305	玉树藏族自治州	35.75	316	巴音郭楞州	32.29	327	辽阳市	27.13
306	黑河市	35.59	317	伊犁州	32.10	328	喀什地区	26.42
307	张家界市	35.13	318	铁岭市	30.95	329	海北藏族自治州	24.12
308	抚顺市	34.97	319	崇左市	30.86	330	三沙市	23.91
309	甘南藏族自治州	34.82	320	盘锦市	30.32	331	林芝市	22.78
310	运城市	34.82	321	那曲地区	29.74	332	阿里地区	21.49
311	黄南藏族自治州	34.73	322	昌都市	29.57	333	大连市	21.13
312	周口市	33.40	323	山南市	29.07	334	朝阳市	19.92
313	怒江傈僳族自治州	33.27	324	大兴安岭地区	28.20			
314	海南藏族自治州	32.67	325	阜新市	27.29			

附录 5　国务院部委电子服务能力测评标准

附表 5-1　　　　　　　　　政务网站测评标准

信息服务能力	
1. 有用实用	(1) 机构职能介绍完整、清晰，有完整的职能简介、负责人、联系方式、地址信息等，得5分；缺一项扣2分。(2) 有与该部委职能密切相关的官方报告，题目与内容相吻合、有结论、有数据佐证、有参考价值，得5分；缺一项扣2分。(3) 提供信息查询服务（如安监局提供事故查询、危险化学品查询等），得5分，否则0分。计算公式：取 (1)(2)(3) 平均分
2. 来源权威	在政府网站首页任选10条发布的"信息"，统计"信息"来源于"官方第一手资料"或者"标明转载出处"的信息数目 n（多个栏目，随机抽取样本）。计算公式 n/2
3. 时间效度	选择政府网站主页"今日要闻""热点动态""要闻动态"等能代表工作日当天信息的栏目。计算方法：信息发布的最新日期为当天的得5分，最新日期为昨日（2天）的得4分，依次3天为3分，4—5天为2分，6—14天为1分，14天及以上为0分
4. 易得可得	在政府网站首页任选10条发布的信息，统计可以正确打开，并看到完整内容的链接数目 n（如测试过程发现任何死链接，本项扣1分，标注死链接数）。计算公式 n/2
事务服务能力	
1. 公众（个人）办事	对个人办事项目列表中的首项事务进行测试，若办事指南、预约、申请、支付、查询均可线上完成，得5分；实现一项，得1分
2. 企业（法人）办事	对企业办事项目列表中的首项事务进行测试，若办事指南、预约、申请、支付、查询均可线上完成，得5分；实现一项，得1分

续表

3. 全程办理率	在部委"在线办事"（或类似栏目）任选10个办事项目，统计能完成全程办理的服务的数量。说明：引导至软件下载、系统登录/注册界面，可视为可全程办理，有特殊要求必须到现场办理、又提供清晰"办事指南"的视为可全程办理。计算公式 n/2	
参与服务能力		
1. 参与管理	提供电子邮件或者在线方式对部门工作提出建议或咨询：（1）写信须知（注意事项）、（2）查询或公开等功能、（3）在线访谈、（4）意见征求、（5）举报渠道。以上功能实现一项得2分，多实现一项加1分，满分5分	
2. 参与回应	对上例测评对象分2个周期进行测试，1个周期为1周，24小时内回复的得5分，24—48小时内回复的得4分，48—72小时内回复的得3分，72—96小时回复的得2分，96—168小时内回复的得1分，超过168个小时仍未得到回复的得0分	
3. 参与反馈	对上例反馈结果进行分析，给予正面、充分回应的得5分，推至其他职能部门或人的得1分，未收到回应的得0分；基于正面回应的程度判定得3分或4分	
服务提供能力		
1. 便捷易用	政府网站（1）有明确的导航条或导航栏；（2）按用户类型对服务事项进行了划分，比如分为个人与法人，公众与企业；（3）二级类目按事项类型进行归类；（4）提供在线办事的咨询服务（如：客服在线）。以上功能只实现一项得2分，每多一项加1分	
2. 公平	政府网站功能上支持（1）多种语言，如繁体、英文、日文等；（2）辅助老人、盲人使用，支持语音、读屏功能；（3）对硬软件性能无特别要求（主要考虑低收入人群的使用）；（4）帮助功能简单易用、流程清楚。以上功能只实现一项得2分，每多一项加1分	
3. 稳定可靠	访问政府网站的时候（1）网址3次访问均能打开；（2）首页各类内容、元素均能正常显示；（3）相应二级页面3次测试均能打开；（4）外部链接3次测试均能打开；（5）多语言版本、搜索功能等辅助功能均能使用。以上功能实现一项得1分	
服务创新能力		
1. 意见与建议吸纳能力	政府网站有（1）联系我们、（2）网站纠错、（3）网站评价等类似功能，测试并给出回应。测试周期为1周，给予正面、充分回应的得5分，未收到回应的得0分；基于正面回应的程度判定得2—4分（统一设计咨询内容）	
2. 分享传播能力	是否有分享到社交平台功能？在首页从不同栏目中随机打开5条信息，统计具备分享到社交平台功能的信息数目。无此功能0分	

附表 5-2　　　　　　　　　　政务微博评价标准

	服务提供能力
发布时长	是否有政务微博？如无，0 分；如有，2015 年开通得 1 分；2014 年开通得 2 分；2013 年开通得 3 分，2012 年开通得 4 分，2011 年及更早得 5 分
	微博影响力
1. 受众规模	政务微博粉丝数排名（前 10% 得 5 分；排名前 20% 得 4 分；排名前 30% 得 3 分；排名前 50% 得 2 分；其余得 1 分）
2. 信息规模	政务微博日均微博数（排名前 10% 得 5 分；排名前 20% 得 4 分；排名前 30% 得 3 分；排名前 50% 得 2 分；其余得 1 分）
3. 活跃度	政务微博原创微博率（排名前 10% 得 5 分；排名前 20% 得 4 分；排名前 30% 得 3 分；排名前 50% 得 2 分；其余得 1 分）
4. 交互性	人均点赞数通过排名给予得分、转发数通过排名给予得分、评论排名给予得分的均值
	信息服务能力
1. 实用	选择近 10 条微博，统计其中转/赞/评均不为 0 的微博数与非"鸡汤"类、感叹类的微博数 n，计算公式 n/4
2. 权威	选择近 10 条事实类（"鸡汤"类、常识类除外）微博，统计有信息来源（来源可能出现在文字或图片中，方式有：@某账号、正文标明来源、图片标明来源等）的微博数（原创微博可认为是权威的），计算公式 n/2
3. 时效	进入官方微博主页，选择"全部"微博，查看最近一条微博时间，计算与测评时的时间差。计分方法：如果差额为 24 小时内得分为 5，差额 24—48 小时得分为 4，差额 48—72 小时得分为 3，差额 72—120 得分为 2，差额 120 小时以上得分为 1
4. 易得	进入官方微博主页，任意点击 10 个超链接，统计可以正确打开并看到完整内容的链接数目 n。计算公式 n/2
	服务创新能力
1. 采纳能力	微博内容包括图片、视频、音乐、链接等元素（在高级搜索中进行勾选即可查看），计分方法：有一个得 1 分，4 个得 5 分
2. 吸收能力	进入主页，搜索"微信"，查看是否有政务微信的推广或功能介绍（不局限于微博高级搜索，能够看到微信推广内容就得分）。计分方法：有，5 分；无，0 分

附表 5-3　　　　　　　　　　政务微信评价标准

	信息服务能力
1. 有用实用	政务微信推送的信息中有企业、公众所需的、密切关注的内容吗？有，5分；无，0分
2. 权威准确	计算——政务微信推送的信息内容都属于按照政府信息公开条例产生的第一手资料或其他来源明确的官方资料吗？选10条推送信息，统计有明确权威来源的推文数目。计算公式——n/2
3. 时效	政务微信推送的信息都是在信息有效期内第一时间向社会发布的吗？查看政务微信历史消息，计算最近一条推文的发布日期与测评时的时间差。如果差额为0（24小时内）得分为5，差额为1（24—48小时）得分为4，差额为2（48—72小时）得分为3，差额3—4得分为2，差额5天以上得分为1
4. 易得可得	通过政务微信查询相关信息的成功率高吗？测试所有快捷菜单（包括子菜单），是否可以正确打开并有相应内容（如无菜单，则任选10条历史信息，是否可以正确打开并看到完整内容）？统计无效的菜单或者链接数目，1条0.5分，10条以上0分。后采用计算公式（10-n）/2
	事务服务能力
效率与效果	使用政务微信是否可以快速找到事务服务入口？是否有清晰的办事流程？是否可以全程网上办理？是否可以获知事务处理进度？（1）通过自动回复提示可以进入服务入口得1分或通过快捷菜单可以进入服务入口得1分；（2）有清晰的办事流程说明得1分；（3）可以全程网上办理得2分；（4）可以获知事务处理进度得1分。计算总得分，功能合并的按总分计算（尽量测试全部事务服务内容，有一项服务符合以上事项即可得分）
	参与服务能力
参与服务渠道	（1）有无市长信箱；（2）有无意见征集；（3）有无网上调查；（4）有无互动留言；（5）有无12345热线；（6）有无其他（如有，注明该栏目名称）。满分6分，进行5分制转化
	服务提供能力
便捷易用	（1）有快捷菜单；（2）快捷菜单有二级菜单；（3）有有用的自动回复（有助于指导用户完成相关事项）；（4）有人工回复。以上功能实现一项计1分，实现两项计2分，实现三项计3分，实现三项以上计5分

续表

微信影响力	
1. 受众规模	分别统计政务微信历史消息中第三期推送第一、二、三条推文的点赞量与阅读数之和,分别根据排名给出得分 X 与 Y(排名前 10% 得 5 分;排名前 20% 得 4 分;排名前 30% 得 3 分;排名前 50% 得 2 分;其余得 1 分),取平均(可顺延)(X + Y)/2
2. 信息规模	政务微信最近 3 期的推文总数,根据得分给予排名(排名前 10% 得 5 分;排名前 20% 得 4 分;排名前 30% 得 3 分;排名前 50% 得 2 分;其余得 1 分)

附表 5-4　　政务 APP 评价标准

服务提供能力	
1. 渠道面	是否有 APP?如无,得 0 分,本项调查结束;有,但只有 Android 或 iOS 版中的一种,得 2 分;有,且 Android 和 iOS 版都有,得 5 分
2. 覆盖面	纯信息服务,得 1 分;除信息服务外,有政府官方网站上部分事务服务、参与服务功能,但不全,得 2—4 分;与政府官方网站功能基本一致,可提供信息服务、事务服务、参与服务等,得 5 分
3. 易得性	是否容易下载到?官网首页有下载提示(链接、二维码均可)且可正常下载,得 3 分;可在主流电子市场(Android:应用宝、360 手机助手、小米、华为、百度手机助手、91、豌豆荚、安智、历趣、沃商店;iOS:app store)任一个下载到,加 2 分
4. 稳定可靠	判断是否可以正常使用。满分 5 分。无法打开,得 0 分;出现闪退或卡顿 2 次及以上,扣 2 分;无法打开部分栏目、内容,或点击按钮等操作无响应,根据严重情况,扣 1—2 分;屏幕分辨率适配度,如显示严重异常,扣 1 分
5. 易用性	是否可以方便地找到并浏览信息?界面符合用户对 APP 的使用习惯,无学习门槛,加 1 分;有搜索功能,加 1 分;有收藏功能,加 1 分;有字体大小自适应调节功能,加 1 分;有四项可满分 5 分
6. 使用反馈	有无对 APP 使用意见反馈功能:5/0
7. 社交性	是否有分享到社交平台功能?如有分享本 APP 到社交平台功能,加 2 分;如有分享信息、资讯到社交平台功能加 3 分

续表

信息服务能力	
1. 有用实用	机构职能介绍完整、清晰：有完整的职能简介、负责人、联系方式、地址信息，得5分；缺1项扣2分；无此项目0分
2. 权威度	政府官方APP发布的信息内容都属于第一手资料或其他来源明确的官方资料。在政府官方APP首页任选10条发布的信息，统计信息来源于"官方第一手资料"或者"标明转载出处"的信息数目n。计算公式n/2
3. 时效	信息都是在信息有效期内第一时间向社会发布吗？选择政府官方APP主页"今日要闻""热点动态""要闻动态"等能代表"工作日"当天信息的栏目。计算方法：如果有当天发布的信息的得5分，2天4分，3天3分，4天为2分，5天及以上为1分
4. 可得	政府官方APP任选10条发布的信息，统计可以正确打开，并看到完整内容的链接数目n。计算公式n/2
事务服务能力	
效率效果	政府官方APP提供办事服务：对任一办事服务进行测试：（1）如有办事指南信息，得2分；（2）如有任一项目可以实现全流程在线办理，得5分。如无此项服务能力，得0分
参与服务能力	
1. 参与的管理	提供电子邮件或者在线方式对部门工作提出建议或咨询：（1）写信须知（注意事项）、（2）查询或公开等功能。以上功能实现一项得3分，实现两项得5分
2. 参与的响应	对上例测评对象分2个周期进行测试，1个周期为1周，24小时内回复的得5分，24—48小时内回复的得4分，48—72小时内回复的得3分，72—96小时回复的得2分，96—168小时回复的得1分，超过168个小时仍未得到回复的得0分。测试开始时间统一为周一早上9点
3. 参与的反馈	对上例反馈结果进行分析，给予正面、充分回应的得5分，推至其他职能部门或人的得1分，未收到回应的得0分；基于正面回应的程度判定得2—4分

附录6 国务院部委电子服务能力测评样本

附表6-1　　部委政务网站来源

部委	采集数据源（网址）	部委	采集数据源（网址）
外交部	http://www.fmprc.gov.cn/mfa_chn/	国家新闻出版广电总局	http://www.sapprft.gov.cn/
国家发展和改革委员会	http://www.ndrc.gov.cn/	国家统计局	http://www.stats.gov.cn/
科技部	http://www.most.gov.cn/	国家机关事务管理局	http://www.ggj.gov.cn/
国家民族事务委员会	http://www.seac.gov.cn/	国家税务总局	http://www.chinatax.gov.cn/
民政部	http://www.mca.gov.cn/	国家体育总局	http://www.sport.gov.cn/
财政部	http://www.mof.gov.cn/	国务院参事室	http://www.counsellor.gov.cn/
自然资源部	http://www.mlr.gov.cn/	国务院港澳事务办公室	http://www.hmo.gov.cn/
住房和城乡建设部	http://www.mohurd.gov.cn/	中国银行保险监督管理委员会	http://www.cbrc.gov.cn/
水利部	http://www.mwr.gov.cn/	中国气象局	http://www.cma.gov.cn/
商务部	http://www.mofcom.gov.cn/	中国证券监督管理委员会	http://www.csrc.gov.cn/
国家卫生健康委员会	http://www.nhfpc.gov.cn/	国家信访局	http://www.gjxfj.gov.cn/

续表

部委	采集数据源（网址）	部委	采集数据源（网址）
审计署	http://www.audit.gov.cn/	国家能源局	http://www.nea.gov.cn/
教育部	http://www.moe.gov.cn/	国家烟草专卖局	http://www.tobacco.gov.cn/
工业和信息化部	http://www.miit.gov.cn/	中国民用航空局	http://www.caac.gov.cn/
公安部	http://www.mps.gov.cn/	国家文物局	http://www.sach.gov.cn/
司法部	http://www.moj.gov.cn/	国家外汇管理局	http://www.safe.gov.cn/
人力资源和社会保障部	http://www.mohrss.gov.cn/	国家粮食和物资储备局	http://www.chinagrain.gov.cn/
生态环境部	http://www.mep.gov.cn/	国家国防科技工业局	http://www.sastind.gov.cn/
交通运输部	http://www.mot.gov.cn/	国家铁路局	http://www.nra.gov.cn/
农业农村部	http://www.moa.gov.cn/	国家邮政局	http://www.spb.gov.cn/
文化和旅游部	http://www.mct.gov.cn/	国家中医药管理局	http://www.satcm.gov.cn/
中国人民银行	http://www.pbc.gov.cn/	国家煤矿安全监察局	http://www.chinacoal-safety.gov.cn/
应急管理部	http://www.chinasafety.gov.cn/	国家药监局	http://cnda.cfda.gov.cn
国务院国有资产监督管理委员会	http://www.sasac.gov.cn/	国家林业和草原局	http://www.forestry.gov.cn/
海关总署	http://www.customs.gov.cn/	国家知识产权局	http://www.sipo.gov.cn/
市场监管总局	http://samr.saic.gov.cn/	国家移民管理局	http://www.mps.gov.cn/n2254996/

附表6-2　　部委政务微博来源

部委	采集数据源（名称）	部委	采集数据源（名称）
外交部	外交小灵通	国家新闻出版广电总局	无
国家发展和改革委员会	国家发改委	国家统计局	中国统计
科技部	锐科技	国家机关事务管理局	无
国家民族事务委员会	无	国家税务总局	国家税务总局
民政部	民政微语	国家体育总局	无
财政部	无	国务院参事室	无
自然资源部	国土资源部门户网站	国务院港澳事务办公室	无
住房和城乡建设部	无	中国银行保险监督管理委员会	保监微新闻
水利部	无	中国气象局	中国气象局
商务部	商务微新闻	中国证券监督管理委员会	中国证券监督管理委员会发布
国家卫生健康委员会	健康中国	国家信访局	无
审计署	无	国家能源局	无
教育部	微言教育	国家烟草专卖局	无
工业和信息化部	工信微报	中国民用航空局	中国民航网—新闻中心
公安部	警民携手同行	国家文物局	中国文博
司法部	中国普法	国家外汇管理局	外汇局发布
人力资源和社会保障部	无	国家粮食和物资储备局	无
生态环境部	中国环境宣传教育	国家国防科技工业局	无
交通运输部	无	国家铁路局	铁道政言
农业农村部	无	国家邮政局	国家邮政快递报
文化和旅游部	文旅之声	国家中医药管理局	无
中国人民银行	央行微播	国家煤矿安全监察局	无
应急管理部	中华人民共和国应急管理部	国家药品监督管理局	无
国务院国有资产监督管理委员会	国资小新	国家林业和草原局	国家林业和草原局
海关总署	海关发布	国家知识产权局	无
市场监管总局	无	国家移民管理局	无

附表 6-3　　　　　　　　　　部委政务微信来源

部委	采集数据源（名称）	部委	采集数据源（名称）
财政部	财政部	国家药品监督管理局	中国药闻
司法部	中国普法	公安部	公安部交通安全微发布
国家税务总局	国家税务总局	国家新闻出版广电总局	中国新闻出版广电政务
海关总署	海关发布	中国民用航空局	中国民航网
国家中医药管理局	中国中医	教育部	微言教育
国家林业和草原局	中国林业网	国家国防科技工业局	国家军民融合公共服务平台
市场监管总局	中国市场监管	文化和旅游部	中国文化网
人力资源和社会保障部	人力资源和社会保障部	国家机关事务管理局	G22微勤
审计署	审计署	中国证券监督管理委员会	中国证券监督管理委员会发布
国家信访局	国家信访局	中国人民银行	征信小助手
科技部	锐科技	应急管理部	中华人民共和国应急管理部
国家发展和改革委员会	国家发改委	国家文物局	国家文物局
民政部	中国民政	国家体育总局	体育总局科研所书刊部
中国气象局	中国气象局	自然资源部	自然资源部门户网站
水利部	中国水利	国家国际发展合作署	国家国际发展合作署
国家能源局	国家能源局	国家外汇管理局	外汇局发布
交通运输部	交通运输部	住房和城乡建设部	无
国家邮政局	国家邮政局	农业农村部	无
国家统计局	统计微讯	退役军人部	无
外交部	外交小灵通	国家医保局	无
国家知识产权局	国家知识产权局	国务院参事室	无

续表

部委	采集数据源（名称）	部委	采集数据源（名称）
生态环境部	生态环境部	国务院港澳事务办公室	无
国务院国有资产监督管理委员会	国资小新	中国银行保险监督管理委员会	无
工业和信息化部	工信微报	中央广电总台	无
国家粮食和物资储备局	国家粮食交易中心	国家烟草专卖局	无
国家卫生健康委员会	健康中国	国家铁路局	无
商务部	商务微新闻	国家煤矿安全监察局	无
国家民族事务委员会	国家民族事务委员会	移民管理局	无

附表6-4　　　　　**部委政务APP来源**

部委	采集数据源（名称）	部委	采集数据源（名称）
生态环境部	走进环保	外交部	外交部
自然资源部	自然资源部	司法部	司法部
民政部	中华人民共和国民政部	国家统计局	数据中国
教育部	中华人民共和国教育部	国家信访局	手机信访
国家药品监督管理局	中国食药监管	商务部	商务部网站
国家林业和草原局	中国林业网	中国民用航空局	民航局网站
国家知识产权局	知识产权维权	交通运输部	交通运输部
人力资源和社会保障部	掌上12333	国家体育总局	国家体育总局
国家新闻出版广电总局	新闻出版广电	国家税务总局	国家税务总局
中央广电总台	央广新闻	国家发展和改革委员会	发展改革委
中国气象局	万千气象	财政部	财政部

附录 7　The Index of Government E-Services Capability(2019)

Profile

With the implementation of the "Internet +" national strategy, the application of "Internet + Governance Service" continues to deepen, and the social and public demand for government services on the Internet is increasing rapidly. The government is expected to provide a better user service experience. In particular, the Guiding Opinions on Actively Promoting the "Internet +", actions issued by the State Council in July 2015. The 13th Five-Year Plan published in March 2016 regarding the aspect of "deepening the reform of administrative management system", "optimizing government services", "promoting Internet + Governance services", and "comprehensively promoting government affairs publicity"; this reflects the attention on and concern with the improvement of the e-government service capability on all levels of government in China. In October 2017, the report of the 19th National Congress of the Communist Party of China pointed out that the modernization of the national governance system and governance capability should be continuously promoted, the construction of Internet contents should be strengthened, and a comprehensive network governance system should be established.

This study takes the four service channels used by provincial and municipal governments in China (except for Hong Kong, Macao, and Taiwan) namely government websites, WeChat, Microblog, and APP, as the breakthrough point, constructs the evaluation system of e-government service capability, analyzes the data through the whole sample evaluation, analyzes the level of the e-government service capability in provinces and cities with quantitative and qualitative technologies and methods, and summarizes best practice cases of e-government service capability construction.

This study first makes an in-depth analysis of the government service capability, government service channels, provincial government service interval attributes, and government service regional attributes on three levels (provinces, municipalities directly under the central government, and prefecture-level cities) in the context of four service channels (websites, microblogs, WeChat, and APP), and systematically reports the development level of Chinese e-government service.

Second, it measures various composite indexes of provincial and municipal e-government service capabilities. The results show that the provincial and municipal dual micro-capabilities index is at the highest level, while the comprehensive index and the new media index are decreasing, which highlights the change in the development direction of Chinese e-government service channels, i.e. the shift from traditional channels to new channels.

In addition, as compared to previous years, the regional index analysis of e-government services of various channels has been increased. The data shows that the overall e-government service capacity of the four channels decreases from the southeast coastal area of China to the underdeveloped areas in the northwest. The central region, represented by Hubei Province and Chongqing City, has made rapid progress and performed well.

Finally, this study summarizes best practice cases of e-government services: Guizhou Provincial People Government Network—a mature and complete government website, Beijing—practical and convenient Government Affairs Microblog, Nanchang Municipal Government Website (WeChat) —full service government WeChat, Ningbo—balanced development of government APP, and carries out an in-depth analysis.

Overall, the characteristics of government electronic services at all levels are still obvious. The focus of service capacity building has gradually shifted from government websites to new media channels, the development of government APP being particularly fast. The user experience of the public and enterprises is improving year by year. In comparison with e-commerce applications, there is still much room for improvement. The development trend of government service business is gradually sinking. The reform of administrative examination, approval, and the streamlining of administration and decentralization have achieved remarkable results.

The project team hopes to establish an objective, quantitative, and clearly evaluation system for e-government service capability through the combination of theory and practice, to report the development level of e-government service capability on all levels of government, to promote construction through evaluation, to promote use through evaluation, to set a benchmark, to guide a sustainable development of e-government, and to help modernize the China government administration capability.

Institute of Government Data Resources, Nanjing University
National Innovation Platform of Nanjing University
Xinhuanet Big Data Center
March 2019

Chapter I Background and Methodology

1.1 Background

With the rapid development of information technology and the continuous growth of government services in terms of mobility, speed, intelligence, and networking, new norms have been developed for government services. The efficiency and quality of service have been improved, that is why government decisions are becoming more scientific and democratic. At the same time, society is demanding for more Internet-based government services, and it is essential to think about how to better serve the organization and public in terms of government e-services. It is also very important to improve the level of Chinese e-government services capability for the modernization of governance.

In July 2015, the State Council issued the guiding opinions for actively promoting the "Internet +", emphasizing the positive role of "Internet + Governance" in accelerating the transformation of government functions. It also proposed that an in-depthintegration of the Internet and the government public service system should be renovated along with the promotion of an innovative supply of public services, the integration of service resources, and building of an integrated online public service system for the citizens. On April 12, 2016, the State Council issued the "Main Points for Government Affairs Openness in 2016"; it was stressed in the report that it is important to strengthen the openness policy and continuously enhance the effectiveness of openness, to interpret the openness policy, and to safeguard the people's right to know, participate, express, and control. It was also emphasized that deepen reform in economic development, livelihood improvement and government construction should be kept under considerations. On September 14, 2016, Premier Li Keqiang of the State Council chaired an executive meeting of the State Council to speed up the work of "Internet + Governance Service" in order to strengthen government reforms and thus help enterprises and people. In October 2017, in a report by the 19th National Congress of the Communist Party of China it was pointed out that the modernization of the national governance system and governance capability should be continuously stimulated, the construction of Internet content should be strengthened, and a comprehensive network governance system should be established. In April 2018, the first Digital China Construction Summit was successfully held with the support of the National Development and Reform Commission, the Internet Information Office, and various other departments. At the summit, 30 national e-government best practice cases were presented and discussed. In order to respond to the national call and also to reflect the current development situation of Chinese e-government services, along with finding the optimal path to promote the construction of "Internet + Governance" and improving the level of Chinese e-government service capability, the Institute of Government Data Resources of Nanjing University, supported by the National Innovation Platform, jointly launched the 2018 China e-government service capability evaluation work with Xinhua.

In this survey and evaluation report, "user experience" was benchmarked as the starting point, and an evaluation system was constructed for evaluating the capability of government electronic services. The participants in this survey were non-biased and quantifiable. We divided the participants into several groups and conducted an all-around cross-examination. A review was conducted of 27 provincial governments portals, 4 municipalities portals directly under the central government and 334 prefecture-level cities in China (except for Hong Kong, Macao, and Taiwan), government affairs microblog (mainly Sina Weibo), government WeChat, and government APP (Android and iOS systems). The main purpose was to promote the development of Chinese e-government services into a "One-Stop service", to improve citizen satisfaction and government service capability, and to promote a healthy development of Chinese e-government services.

1.2 The idea of evaluation

The evaluation work was started in May 2018; team formation and the preparation of tools and methods were carried out in July. The forecast evaluation, formal evaluation, and supplementary evaluation were completed in July and August; data collation and analysis were carried out from September and October, and the final research report was completed in October and November.

Our target audience were 4 municipalities directly under the central government, 27 provinces, and 334 prefecture-level cities (including sub-provincial cities and cities specifically designated in the state plan). The official government websites, government WeChat, government affairs microblog, and government APP in mainland China were studied to realize full sample evaluation of provinces, municipalities directly under the central government, and prefecture-level cities.

In this evaluation, the definition of "two micro ends" is as follows: a verified microblog, an official account on a social networking platform, or a service number with subject identification. Among them, if the certification subject is not the people's government, it was not evaluated, which may include only those marked by the Party Committee, the party propaganda department, the information center etc.. Without subject identification, the official account on a social networking platform, service numbers, and government service clients developed and operated by relevant departments or third-party units, such as the information and government service provided by them, was evaluated as they are closely related to the government and can clearly reflect its functions.

Chapter II Comprehensive Index of E-Service Capability

2.1 Comprehensive Index of E-Service Capability of Provincial and Municipal Governments

2.1.1 Description of Comprehensive Index of E-Service Capability

The comprehensive index of e-government service capability is a comprehensive evaluation index of the service capability of four e-service channels (government website, microblog, WeChat, and APP). It was used to evaluate the construction level of e-government service channels in China more comprehensively and objectively. The equation used to calculate it is as follows:

$$EGSAI_C = \sum_{i=1}^{4} \sigma_i EGSCI_i ,$$

where $EGSAI_C$ is the comprehensive index of government electronic service capability channels, σ_i is the weight, and $EGSCI_i$ is the index of government E-service ability channels, i = 1, 2, 3, 4.

2.1.2 Comprehensive Index of Municipal Government E-Service Capability

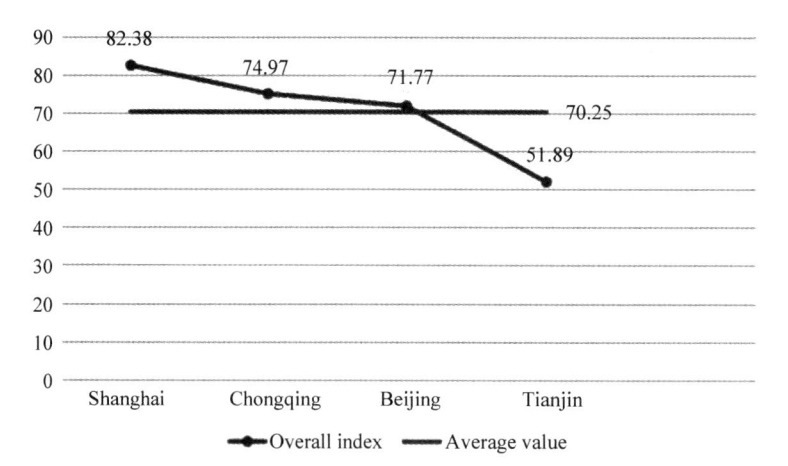

Table 2 – 1 Comprehensive Index of Municipal Government E-Service Capability

Ranking	Municipality	Overall index	Website index	Micro-blog Index	WeChat Index	APP Index
1	Shanghai	82.38	86.36	93.57	68.24	82.52
2	Chongqing	74.97	74.51	89.93	66.88	74.62
3	Beijing	71.77	69.12	93.37	75.43	61.76
4	Tianjin	51.89	75.18	91.22	51.41	

Among the four municipalities directly under the central government, Shanghai municipal government ranks first in terms of e-service channel construction and has achieved remarkable results in the creation of government website, microblog, and WeChat. Chongqing and Beijing rank second and third, respectively, and the integrity and ease of use of "new media" channels are worth mentioning. However, due to the lack of APP in Tianjin, the integrity of its electronic service channel construction needs to be improved.

Figure 2 – 1 Comprehensive Index of Municipal Government E-Service Capability

According to the component dimensions of the comprehensive index of government e-servicecapability, Beijing, Shanghai, and Chongqing have relatively similar levels of construction and development among the four municipalities directly under the central government. However, the lack of APP channel in Tianjin has seriously affected the overall quality of its e-government services.

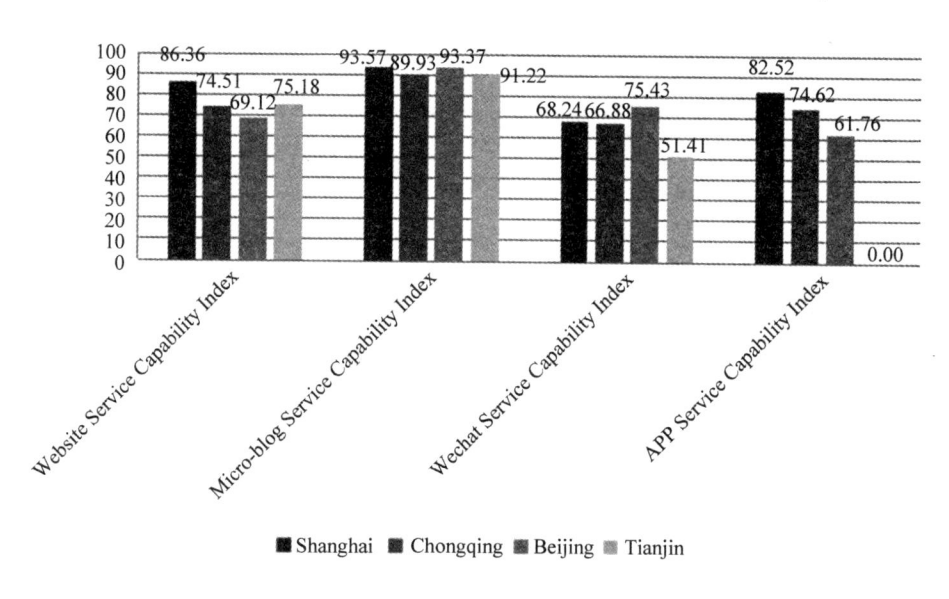

Figure 2-2 Channel Index of Municipal Government E-Service Capability

The ranking of the municipal government comprehensive index of e-service ability has changed in comparison to 2018, but the comprehensive index of the four cities has slightly improved. The development of the four channels is still unbalanced, while the micro-blog index is far ahead. Other indicators have increased to different degrees on the basis of 2018. The overall score is higher than that of 2018.

2.1.3 Comprehensive Index of Provincial Government E-Service Capability

Table 2 – 2　**Comprehensive Index of Provincial Government E-Service Capability**

Ranking	Provinces	Overall index	Overall index	Website index	Micro-blog Index	WeChat Index
1	Guizhou	75.50	80.09	76.50	69.70	73.21
2	Sichuan	74.70	73.64	90.75	61.00	79.13
3	Zhejiang	74.63	72.43	78.61	66.07	82.56
4	Hubei	72.82	75.51	76.45	67.51	71.51
5	Anhui	71.30	73.07	68.63	66.95	73.63
6	Henan	69.57	78.73	69.08	56.84	67.17
7	Jiangsu	68.32	81.21	83.86	54.66	53.45
8	Jilin	67.46	72.94	82.49	43.67	71.31
9	Hunan	65.42	60.16	74.46	62.48	70.61
10	Shanxi	65.14	65.52	61.34	64.06	67.36
11	Neimenggu	64.91	70.02	77.46	53.22	60.84
12	Guangdong	64.51	77.12	55.98	70.68	46.19
13	Guangxi	63.76	64.53	44.50	68.78	68.31
14	Jiangxi	61.74	58.93	74.52	69.06	53.41
15	Xinjiang	59.80	55.94	76.57	61.14	55.77
16	Yunnan	58.97	53.47	83.99	77.24	39.54
17	Gansu	58.32	64.97	88.34	62.91	30.34
18	Hainan	58.18	73.21	59.41	61.17	34.13
19	Fujian	57.34	76.01	59.59	48.36	37.27
20	Hebei	56.69	56.01	87.69	68.15	32.97
21	Shandong	51.09	61.60	73.41	31.58	40.82
22	Ningxia	49.81	73.32	62.20	63.19	0.00
23	Liaoning	49.66	52.43	59.04	30.31	56.58

Contd.

Ranking	Provinces	Overall index	Overall index	Website index	Micro-blog Index	WeChat Index
24	Shaanxi	47.44	68.66	80.51	48.94	0.00
25	Qinghai	46.93	65.09	67.89	60.73	0.00
26	Xizang	45.95	39.43	66.17	54.72	37.96
27	Heilongjiang	41.32	54.07	60.25	58.82	0.00

In the comprehensive index of provincial government E-service ability, Guizhou province ranks first. Sichuan, Zhejiang, Hubei, and Anhui province rank second to fifth, respectively. These five provinces have performed well in the channel construction of e-government services. Guizhou province has offered good user experience to the public by providing convenient and easy-to-use channel construction. Hubei province has a sound and perfect online reply mechanism that provides timely exchange of opinions with the users. Sichuan, Zhejiang, and Hubei provinces have frequently interacted with the public on their microblogs and WeChat. The Lower-ranked provinces are lack the integrity of channel construction, have difficulties with the integration of multi-channel services, and generally lack online presentation of important matters. The average value of the comprehensive index of the provincial government e-service ability is only 60.79, which is low. A total of 14 provincial governments nationwide exceeded the national average, accounting for about 52.00%, which is more than in 2018.

Judging from the component dimensions of the provincial government comprehensive index of e-service capability, Guizhou, Sichuan, Zhejiang, and Hubei provinces have a high overall level and relatively balanced performance in various channels. The four provincial governments started their E-government service work earlier and have a

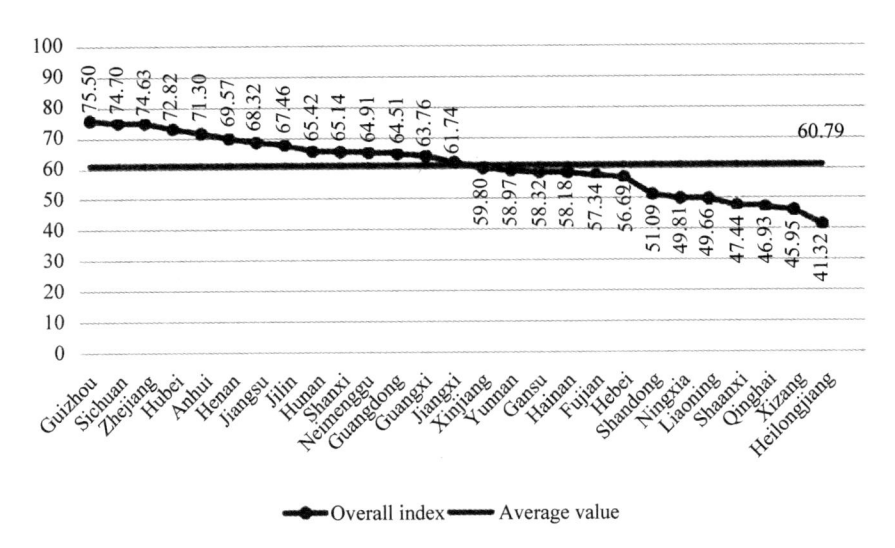

Figure 2–3   Comprehensive Index of Provincial Government E-Service Capability

good overall management and promotion mechanism. On the whole, the construction level of the four channels of E-service for most provincial governments in the country is still uneven; the construction experience of WeChat and APP, two new government service channels, is still seriously lacking and in a weaker position compared with websites and microblog channels. Judging from the integrity of the channel construction, there are still four provincial governments that lack e-service channels.

Judging from the average level of the comprehensive index of provincial government E-service capability, the overall construction of government microblogs and websites is better than that of government microblogs and APP. In terms of scores, the average index of government microblog service capability in each province is 71.84, which is at a medium level. The construction level of websites and WeChat is slightly lower, with the average indexes of 66.60 and 59.33, respectively, and there is still much room for improvement. The average

[Figure: bar chart showing Website, Micro-blog, Wechat, and APP Service Capability Indices for provinces: Guizhou, Zhejiang, Anhui, Jiangsu, Hunan, Neimenggu, Guangxi, Xinjiang, Gansu, Fujian, Shandong, Liaoning, Qinghai, Heilongjiang]

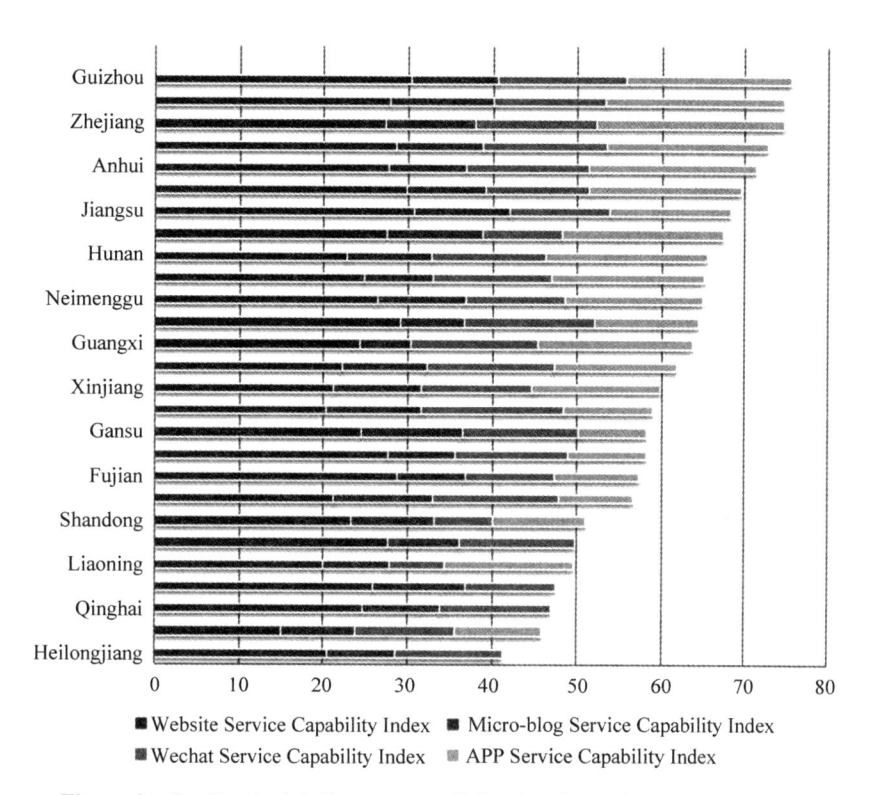

Figure 2-4　Provincial Government E-Service Capability Channel Index

value of APP service capability index is 48.30, which requires urgent attention from all provinces.

Judging from the interval distribution of the provincial government comprehensive E-service capability index, the construction level of the comprehensive E-service ability of each province is obviously distributed in levels, most of which are at a higher level. There are 14 provincial governments reaching higher levels, namely Guizhou, Sichuan, Zhejiang, Hubei, Anhui, Henan, Jiangsu, Jilin, Hunan, Shanxi, Inner Mongolia, Guangdong, Guangxi, and Jiangxi provinces, accounting for 51.85%, with an average of 68.56. The 13 provincial governments of Xinjiang, Yunnan province, Gansu province, and Hainan province are at the medium level, accounting for 48.15%, with an average of 52.42.

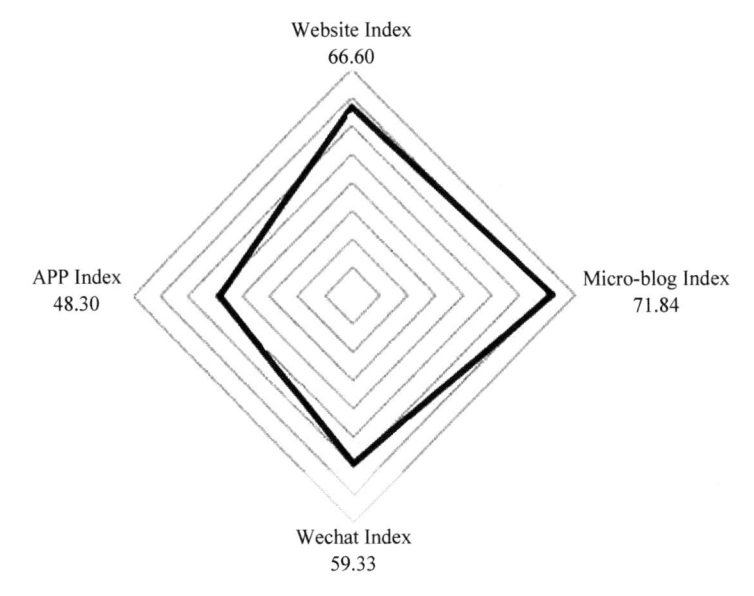

Figure 2 – 5　Overall Index of Provincial Government E-Service Capability Channels

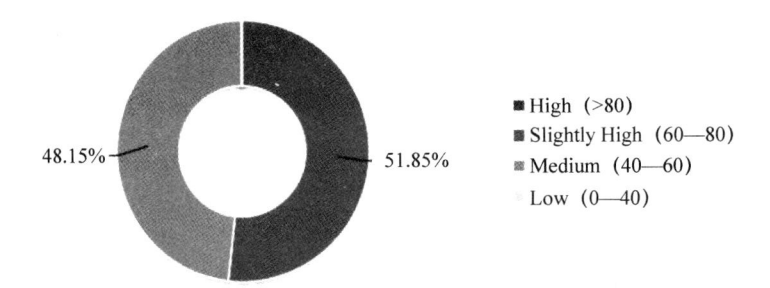

Figure 2 – 6　Interval Distribution of Comprehensive Index of Provincial Government E-Service Capability

Table 2 – 3　　　Interval Distribution of Comprehensive Index of Provincial Government E-Service Capability

High (>80)	Slightly High (60—80)	Medium (40—60)		Low (0—40)
	Guizhou	Jilin	Xinjiang	Yunnan	
	Sichuan	Hunan	Gansu	Hainan	
	Zhejiang	Shanxi	Fujian	Hebei	
	Hubei	Neimenggu	Shandong	Ningxia	

Contd.

High (>80)	Slightly High (60—80)		Medium (40—60)		Low (0—40)
	Anhui	Guangdong	Liaoning	Shaanxi	
	Henan	Guangxi	Qinghai	Xizang	
	Jiangsu	Jiangxi	Heilongjiang		

As for the comprehensive index of provincial government e-service ability, the overall distribution trend is consistent with that of 2018, with the average value rising steadily from 51.44 to 60.79. The comprehensive index of Guizhou province is still in the first place. All indexes are outstanding except for WeChat index, which is slightly deficient. In comparison to 2018, this edition adds two provincial governments with intermediate and higher comprehensive indexes, namely Ningxia Hui Autonomous Region and Guangxi Zhuang Autonomous Region. The provincial governments with low comprehensive indexes have all risen to intermediate and high levels. Among the four channels, the APP index increased by nearly 25 points, WeChat index increased by nearly 10 points, and website index and microblog index remained the same as in 2018.

2.1.4 Comprehensive Index of City Government E-Service Capability

In the comprehensive index of the government e-service ability of prefecture-level cities, Ningbo ranks first, Guangzhou, Fuzhou, Sanming, and Shantou ranks second to fifth, respectively. The national average score of the comprehensive index of Prefecture-level cities is 51.22, which is at a low level. However, compared with 2018, the average score of the comprehensive index of 161 Prefecture-level cities is higher than the average, accounting for nearly 50.00%.

Judging from the average level of all dimensions of the comprehensive index of the municipal Governmente-service ability, the average value of the index of the four channels in all cities is mostly lower than 60.00, only the average value of the website index reaches 67.30. The service capabilities of microblog and WeChat are at a relatively low level, with the average indexes of 57.92 and 50.00, respectively. APP scored the lowest with an index average of 26.33.

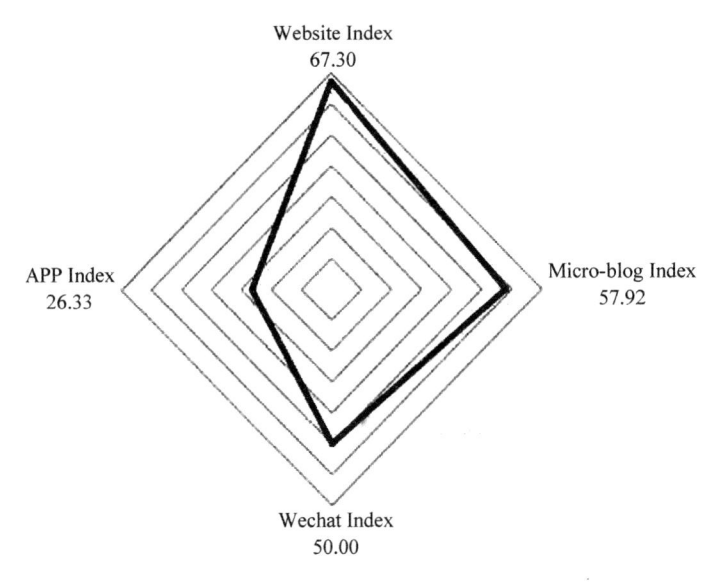

Figure 2-7 Overall Index of E-Service Capability Channels of
Prefecture-level Municipal Governments

Adjudicating from the interval distribution of the comprehensive index of the municipal government E-service capability, only Ningbo's comprehensive index has reached 83.79. The composite index of 85 cities has reached a high level, accounting for 25.45%, with an average index of 66.81. The comprehensive index of 190 cities including Yunfu City and Jingzhou City is at a medium level, accounting for 56.89%, with an average index of 49.44. The comprehensive service capacity of 58 cities including Haixi Mongolian and Tibetan Autonomous Prefecture and Baicheng City lag behind obviously, accounting for 17.36%, with an average of 33.94. From this, we can see that the construction level of E-government service channels in most Prefecture-level cities is still at a medium level, and the number of Prefecture-level cities in the higher level sequence is slightly small. In order to gradually improve the overall level of government services, we need to pay more attention to the "Internet +" government service and speed up the implementation of relevant policy requirements.

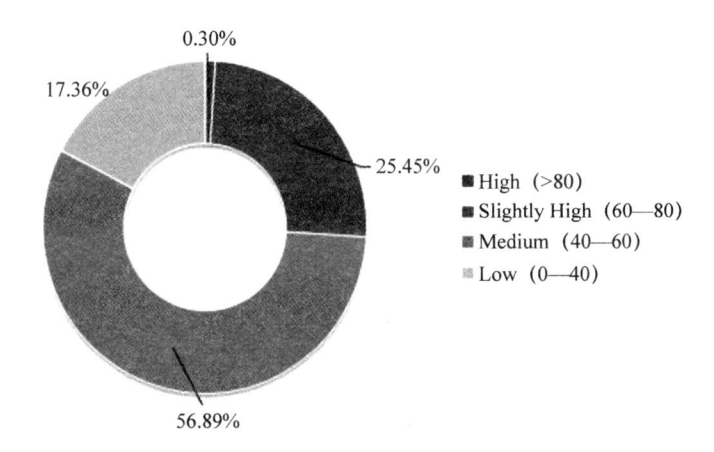

Figure 2 – 8 Interval Distribution of Comprehensive Index of Municipal Government's E-Service Capability

The average score of the 2018 edition of the comprehensive index for prefecture-level cities is 45.60, which is at a lower level. The average score of the 2019 edition is slightly higher than that of the 2018th edition, with a score of 51.22. Judging from the average level of all dimensions of the comprehensive index of E-service capability of Prefecture-level cities, the average value of the 2018 edition of the index for all four channels in all cities is lower than 60.00, among which the service capability of web APP is the lowest, with an average value of 23.15. On the other hand, the level of websites and WeChat is lower, with an average value of 58.90 and 41.74 respectively. This year, due to the addition of channels in more cities, the index of WeChat and the website scores have increased by nearly 10 points and that of APP has also improved. The top five cities in 2019 are Ningbo (83.79), Guangzhou (76.43), Fuzhou (76.28), Sanming (76.06) and Shantou (75.95).

2.1.5 Provincial Government E-Service Capability Index

In the provincial government E-service capability index, Anhui province ranks first, Fujian province, Hubei province, Jiangsu province, and Zhejiang province rank 2 - 5 respectively. The comprehensive channel construction in these provinces and their subordinate cities is relatively balanced. The lower-ranked provinces are mainly concentrated in the central, western and the northeast regions, and the construction and development of new media channels are lagging behind as a whole. In addition, the average E-service capability index of all provinces in the country is 50.64, with 13 provinces above the average, accounting for 48.15%.

Table 2 - 4 **Provincial Government E-Service Capability Index**

Ranking	Provinces	Value	Ranking	Provinces	Value
1	Anhui	64.77	10	Hunan	53.00
2	Fujian	64.33	11	Neimenggu	52.97
3	Hubei	63.14	12	Jiangxi	51.80
4	Jiangsu	60.57	13	Yunnan	51.33
5	Zhejiang	58.83	14	Hebei	50.59
6	Guangdong	57.92	15	Ningxia	50.17
7	Sichuan	55.48	16	Jilin	49.05
8	Guizhou	54.41	17	Henan	48.14
9	Shandong	53.95	18	Shanxi	47.88

Contd.

Ranking	Provinces	Value	Ranking	Provinces	Value
19	Guangxi	46.35	24	Xinjiang	42.92
20	Hainan	45.78	25	Qinghai	38.45
21	Gansu	45.19	26	Liaoning	36.34
22	Heilongjiang	44.34	27	Xizang	35.39
23	Shanxi	44.19			

Note: Two decimal places are reserved for the total score here to improve the ranking discrimination.

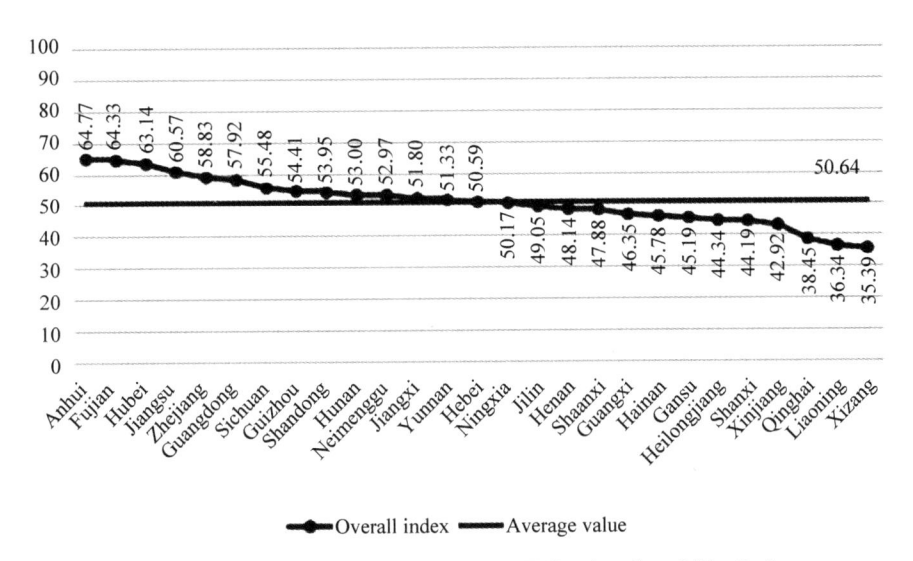

Figure 2-9　Provincial Government E-Service Capability Index

2.2　WeChat and Microblog Index of Provincial and Municipal Government E-Service Capability

2.2.1　Meaning of WeChat and Microblog Index of Provincial and Municipal Government E-Service Capability

The WeChat and Microblog index of the governments' E-service capability is a comprehensive evaluation index of the service capability of government WeChat and government Microblog, which is used to objectively and comprehensively evaluate the WeChat and Microblog's construction of governments' E-service in current China (excluding Hong Kong, Macao and Taiwan). The calculation formula is as follows:

$$EGSAI_{dw} = \sum_{i=2}^{3} \sigma_i EGSCI_i$$

Where $EGSAI_{dw}$ refers to the WeChat and Microblog index for governments' E-service capability, σ_i refers to the weight, and $EGSAI_i$ is the index for governments' E-service capability, i = 2, 3.

2.2.2 WeChat and Microblog Index of Municipal Governments E-Service Capability

Table 2-5　　　　WeChat and Microblog Index of Municipal Government's E-Service Capability

Ranking	City	Value	Ranking	City	Value
1	Beijing	82.33	3	Chongqing	75.74
2	Shanghai	77.98	4	Tianjin	66.72

Among the four municipalities directly under the central government, Beijing ranks first and has achieved remarkable results in the construction of government Microblogs and government WeChat. Shanghai and Chongqing rank the second and third respectively, with their WeChat and Microblog construction above the average level. However, due to the fact that Tianjin's government WeChat cannot play an effective role in service and participation, its WeChat and microblog index is lower than the average, which is far from the other three municipalities.

From the component dimensions of the WeChat and Microblog index of municipalities directly under the central government, the Micro-blog index of each municipality directly under the central govern-

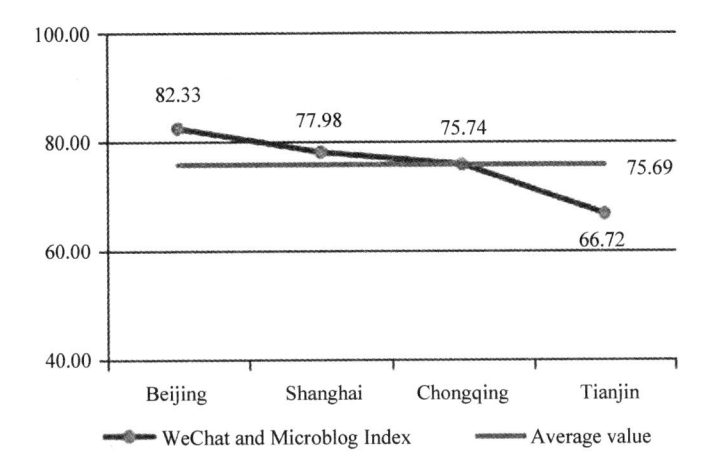

Figure 2 – 10　WeChat and Microblog Index of Municipal Government's E-Service Ability

ment is obviously higher than the Micro-blog index, but the construction level of WeChat and Microblog in Beijing is relatively balanced. Tianjin's micro-blog index greatly exceeded WeChat index by more than 90.00, while WeChat index was less than 60.00. Overall, the construction of government WeChat lags behind government Microblog, and the service functions available for the development and utilization of WeChat channels have not been fully explored.

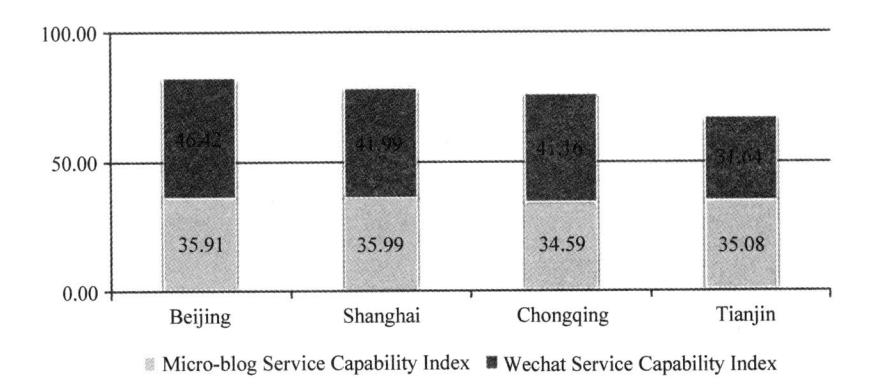

Figure 2 – 11　WeChat and Microblog Index of Municipal Government's E-Service Capability

2.2.3 WeChat and Microblog Index of Provincial Government E-Service capability

In the provincial government electronic service WeChat and Microblog index, Yunnan province ranked first, Hebei province and Gansu province ranked second and third respectively. The top 11 provinces performed very well in the construction of WeChat and Microblog channels, and the development of double micro is relatively balanced. Yunnan province has made great progress in comparison to last year, with its WeChat service capability greatly improved, and its microblog service capability is also at a high level, with its microblog WeChat developing in a balanced way. The Lower-ranked provinces still use the "dual micro" channel as a tool for one-way information dissemination, rather than transaction services and participation services. The average value of the WeChat and Microblog index in each province is 64.14, which is generally at a high level, indicating that most of the provincial governments perform well in the WeChat and Microblog construction.

Table 2-6　　　　**WeChat and Microblog Index of Provincial Government E-Service capability**

Ranking	Provinces	Value	Ranking	Provinces	Value	Ranking	Provinces	Value
1	Yunnan	79.83	10	Hunan	67.09	19	Shaanxi	61.08
2	Hebei	75.66	11	Xinjiang	67.07	20	Hainan	60.49
3	Gansu	72.69	12	Jiangsu	65.89	21	Guangxi	59.44
4	Sichuan	72.44	13	Guangdong	65.03	22	Heilongjiang	59.37
5	Guizhou	72.31	14	Qinghai	63.48	23	Xizang	59.13
6	Jiangxi	71.16	15	Shanxi	63.01	24	Jilin	58.60
7	Hubei	70.95	16	Ningxia	62.81	25	Fujian	52.68
8	Zhejiang	70.89	17	Neimenggu	62.54	26	Shandong	47.66
9	Anhui	67.60	18	Henan	61.55	27	Liaoning	41.36

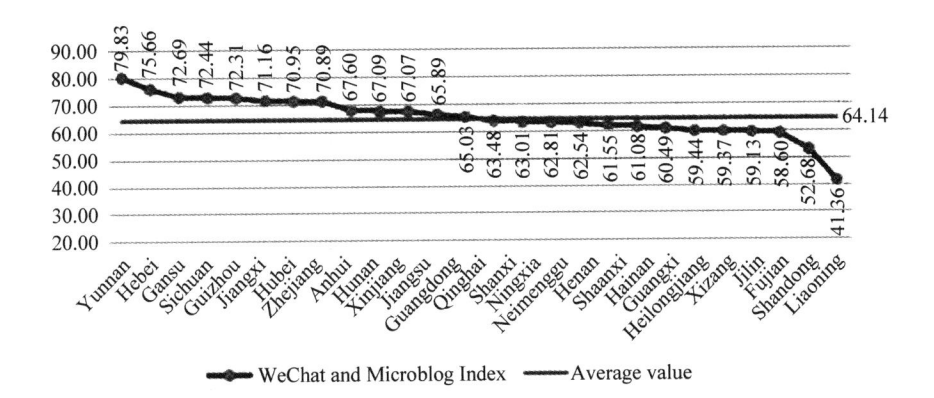

Figure 2-12 WeChat and Microblog Index of Provincial Government E-Service Capability

From the component dimensions of the provincial WeChat and Microblog index, the provincial government ranked relatively balanced two Single-channel capability indexes. However, the imbalance in the development of Microblog in all provinces is still obvious, and the construction of WeChat is generally weaker than that of Microblog. On the one hand, it may not be possible to realize WeChat due to its own functional limitations. On the other hand, the provincial government may not be able to explore and make full use of the characteristics of new media due to its old service concept.

Judging from the interval distribution of the provincial WeChat and Microblog index, the overall level in the construction of electronic services in all provinces is medium to high level. There are 20 provincial government double micro index reached the high level, accounting for 74.07%, with an average index of 67.68. Only 7 provincial governments have a medium capacity for dual micro-services, accounting for 25.93%, with an index average of 54.03.

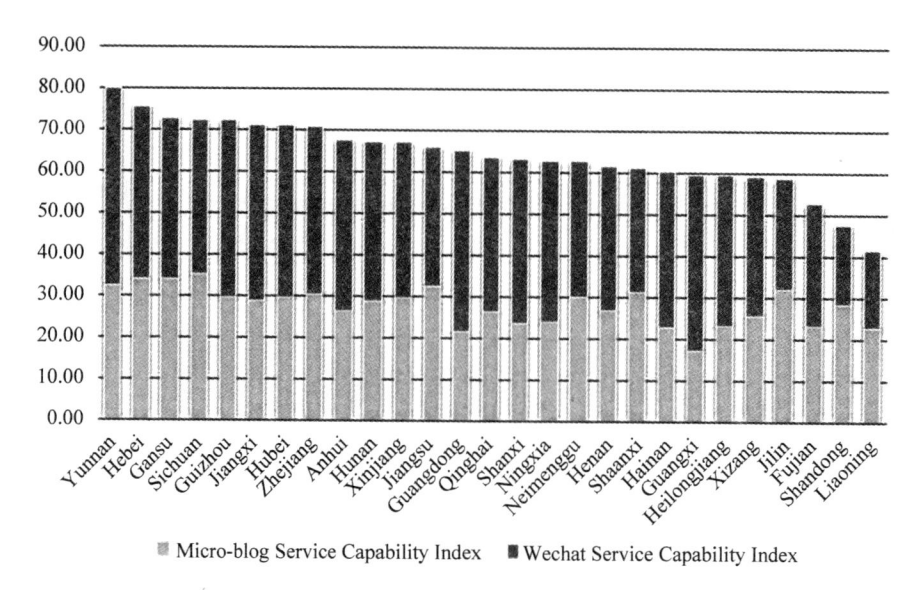

Figure 2-13   WeChat and Microblog Channel Index of Provincial
Government E-Service Capability

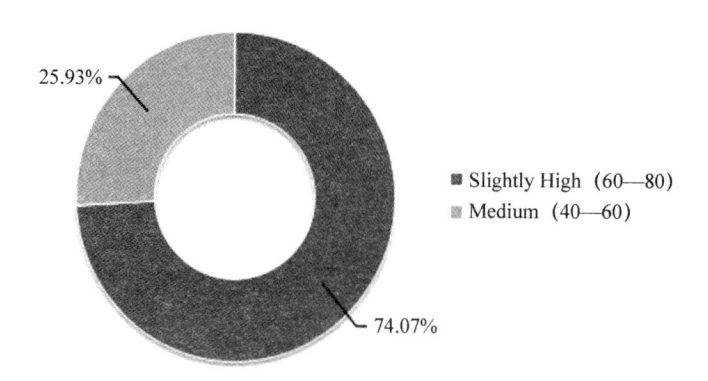

Figure 2-14   Interval Distribution E-Service Capability

Table 2-7   **Interval Distribution of E-Service Capability**

High (>80)	Slightly High (60—80)	Medium (40—60)	Low (0—40)	None (0)
	Yunnan	Jiangsu	Guangxi		
	Hebei	Guangdong	Heilongjiang		
	Gansu	Qinghai	Xizang		

Contd.

High (>80)	Slightly High (60—80)	Medium (40—60)	Low (0—40)	None (0)
	Sichuan	Shanxi	Jilin	
	Guizhou	Ningxia	Fujian	
	Jiangxi	Neimenggu	Hunan	
	Hubei	Henan	Liaoning	
	Zhejiang	Shaanxi		
	Anhui	Hainan		
	Xinjiang			

2.2.4 WeChat and Microblog Index of City Government E-Services

In the WeChat and Microblog index of the municipal government E-service capability, Suqian city in Jiangsu province ranks first and Foshan city in Guangdong province ranks second. Both of the two cities have strong service capabilities with the double micro index higher than 80. The average WeChat and microblog index of prefecture-level cities in the country is 53.05, which is at a medium level.

Judging from the interval distribution of the WeChat and Microblog index of prefecture-level cities, the construction of WeChat and Microblog channels in most Prefecture-level cities is at slight high or medium level. The number of prefecture-level cities in the high-level sequence is slightly small. More attention should be paid for promoting the implementation of the policy requirements of "internet +" government service, and the service level of WeChat and Microblog channels should be further improved. Specifically, only two cities have reached a high level of WeChat and Microblog service capacity, accounting for about 0.60%. The WeChat and Microblog index of 118 cities is at a medium level, accounting for 35.33%, with an average index of 67.15. The WeChat and Microblog index in 160 cities is at a medium level, accounting for 47.90%, with an average index of 51.66. The WeChat and Microblog index in 49 cities is low, accounting for 14.67%, with an average index of 28.42. In addition, there are still 5 cities with a WeChat and microblog index of 0, accounting for 1.50%.

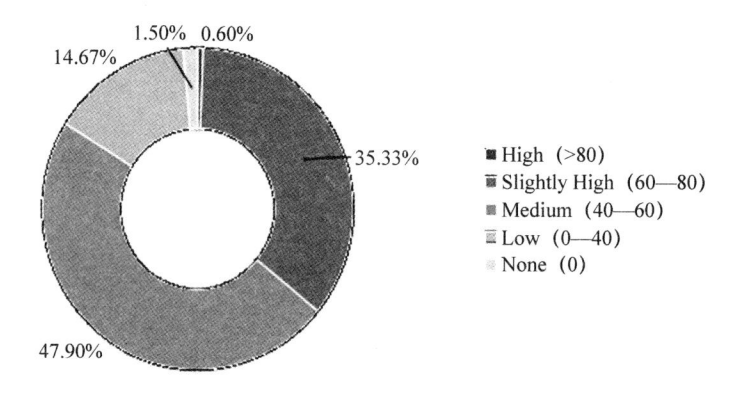

Figure 2-15　Interval Distribution of WeChat and Microblog Index of Municipal Government E-Service Capability

2.2.5　WeChat and Microblog Index of Provincial Government E-Service Capability

The WeChat and Microblog service capability index of a province is a comprehensive index that includes the dual micro-service capabilities of provincial governments and municipal governments. The overall level of the dual micro-service capability index of the provinces is not high. Anhui Province ranks first with a WeChat and Microblog index of 66.42 and an overall average of 53.88. All cities in the top six provinces have WeChat and Microblog service platforms. Some provinces ranked lower due to the lack of Microblog or WeChat service platforms in some of their respective cities.

Table 2–8 **WeChat and Microblog Index of Provincial Government E-Service Capability**

Ranking	Provinces	Value	Ranking	Provinces	Value	Ranking	Provinces	Value
1	Anhui	66.42	10	Neimenggu	55.53	19	Hunan	49.18
2	Hebei	64.07	11	Fujian	55.31	20	Hainan	48.02
3	Jiangxi	62.23	12	Guizhou	54.88	21	Yunnan	47.63
4	Hubei	62.22	13	Shandong	54.71	22	Heilongjiang	47.25
5	Zhejiang	61.98	14	Ningxia	52.92	23	Guangxi	47.17
6	Sichuan	60.80	15	Xinjiang	52.09	24	Henan	46.33
7	Guangdong	60.65	16	Shanxi	51.96	25	Qinghai	43.94
8	Jiangsu	60.32	17	Jilin	51.58	26	Xizang	38.09
9	Shaanxi	59.32	18	Gansu	51.39	27	Liaoning	34.14

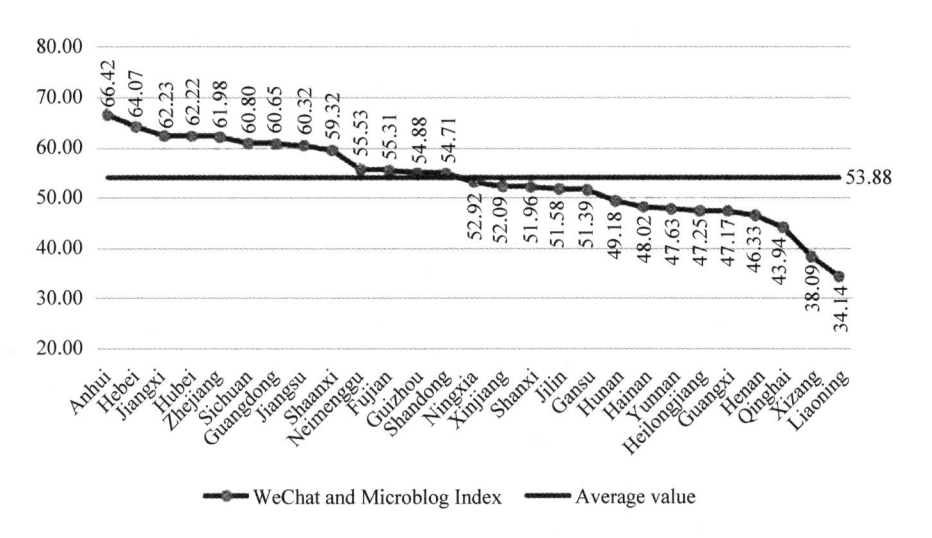

Figure 2–16 WeChat and Microblog Index of Provincial Governments E-Service Capability

In general, compared with the 2017 edition, the WeChat and Microblog index of the municipal government's E-service capability has overall improved, the ranking of the four municipalities has not changed. The provincial government double micro index ranking has changed greatly, and some provincial governments have made great progress. The WeChat and Microblog index of the provincial and municipal government E-service capabilities has generally improved, the gap between the provinces has gradually narrowed, and the development of government E-service is gradually balanced. See Appendix 4 for detailed data.

2.3 New Media Service Capability Index of Provincial and Municipal Government

2.3.1 The New Media Service Capability Index of Provincial and Municipal Government

The New Media Service Capability Index is a comprehensive evaluation index of the service capabilities of the government official WeChat, Microblog and APP channels, which is used to evaluate the construction of new media channels of government E-services. The calculation formula is as follows:

$$EGSAI_{nm} = \sum_{i=2}^{4} \sigma_i EGSCI_i$$

Among them, $EGSAI_{nm}$ is the Social Media Service Capability Index of E-government service capability, σ_i is weight, $EGSCI_i$ is E-government Service Channel Index, i = 2, 3, 4 is on behalf of Microblog, WeChat and APP government service capability index respectively (References chapter 2).

2.3.2 New Media Service Capability Index of Municipal Government

Among the four municipalities directly under the central government, Shanghai ranked first in the New Media Service Capability Index, while Chongqing and Beijing ranked second and third respectively. The three cities are relatively balanced in the construction of new media channels, with little difference in overall service capability. Tianjin ranks fourth in the New Media Service Capability Index because its government APPs has not been found during evaluation.

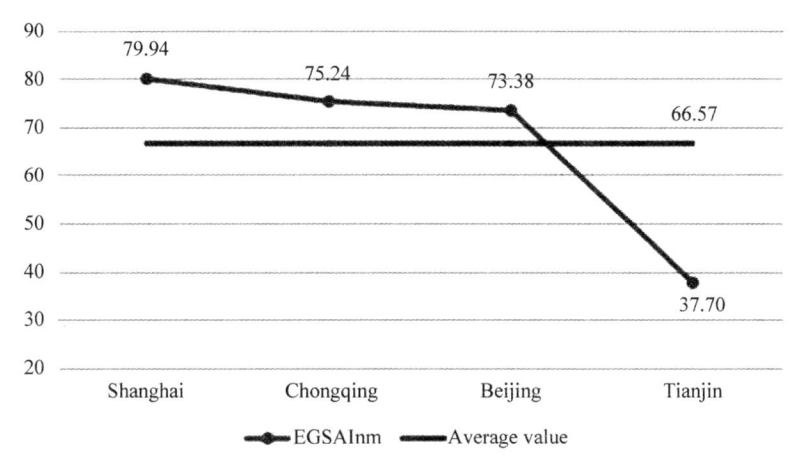

Table 2-9　　New Media Service Capability Index of Municipal Government's E-Service Capability

Ranking	City	Value	Ranking	City	Value
1	Shanghai	79.94	3	Beijing	73.38
2	Chongqing	75.24	4	Tianjin	37.70

Figure 2-17　New Media Service Capability Index of Municipal Government

Judging from the component dimensions of the Social Media Service Capability Index of the municipalities directly under the central government, the construction level of Micro-blog channels in the four municipalities is relatively balanced and has reached a high level. There is a big gap between WeChat and APP channel construction.

In terms of the Social Media index of municipalities directly under the central government, 2018 edition ranked Beijing, Chongqing, Shanghai and Tianjin. In this 2019 edition, the Shanghai municipal

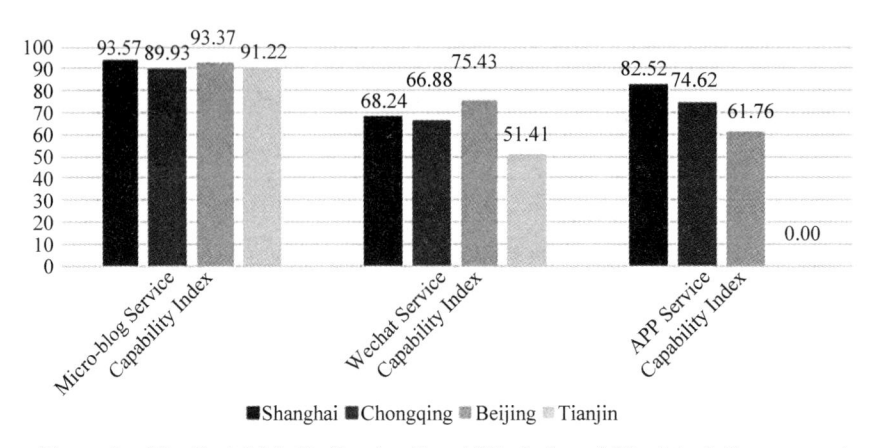

Figure 2 – 18 Social Media Service Capability Index of Municipal Government

government Social Media index is significantly higher than that of the 2018 edition. With a slight increase in Chongqing and a slight decrease in Beijing and Tianjin.

2.3.3 New Media Service Capability Index of Provincial Government

Table 2 – 10   New Media Service Capability Index of Provincial Government

Ranking	Provinces	Value	Ranking	Provinces	Value	Ranking	Provinces	Value
1	Zhejiang	75.95	10	Jiangxi	63.44	19	Xizang	49.92
2	Sichuan	75.34	11	Guangxi	63.29	20	Hainan	49.02
3	Guizhou	72.70	12	Yunnan	62.30	21	Liaoning	47.97
4	Hubei	71.18	13	Xinjiang	62.15	22	Fujian	45.97
5	Anhui	70.21	14	Neimenggu	61.79	23	Shandong	44.68
6	Hunan	68.61	15	Jiangsu	60.47	24	Qinghai	35.87
7	Shanxi	64.90	16	Hebei	57.09	25	Ningxia	35.49
8	Jilin	64.12	17	Guangdong	56.83	26	Shaanxi	34.52
9	Henan	63.99	18	Gansu	54.27	27	Heilongjiang	33.55

Note: Neimenggu [another name for Inner Mongolia Autonomous Region（内蒙古自治区）].

In the provincial New Media Service Capability Index, Zhejiang province ranked first, Sichuan province, Guizhou province, Hubei province, and Anhui province ranks 2—5 respectively. These five provinces have performed well in the construction of "Social Media" for E-government services. Among them, Zhejiang Province has a perfect APP management mechanism, providing more comprehensive service information and more convenient channels of participation for the public on APP. Sichuan Province has done well in the construction of news release and Microblog interaction. Guizhou Province, Hubei Province and Anhui Province have also performed well in news release and APP services, making them one of the forefronts in the rankings. In general, the average value of the New Media Service Capability Index of all the provinces is 57.25, belonging to the medium level.

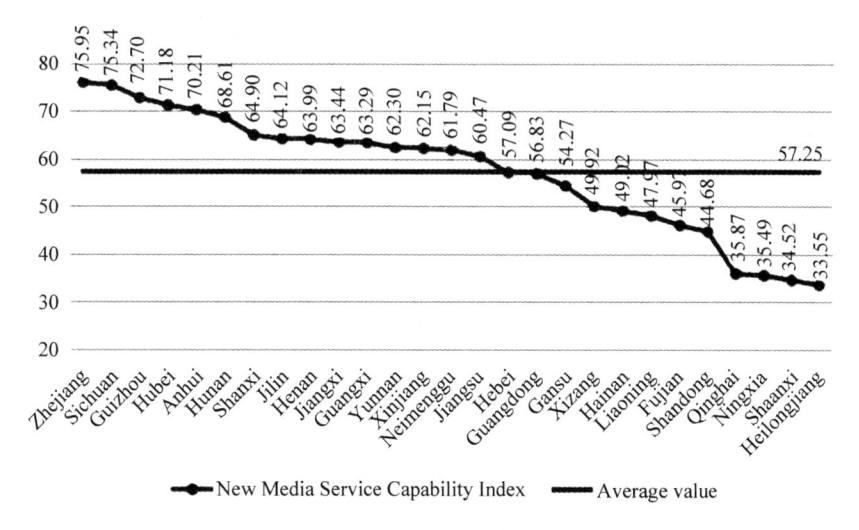

Figure 2-19 New Media Service Capability Index of the Provincial Government

Judging from the component dimensions of the provincial Social Media Service Capability Index, most provinces have uneven construction of the three channels. For example, Zhejiang province ranks first in APP channel construction, while Sichuan province ranked second in Microblog channel construction, which is significantly higher than the ranking of the other two channels. In general, the top-ranked provinces have the best construction of government APP, followed by the construction of Microblog and WeChat. However, the lowest-ranked provinces have the best government Microblogs, followed by WeChat and APP. This is because the APP service capability index accounts for a large proportion in the New Media Service Capability Index. In addition, there are still 4 provinces with "New Media" with lack of APP channels, accounting for 14.81%.

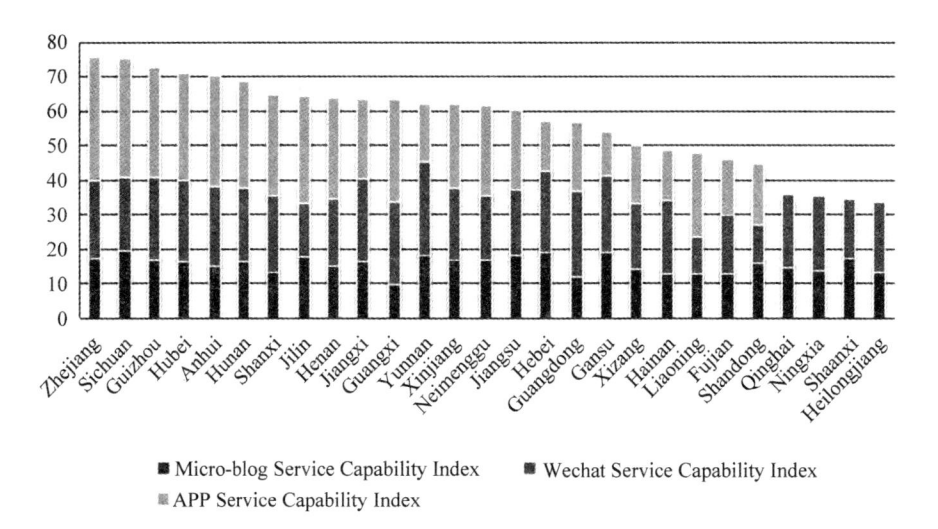

Figure 2-20 New Media Service Capability Index of the Provincial Government

Judging from the average level of the provincial New Media Service Capability Index in all channel dimensions, Micro-blog is the best to build, and there is a big gap between micro-blog and APP. The average Microblog index of each province is 71.84, which is at a high level. The WeChat index and APP index have average values of

59.33 and 48.30 respectively, which are at a medium level. The illustration of this phenomenon is that the process of APP construction generally lacks the functions of interaction and information communication with the public, while that of WeChat only focuses on news release and ignores the cultivation and construction of other functions. Moreover, the platform characteristics of WeChat itself has restricted the further development of its functions to a certain extent.

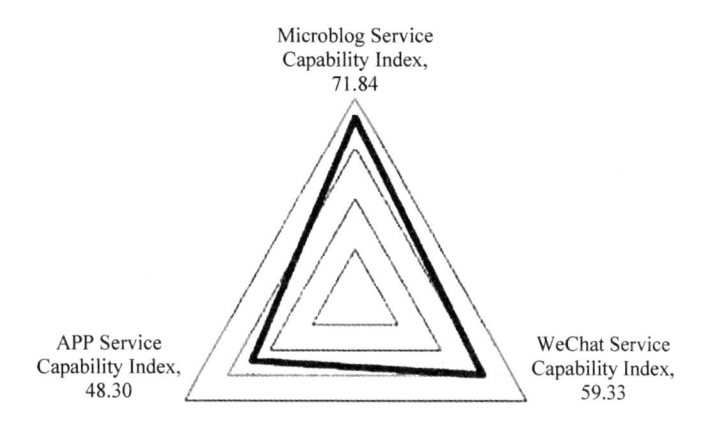

Figure 2–21 Overall Index of "New Media" Channels for Provincial Government

In general, compared with the 2018 edition, the provincial government's electronic service capability New Media Service Capability Index has a slight increase, from which APP index has a larger increase than that of the 2018 edition.

2.3.4 New Media Service Capability Index of Municipal Government

In the New Media Service Capability Index of prefecture-level cities, Ningbo ranked first, Fuzhou, Tongling, Foshan, and bozhou ranked 2—5 respectively. The average value of New Media Service Capability Index in Prefecture-level cities in China is 41.42, which is overall at a low level.

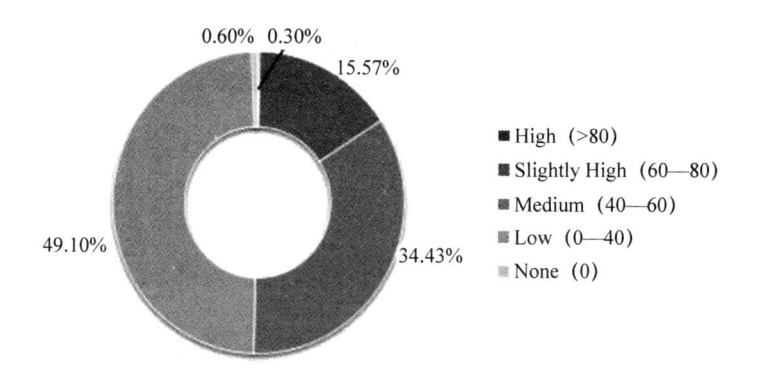

Judging from the interval distribution of the New Media Service Capability Index in prefecture-level cities, Ningbo "New Media" service capability has initially reached a high level, accounting for 0.30%. The service capacity of "Social Media" in 52 cities including Fuzhou and Tongling reached a slightly high level, accounting for 15.57%, with an average index of 66.07. The "New Media" service capability of 115 cities including Huzhou City and Loudi City is at a medium level, accounting for 34.43%, with an index average of 48.69. The "New Media" service capability of 164 cities including Dongguan and Zhongshan is at a low level, accounting for 49.10%, with an index average of 28.02. In addition, Chaoyang City and Dalian City have not opened any "New Media" channel services, accounting for 0.60%.

Figure 2-22　Regional Distribution of New Media Service Capability Index in Prefecture-level Cities

In general, compared with the 2018 edition, the Social Media Service Capability Index of the municipal government electronic service capability has increased to a certain extent, and the number of cities with New Media Service Capability Index less than 40 has decreased significantly.

2.3.5 New Media Service Capability Index of Provincial Government

In the New Media Service Capability Index of provincial government e-service capability, Anhui province ranks first, Hubei province, Fujian province, Jiangsu province, and Guangdong province rank 2—5 respectively. The "New Media" channel construction in these provinces and their subordinate cities is relatively balanced. The Lower-ranked provinces are mainly concentrated in the central, western regions and the northeast region, the construction and development of "New Media" channels of them lags behind as a whole. In addition, the average value of the New Media Service Capability Index of the E-government service capability of all provinces in the country is 41.86.

Table 2-11 **New Media Service Capability Index of Provincial Government**

Ranking	Provinces	Value	Ranking	Provinces	Value
1	Anhui	58.09	15	Jilin	40.19
2	Hubei	56.65	16	Ningxia	38.26
3	Fujian	55.22	17	Shaanxi	38.18
4	Jiangsu	52.61	18	Henan	37.41
5	Guangdong	48.74	19	Hainan	37.28
6	Sichuan	48.44	20	Xinjiang	36.19
7	Zhejiang	48.23	21	Shanxi	35.82
8	Neimenggu	47.61	22	Heilongjiang	35.71
9	Jiangxi	46.81	23	Guangxi	34.25
10	Guizhou	45.37	24	Gansu	32.85
11	Shandong	44.47	25	Xizang	29.38
12	Yunnan	44.37	26	Qinghai	27.14
13	Hebei	43.12	27	Liaoning	25.18
14	Hunan	42.74			

Note: Two decimal places are reserved for the total score here to improve the ranking discrimination.

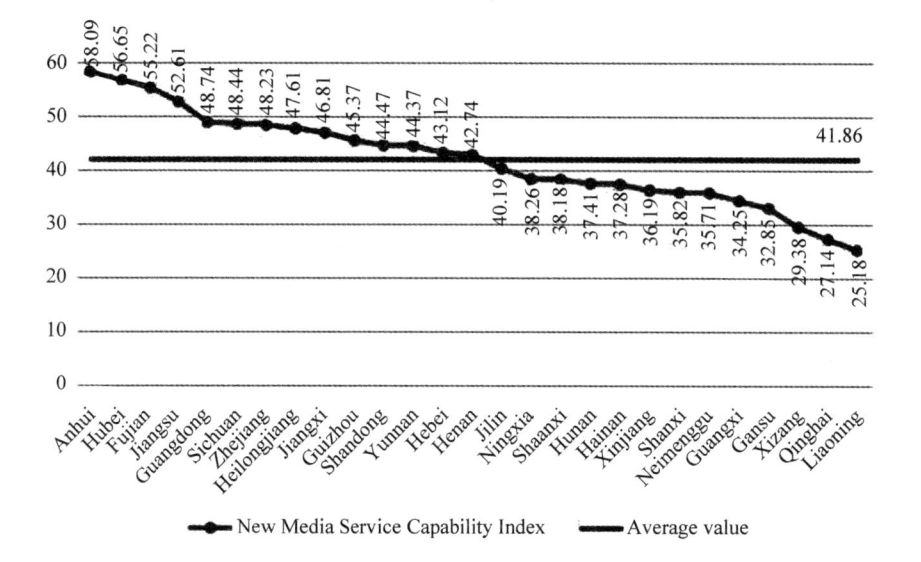

Figure 2-23 New Media Service Capability Index of the Provincial Government

Chapter III Questions and Feedback

3.1 Description of the assessment process

The assessment process can be summarized as:

(1) Data collection. Through the webpage, WeChat, and Microblog search, determine the URL of the official website of all levels of government that meets the standards for data collection, the ID of government Microblog and government WeChat, and the downloading address of government affair APP. The channel information is summarized and reviewed, and each evaluation object is strictly in accordance with the established standards.

(2) Establishment of the indicator system. Through the literature research, expert interviews, and group discussions, an index system for evaluating the objects is developed, and all indicators are quantified.

(3) Implementation of evaluation principles and skills training. Conduct unified training before the assessment, so that the project team members can be proficient in the evaluation principles and standards, and the individual evaluation differences can be minimized.

(4) Comprehensive evaluation. According to the recorded website URL of each government, the official Microblog account, the official WeChat public account and the official APP downloading address, the evaluation is formally processed by groups.

(5) Record the evaluation questions. The project team members record and feedback the problems encountered in the evaluation process, and all the members discuss the unified evaluation criteria and formulate solutions.

(6) Data cleaning. After the first round of comprehensive evaluation, the suspicious data is re-tested according to the principle that the re-testing should be mainly by the original tester and then with the help of the leader, and the test results will be sampled and re-tested to clean the data.

3.2 Special case handling

(1) During the evaluation period, samples which have opened corresponding channels shall update the relevant information and be evaluated.

(2) If the score cannot be determined according to the existing scoring principle, namely the "special circumstances" happens, the team leader shall be informed in time, and a new supplementary standard shall be formulated to solve such problems in a unified way.

(3) For the samples with doubtful evaluation data, the original evaluator shall retest them. If there are still doubts, thecleaning data

team shall be responsible for verification.

(4) If there is no corresponding government channel or part of the government dimension service, the government service will be recorded as 0.

3.3 Limitations and Deficiencies

3.3.1 The evaluation time is sequential

This evaluation lasted for two months. Different channels and different governmentswere evaluated at different times, i. e. there was a time difference. However, the Information Service Capability related indicators are sensitive and accurate, so that the evaluation scores at different time nodes may be different and the evaluation results may be affected to some extent.

3.3.2 The scoring scale of members is different

Due to a large number of samples to be evaluated, in order to ensure the progress, team members are required to evaluate a certain research object separately. Although the evaluation principles are implemented and the evaluation criteria are unified, the cognitive levels among members are still different, which makes it difficult to ensure the complete consistency of the criteria, especially the perceptual knowledge of some indicators. For example, in the evaluation of government websites, the "participation feedback" index of the Participation Service Capability dimension is based on the feedback results of the "Governor Mailbox" and "Mayor Mailbox". Members may give different scores due to they do not have the same cognition on the feedback results.

3.3.3 The standard referred has limitations

It is difficult to specify and standardize some evaluation indexes in the evaluation process, the scoring basis chosen from the reference standard has certain randomness, which can affect the evaluation results of the index. For instance, in the evaluation of government websites, the "public (individual) affairs" index under the Transaction Service Capability dimension takes "marriage registration" as the example. If "marriage registration" is changed to "passport handling", the index score may change as well, which means the randomness of it affects the final result.

3.3.4　Evaluation tools have differences

The team used computers to evaluate official websites, and mobile phones to evaluate officialMicroblogs, official WeChat accounts and official APPs. However, the models, operating systems, and performance of computers and mobile phones used by members might not be the same. For example, during the evaluation of government affairs APP, the "stable and reliable" index of Service Delivery Capability stipulates that ratings shall be given according to abnormal situations such as Flashback or Disconnect during use. The abnormal situations in some members' evaluation results might be caused by the factors such as poor performance of the devices, and cannot be completely attributed to the insufficient service capability of government affairs APP channels.

3.4　Copyright notice

All rights reserved and inviolable. If you need to quote, publish or reprint this report, please indicate the source and do not make any deletions or modifications to this report that are contrary to the original intent.

3.5　Exchange feedback

Your opinions and feedback will be an important driving force and direction for the project team to improve the quality of e-government evaluation reports and will helpto better promote the development process of e-government in China. We will give timely feedback on your opinions, thank you for your support and cooperation.

Contact information for feedback: cesai2019@163.com.

胡广伟（1975— ），男，管理学博士，南京大学信息管理学院教授、博士生导师，南京大学政务数据资源研究所所长，美国佐治亚理工学院（GIT）访问研究员。主持国家、省部级基金项目等20多项，作为主要研究人员参加国家科技支撑计划、国家社科基金重大招标项目、国家"863"重大计划项目子课题、国家"十一五"科技支撑重点项目的示范工程子课题等20项。发表学术论文80余篇，出版专著5部，授权软件著作权5项，受理专利2项，获省部级奖励10多项。

张雪莹（1994— ），女，南京大学信息管理学院硕士研究生，南京大学政务数据资源研究所助理研究员，研究方向为电子政务、政务大数据，多次作为核心成员参与研究所各项课题的研究工作。

吴新丽，女，新华网股份有限公司副总工程师兼大数据中心总经理，全面负责新华网大数据业务管理工作。精通互联网公开数据采集处理及智能文本挖掘分析，在面向政府网络空间治理、媒体内容智能生产与传播以及垂直领域大数据应用等方面具有丰富经验。拥有第一发明人技术发明专利授权7项，曾获钱伟长中文信息处理科学技术奖二等奖、北京市科学技术奖一等奖。